사회복지사 1급
사회복지정책과 제도 3교시

2021년 사회복지사 1급 시험대비

사회복지사 1급

사회복지정책과 제도
3교시

| 심상오 편저 |

사회복지정책론

사회복지행정론

사회복지법제론

에듀파인더
[edufinder.kr]

2021년도 사회복지사 1급시험 대비

사회복지사1급 사회복지정책과 제도 3교시

초판 인쇄   2020년 9월 20일
초판 발행   2020년 9월 25일

편저자   심상오
발행인   권윤삼
발행처   (주) 연암사

등록번호   제16-1283호
주소   서울특별시 마포구 양화로 156, 1609호
전화   (02)3142-7594
FAX   (02)3142-9784

값은 뒤표지에 있습니다. 잘못된 책은 바꾸어 드립니다.

ISBN 979-11-5558-083-7   14330
ISBN 979-11-5558-080-6   (전3권)

연암사의 책은 독자가 만듭니다.
독자 여러분들의 소중한 의견을 기다립니다.
트위터 @yeonamsa
이메일 yeonamsa@gmail.com

이 도서의 국립중앙도서관 출판시도서목록(CIP)은 서지정보유통지원시스템 홈페이지(http://seoji.nl.go.kr)와
국가자료공동목록시스템(http://www.nl.go.kr/kolisnet)에서 이용하실 수 있습니다.
(CIP제어번호: CIP2020033481)

머리말

　급속한 산업화 · 정보화 · 저출산과 인구의 고령화 등 시대적 변화로 인해 우리나라도 다양하고 복잡한 사회문제들이 발생하고 있다. 특히, 1997년 말 IMF 외환위기 이후 기업의 구조조정 과정에서 발생한 대량실업, 고용불안, 가족해체, 고착화되고 있는 저출산과 세계에서 가장 빠른 속도로 진행되고 있는 인구의 고령화 등에 따른 사회변화는 우리에게 새로운 복지 패러다임을 요구하고 있다.

　최근 주목받고 있는 아동 · 노인 · 장애인 · 여성 · 한부모가족 · 다문화가족의 문제 해결, 독거노인 · 빈곤층 대책과 복지사각지대의 근절과 보다 질 높은 복지서비스를 제공하려는 국가 정책은 책임감 있고 능력 있는 사회복지사를 필요로 한다. 이에 본서는 지난 11년간 사회복지사 1급 기출문제들을 분석하여 단기간에 효과적인 학습을 할 수 있도록 사회복지사 시험 합격 솔루션을 제시하였다. 하지만 합격 여부는 오직 수험생들의 마음자세와 효율적인 시험전략 여하에 달려 있다는 점을 강조하고 싶다.

　선발시험과 달리 자격시험은 단기간의 선택과 집중이 특히 중요하다. 어려운 1~2과목은 과락이 되지 않도록 기출문제 중심으로 정리하고, 자신 있는 2~3개 과목은 고득점(80점)할 수 있도록 집중하면 합격(60점)은 무난히 할 수 있다.

　「나만은 반드시 합격할 수 있다」는 강한 신념으로 얼마 남지 않은 기간 최선을 다하기 바란다.

〈본 교재의 구성과 특징〉

- 수험생들이 전체적인 맥락에서 정리할 수 있도록 간결하게 정리하였으며, 핵심정리하기 및 참고하기 등을 통해 요점을 정리하였다.
- 2020년 8월 현재 제정 및 개정된 법령을 반영하였으며, 최근 출제경향을 파악할 수 있도록

18회(2020) 및 17회(2019) 위주로 단원마다 기출문제를 수록하여 최신의 정보를 적극 반영하였다.

• 합격을 위해 그동안 출제되었던 주요 문장들을 다시 한번 총정리할 수 있도록 단원마다 「기출 등 주요 Key Word」를 실었다.

• 혼자 학습하거나 공부시간이 절대로 부족한 수험생들이 효율적·효과적으로 과목별 시험 대비를 할 수 있도록 분량을 최소화하여 각 교시별 핵심요약서 1권(전체 3권)으로 구성하였다.

[사회복지사 1급 자격제도 안내]

◆ 사회복지사

• 사회복지사 1급은 사회복지학 전공자, 일정한 교육과정 이수자, 사회복지사업 경력자로서 국가시험에 합격하여 보건복지부장관의 면허를 받은 자를 말한다.

• 「사회보장급여의 이용·제공 및 수급권자 발굴에 관한 법률」제43조는 사회복지사업에 관한 업무를 담당하게 하기 위하여 시·도, 시·군·구 및 읍·면·동 등에 사회복지사 자격증을 가진 사회복지전담공무원을 두도록 규정하고 있다.

• 사회복지사는 사회복지 프로그램을 개발·운영하고 시설거주자의 생활지도를 하며, 청소년·노인·여성·장애인 등 복지대상자에 대한 보호·상담·후원업무 등을 담당한다.

◆ 사회복지사 자격의 특징

사회복지사의 자격증은 현재 1, 2급으로 나누어지며, 1급의 경우 일정한 학력과 경력을 요구하고 또한 국가시험을 합격하여야 자격증이 발급되며, 2급의 경우 일정 학점의 수업이수와 현장실습 등의 요건만 충족되면 무시험으로 자격증을 취득할 수 있다.

◆ 1급 시험 응시자격

〈대학원 졸업자〉

① 고등교육법에 따른 대학원에서 사회복지학 또는 사회사업학을 전공하고 석사학위 또는 박사학위를 취득한 자.

② 다만, 대학에서 사회복지학 또는 사회사업학을 전공하지 아니하고 동 석사학위를 취득한 자는 보건복지부령이 정하는 사회복지학 전공교과목과 사회복지관련 교과목 중 사회복지

현장실습을 포함한 필수과목 6과목 이상(대학에서 이수한 교과목을 포함하되, 대학원에서 4과목 이상을 이수하여야 한다), 선택과목 2과목 이상을 각각 이수하여야 한다.

〈대학 졸업자〉
① 고등교육법에 따른 대학에서 보건복지부령이 정하는 사회복지학 전공교과목과 사회복지관련 교과목을 이수하고 학사학위를 취득한 자
② 법령에서 고등교육법에 따른 대학을 졸업한 자와 동등 이상의 학력이 있다고 인정하는 자로서 보건복지부령으로 정하는 사회복지학 전공교과목과 사회복지관련 교과목을 이수한 자

〈외국대학(원) 졸업자〉
외국의 대학 또는 대학원(단, 보건복지부장관이 인정한 대학 또는 대학원)에서 사회복지학 또는 사회사업학을 전공하고 학사학위 이상을 취득한 자로서 대학원 졸업자와 대학졸업자의 자격과 동등하다고 보건복지부장관이 인정하는 자

〈전문대학 졸업자〉
① 고등교육법에 의한 전문대학에서 보건복지부령이 정하는 사회복지학 전공교과목과 사회복지관련 교과목을 이수하고 졸업한 자로서 시험일 기준 1년 이상 사회복지사업의 실무경험이 있는 자
② 법령에서 고등교육법에 따른 전문대학을 졸업한 자와 동등 이상의 학력이 있다고 인정하는 자로서 보건복지부령이 정하는 사회복지학 전공교과목과 사회복지관련 교과목을 이수한 자로서 시험일 기준 1년 이상 사회복지사업의 실무경험이 있는 자

〈사회복지사 양성교육과정 수료자〉
① 고등교육법에 따른 대학을 졸업하거나 이와 동등 이상의 학력이 있는 자로서, 보건복지부장관이 지정하는 교육훈련기관에서 12주 이상의 사회복지사업에 관한 교육훈련을 이수한 자로서 시험일 기준 1년 이상 사회복지사업의 실무경험이 있는 자
② 사회복지사 3급 자격증 소지자로서 시험일을 기준으로 3년 이상 사회복지사업의 실무경험이 있는 자

◆ 응시 결격사유

금치산자 또는 한정치산자, 금고 이상의 형을 선고받고 그 집행이 끝나지 아니하였거나 그 집행을 받지 아니하기로 확정되지 아니한 사람, 법원의 판결에 따라 자격이 상실되거나 정지된 사람, 마약·대마 또는 향정신성의약품의 중독자는 응시할 수 없다.

◆ 시험방법

시험과목 수	문제 수	배점	총점	문제형식
3과목(8영역)	200문항	1점/1문제	200점	객관식 5지 선택형

◆ 시험과목

구분	시험과목	시험영역	시험시간
1교시	사회복지기초(50문항)	• 인간행동과 사회 환경(25문항) • 사회복지조사론(25문항)	50분
2교시	사회복지실천(75문항)	• 사회복지실천론(25문항) • 사회복지실천기술론(25문항) • 지역사회복지론(25문항)	75분
3교시	사회복지정책과 제도(75문항)	• 사회복지정책론(25문항) • 사회복지행정론(25문항) • 사회복지법제론(25문항)	75분

◆ 합격 기준

① 매 과목 40점 이상, 전 과목 총점의 60% 이상을 득점한 자를 합격 예정자로 결정하며, 합격 예정자에 대해서는 한국사회복지사협회에서 응시자격 서류심사를 실시하며, 심사결과 부적격자이거나 응시자격서류를 정해진 기한 내에 제출하지 않은 경우에는 합격예정을 취소한다.

② 필기시험에 합격하고 응시자격 서류심사에 통과한 자를 최종합격자로 발표한다.

◆ 사회복지사 자격 활용정보

• 사회복지사 1급 자격증 소지자는 시·도, 시·군·구, 읍·면·동 또는 사회복지전담기구에 사회복지전담공무원으로 일할 수 있다. 또한 지역복지, 아동복지, 노인복지, 장애인복지, 모자복지 등의 민간 사회복지기관에 취업할 수 있다. 이외에도 종합병원, 학교, 법무부 산하 교정시설, 군대, 기업체 등에서 사회복지사로 활동할 수 있으며 자원봉사활동관리 전

문가로 활동할 수도 있다.

• 사회복지사 1급 자격증 소지자는 의료기관, 학교 또는 정신보건 분야에서 일정한 경력을 갖춘 후 수련 등을 통해 의료사회복지사, 학교사회복지사 또는 정신보건사회복지사 자격을 취득하여 해당분야의 전문사회복지사로 활동할 수 있다.

◆ **사회복지사 1급 자격증 관계도**

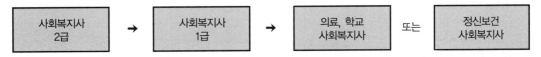

시험시행 관련 문의

• 한국산업인력공단 HRD 고객센터: 1644-8000
• 한국사회복지사협회: 02) 786-0845

차 례

제1편
사회복지정책론

제1장 사회복지정책의 이해

제1절 사회복지의 개요

1. 사회복지정책의 개념

(1) 사회복지의 개념
○ 잔여적(선별적)개념
- 가족이나 시장과 같은 정상적인 공급구조가 제 기능을 발휘하지 못하는 경우에 한하여 응급조치적인 기능을 단기적으로 수행하는 보충적 활동
- 임시적 사후적이며 시혜나 자선과 같은 낙인(stigma)을 수반함

○ 제도적(보편적)개념
- 현대 산업사회의 복잡성으로 인해 개인이나 가족이 시장을 통해 모든 욕구를 충족시킬 수 없기 때문에 사회복지의 대상이 되는 것은 정상적이라고 봄
- 사회복지를 사회복지서비스와 제도의 조직화된 체계로 보고 제1선의 제도적인 기능을 수행해야 한다고 주장함

(2) 사회복지의 개념변화: 로마니신(J. M. Romanyshyn)
- 보충적 잔여적 개념 → 제도적 개념으로
- 자선의 차원(생활보호법) → 시민의 권리(국민기초생활보장법)로
- 특수한 서비스(빈민) → 보편적 서비스(전체 국민)로
- 최저수준 → 적정수준으로
- 개인적 치료(문제해결) → 사회적 개혁(문제예방)으로
- 자발적 자선(민간후원) → 공공(정부)의 책임으로
- 빈민구제 차원 → 복지사회로

2. 사회복지의 가치

(1) 평등(equality)
○ 기회의 평등(소극적 평등, 과정상의 평등)
- 모든 사람에게 어떤 결과에 이르는 기회를 평등하게 부여하며 자유경쟁을 통하여 결과를 결정하게 하는 방법임
- 시장경제의 효율성을 강조하며 소득재분배보다는 시장에서의 일차적 분배를 더 강조함
  예) 교육·복지프로그램, We-start, Head-start, Dream-start, 고용할당(노인, 장애인) 등

○ 비례적 평등(공평, 형평): 자본주의에서 선호
- 개인의 노력, 능력, 사회적 역할, 사회적 기여에 따라 사회적 자원을 다르게 분배함
- 사회적 위치가 같은 사람들 사이의 평등, 공평의 가치에는 '공정한 불평등'이라는 측면을 가지고 있음
  예) 사회보험프로그램(연금, 실업급여), 열등처우의 원칙, 근로조건부 수급자제도 등

○ 수량적 평등(결과의 평등, 적극적 평등): 사회주의에서 선호
사람의 욕구나 능력의 차이에 상관없이 모든 사람에게 사회적 자원을 똑같이 분배함
  예) 영국의 보건의료서비스(NHS), 사회수당(데모그란트), 공공부조 등

(2) 효율(efficiency)
○ 수단적 효율성
- 목표효율성(대상효율성): 선별주의 선호, 공공부조 〉 사회보험
  – 사회복지정책이 목표대상에게 자원이 얼마나 집중적으로 할당되는가와 관련됨
  – 공공부조제도는 저소득층에게 집중적으로 자원을 할당하므로 목표효율성이 높음
- 운영효율성: 보편주의 선호, 사회보험 〉 공공부조
  – 사회복지정책을 운영하는데 비용을 얼마나 적게 사용하는지와 관련됨
  – 공공부조제도는 자산조사 등의 행정비용이 많이 소요되므로 운영효율성이 낮음

○ 배분적 효율(파레토효율): 이상적 배분개념
- 어떤 자원의 배분이 특정한 사람들의 효용을 줄이지 않으면서 다른 사람들의 효용을 높일

수 있다는 개념
- 사회적 자원의 바람직한 배분으로 완전경쟁, 충분한 정보, 합리적이고 자발적인 선택이 이루어진 상태를 말함

> ☞ 현실적으로 파레토효율은 불가능하다. 시장의 실패로 국가의 사회복지정책을 통한 사회적 자원의 재분배가 더 효율적일 수 있다고 할 수 있다.

(3) 자유(freedom)

○ **소극적 자유: 국가역할의 최소화, 시장경제 중시, 부자들의 입장**
- 국가의 간섭으로 부터의 자유: 기회의 측면을 강조
- 국가의 소극적 역할을 강조하며, 사회복지정책이 시장기제에 개입하여 개인들의 자유로운 선택의 기회를 제한할 때는 그들의 소극적 자유를 침해한다고 봄
- 신보수주의, 신자유주의자들이 강조함

○ **적극적 자유: 사회적 권리로서 복지를 누릴 수 있는 자유, 빈곤자들의 입장**
- 자신이 원하는 것을 할 수 있는 자유: 능력의 측면을 강조함
- 국가의 적극적인 역할을 강조하며, 사회복지정책을 통해 빈곤층이 원하는 것을 할 수 있는 능력을 갖게 되는 것은 그들의 적극적 자유를 신장시키게 됨
- 사회복지정책은 주로 부자들의 소극적 자유는 줄이는 반면, 빈곤한 자들의 적극적 자유는 증가시킨다고 봄
- 사회민주주의, 페이비언사회주의, 복지국가 전성기에 강조함
  예) 최저생활의 보장, 보편적 복지 등

(4) 사회적 적절성(social adequacy)
- 인간다운 생활을 할 수 있도록 적절한 수준의 급여를 제공하는 것으로 기준은 시대와 사회적 환경에 따라 다양함
- 사회적 적절성에 기초하여 자원을 배분하는 데에는 국가가 시장보다 더 효과적이며, 공공부조제도인 기초생활보장제도의 급여기준은 사회적 적절성의 가치에 근거하여 산정함

(5) 사회정의(社會正義): 롤즈(J. Rawls)의 사회정의

최소극대화의 원칙: 최소의 효용을 가진 사람의 효용을 극대화하여야 한다는 원칙임

- 제1의 원칙(평등한 자유의 원칙): 모든 사람에게 기본적인 자유를 최대한 누릴 수 있도록 하여야 한다는 원칙
- 제2의 원칙(차등의 원칙): 가장 빈곤한 사람들의 복지에 대하여 우선적으로 배려하여야 한다는 원칙
- 제3의 원칙(기회균등의 원칙): 결과의 평등은 존재하되 모들 사람에게 균등한 기회를 주어야 한다는 원칙

3. 사회복지의 기능

(1) 일반적 기능
사회통합과 질서유지, 경제성장과 안정, 사회문제 해결 및 정치안정, 개인적 성장과 발전

(2) 소득재분배기능
○ **수직적 재분배와 수평적 재분배**
- 수직적 재분배: 고소득층에서 저소득층으로의 소득 재분배 형태
  예) 공공부조
- 수평적 재분배: 유사한 소득계층 내 위험발생에 대한 재분배 형태
  예) 사회보험

○ **세대간 재분배와 세대내 재분배**
- 세대간 재분배: 현 근로세대와 노인세대, 즉 현 세대와 미래세대 간 소득의 재분배 형태
  예) 공적연금(부과방식), 장기요양보험
- 세대내 재분배: 젊은 시절 소득을 적립했다가 노년기에 되찾는 것으로 한 세대 내 소득의 재분배 형태
  예) 공적연금(적립방식)

○ **장기적 재분배와 단기적 재분배**
- 장기적 재분배: 전 생애에 걸쳐 장기적으로 발생하는 소득의 재분배 형태

예) 공적연금(적립방식)

- 단기적 재분배: 현재의 사회적 욕구를 해결하기 위해 단기간 안에 이루어지는 소득의 재분배 형태

예) 공공부조, 사회보험(건강보험, 산재보험, 고용보험)

> **확인** **사회제도의 주요 기능**
> - 정치제도(사회통제의 기능)　　　· 경제제도(생산, 분배, 소비기능)
> - 가족제도(사회화의 기능)　　　　· 종교제도(사회통합의 기능)
> - 사회복지제도(상부상조의 기능)

제2절 사회복지의 주체와 대상

1. 사회복지의 주체

(1) 공공부문: 중앙정부, 지방자치단체, 공공단체 등

- 정부는 공권력을 가지고 있으므로 가치를 배분하는 활동을 권위적으로 할 수 있음
- 중앙 및 지방정부가 책임지고 운영하는 공식적인 제도로서 대부분이 국가의 예산 및 인력에 의하여 집행되고 있음
- 국가의 책임을 위임받은 공공단체나 민간단체도 경우에 따라 집행을 책임지고 있음

(2) 민간부분: 비영리기관, 비공식 부문 등

- 비영리기관: 사회복지법인이나 기타 비영리법인을 의미하며, 법에 의해 설립되지는 않았지만 조직적으로 복지서비스를 제공하는 다양한 비영리 임의단체들도 포함
- 비공식 부문: 가족이나 친구, 친척, 종교기관, 자원봉사단체, 사회단체, NGO 등

(3) 복지다원주의: 복지혼합, 복지공급의 다원화

- 복지의 제공주체가 정부뿐만 아니라 제3섹터, 기업, 가족, 시장 등 여러 영역이 함께 참여하는 것을 의미함
- 복지다원주의의 논리: 복지공급주체의 다원화, 서비스이용자의 선택권 강화, 탈중앙화와

참여의 확대, 제3섹터(비영리부문)의 역할강조 등

2. 사회복지의 대상

(1) 매슬로우(Maslow)의 욕구유형
- 생리적 욕구: 가장 기초적인 욕구로 생존, 성적 욕구 등, 우선순위가 가장 높음
- 안전의 욕구: 위험이나 위협에 대한 보호, 경제적인 안정, 질서 등에 대한 욕구
- 소속감과 애정의 욕구: 소속감, 애정·우정 등에 대한 욕구
- 자아존중의 욕구: 긍지, 자존심, 인정, 명예, 위신 등에 대한 욕구
- 자아실현의 욕구: 자기발전, 창의성과 관련되는 욕구

(2) 브래드쇼(Bradshow)의 사회적 욕구
- 규범적 욕구(normative): 전문가나 행정가 등이 바람직한 수준으로 규정한 욕구
  예) 가구당 최저생계비 등
- 지각된 욕구(felt needs): 개인이나 집단의 욕망(want) 등 그들의 느낌에 의해 인식되는 욕구
  예) 사회조사
- 표현된 욕구(expressed needs): 어떠한 것에 대한 욕구가 행동으로 직접 표현되는 욕구
  예) 시설의 대기자 명단
- 비교적 욕구(comparative needs): 집단들 간의 상대적 비교를 통해 파악하는 욕구

上·中·下

01) 사회복지의 가치 중 '자유'에 관한 설명으로 옳은 것은?

(18회 기출)

① 자유지상주의 관점에서는 적극적 자유를 옹호한다.

② 소극적 자유 보장을 위해서는 국가의 역할이 많을수록 좋다.

③ 적극적 자유의 관점에서 자유의 침해는 개인에게 필요한 자원이나 기회를 박탈당한 것을 의미한다.

④ 적극적 자유의 관점에서는 임차인의 주거 안정을 위해 임대인의 자유를 제약할 수 없다.

⑤ 개인의 행동에 대한 외적 강제가 없는 상태는 적극적 자유의 핵심이다.

해설

① 자유지상주의 관점에서는 소극적 자유를 옹호한다.
② 소극적 자유 보장을 위해서는 국가의 역할이 적을수록 좋다.
④ 적극적 자유의 관점에서는 임차인의 주거 안정을 위해 임대인의 자유를 제약할 수 있다.
⑤ 개인의 행동에 대한 외적 강제가 없는 상태는 소극적 자유의 핵심이다.

⟨ 정답 ③ ⟩

上·中·下

02) 평등에 관한 설명으로 옳지 않은 것은?

(17회 기출)

① 보험료수준에 따라 급여를 차등하는 것은 비례적 평등으로 볼 수 있다.

② 드림스타트(Dream Start)사업은 기회의 평등을 반영하는 것으로 볼 수 있다.

③ 공공부조의 급여는 산술적 평등을, 열등처우의 원칙은 비례적 평등을 반영하는 것이다.

④ 모든 사람에게 동등한 의료서비스를 제공하는 영국의 국민보건서비스(NHS)는 결과의 평등을 반영하는 것으로 볼 수 있다.

⑤ 비례적 평등은 결과의 평등이다.

평등의 개념 참조

- 비례적 평등(공평, 형평): 개인의 노력, 능력, 사회적 역할, 사회적 기여에 따라 사회적 자원을 다르게 분배한다.

  예) 사회보험(연금, 실업급여), 열등처우의 원칙, 근로조건부 수급자제도 등

- 결과의 평등(수량적 평등, 절대적 평등): 사람의 욕구나 능력의 차이에 상관없이 모든 사람에게 사회적 자원을 똑 같이 분배한다.

  예) 영국의 보건의료서비스(NHS), 사회수당(데모그란트), 공공부조 등

〈 정답 ⑤ 〉

사회복지정책의 이해

다음 문장에서 틀린 것을 모두 고르시오.

◆ **사회복지정책의 가치**

① 보험료 수준에 따라 급여를 차등하는 것은 비례적 평등으로 볼 수 있다.

② 드림스타트(Dream Start)사업은 기회의 평등을 반영하는 것으로 볼 수 있다.

③ 공공부조의 급여는 산술적 평등을, 열등처우의 원칙은 비례적 평등을 반영하는 것이다.

④ 모든 사람에게 동등한 의료서비스를 제공하는 영국의 국민보건서비스(NHS)는 결과의 평등을 반영하는 것으로 볼 수 있다.

⑤ 적극적 자유의 관점에서 자유의 침해는 개인에게 필요한 자원이나 기회를 박탈당한 것을 의미한다.

⑥ 비례적 평등(proportional equality)은 형평 또는 공평(equity)이라고도 불린다.

⑦ 결과의 평등정책보다 기회의 평등 정책은 빈자(貧者)들의 적극적 자유를 증진하는 데 유리하다.

⑧ 적극적 자유는 타인의 간섭이나 구속으로부터의 자유를 의미한다.

⑨ 결과의 평등정책은 부자들의 소극적 자유는 침해하지 않는다.

⑩ 열등처우의 원칙은 형평의 가치를 반영한 것이다.

⑪ 형평(equity)은 결과의 평등을 강조하는 수량적 평등 개념이다.

⑫ 긍정적 차별(positive discrimination)은 평등의 가치를 저해한다.

⑬ 기회의 평등은 결과의 평등보다 재분배에 적극적이다.

⑭ 기회의 평등 추구는 빈자들의 적극적 자유를 증진할 수 없다.

⑮ 사회적 적절성(adequacy)은 모든 사람에게 사회적 자원을 똑같이 분배하는 것을 말한다.

⑯ 벌린(I. Berlin)이 말하는 적극적 자유(positive freedom)는 국가 개입이 감소할수록 보장이 용이하다.

⑰ 사회적 자원 배분이 평등적이고 동시에 파레토 효율적(Pareto efficient)이라면 평등과 효

율은 상충적일 수밖에 없다.

◆ **사회복지정책의 개념 및 특성**

① 가치판단적 특성을 가진다.

② 국민의 최저생활을 보장한다.

③ 개인의 자립성을 증진시킨다.

④ 경제의 자동안전장치(built-in-stabilizer)기능을 수행한다.

⑤ 사회연대의식에 기초하고 있다.

⑥ 시장의 실패를 시정하여 자원배분의 효율화기능을 수행한다.

⑦ 가치중립적이고 시장의 활성화를 도모한다.

⑧ 능력에 비례한 배분을 원칙으로 한다.

〈 정답 〉
• 사회복지정책의 가치 – ⑦ ⑧ ⑪ ⑫ ⑬ ⑮ ⑯ ⑰
• 사회복지정책의 개념 및 특성 – ⑦ ⑧

제2장 사회복지정책의 역사

제1절 영국의 구빈법시대

1. 정부의 구빈정책

(1) 엘리자베스 빈민법(Poor Law, 1601): 최초 국가의 구빈책임, 원내구제 원칙
- 모든 교구에 구빈감독관 임명, 목적세의 성격을 갖는 구빈세 징수, 구빈 업무를 관장
- 노동능력유무에 따라 빈민을 구분: 노동능력자, 노동 무능력자, 빈곤아동으로 구분하여 서로 다른 처우
- 노동능력자는 작업장, 노동무능력자는 구빈원, 빈곤아동은 24세가 될 때 까지 장인에게 봉사하는 도제제도를 실시

(2) 정주법(Settlement Act, 1662): 빈민의 통제강화
- 빈민의 거주이전 제한, 교구와 귀족들의 압력으로 제정
- 농촌 빈민들이 일자리를 찾아 대규모로 도시유입, 도시교구의 구빈세 부담은 증가함

(3) 작업장법(Workhouse test Act, 1722): 원내구제 원칙, 빈민의 통제강화
- 작업장에서의 노동을 통해 근로의욕을 강화시켜 부랑을 억제하고, 국가의 부(富)를 증대시키는 목적에서 제정됨
- 노동력의 착취, 빈민의 혹사 등 문제 발생, 오늘날 직업보도프로그램과 유사한 성격

(4) 길버트법(Gilbert Act, 1782): 원외구제 원칙, 인도주의 구빈제도, 교구연합 결성
- 작업장에서의 빈민의 비참한 생활과 착취를 개선할 목적으로 제정
- 인도주의적 처우에 따라 구빈세 부담 가중, 교구연합은 최초로 유급 사무원을 채용, 오늘날 사회복지사의 모태가 됨

(5) 스핀햄랜드법(Speenhamland Ac, 1795): 원외구제 원칙, 저임금노동자 임금보조

- 빈민에 대한 처우개선을 위해 빵 가격과 부양가족의 수에 따라 최저생계비 보장
- 구빈세 지출이 급증하는 문제점 초래, 오늘날 가족수당, 최저생활보장의 기반이 됨

(6) 공장법(Factory Law, 1833): 아동의 근로환경 개선
- 공장에서 비인도적 처우를 받는 아동을 위해 만들어진 법으로써 아동의 노동조건과 작업 환경을 개선하기 위해 제정됨
- 최초의 아동복지법, 아동의 야간 노동금지, 9세 이하 고용금지, 위생환경의 개선 등

(7) 신(新)빈민법(Poor Law Reform, 1834): 원내구제의 원칙, 열등처우의 원칙
- 길버트법과 스핀햄랜드법이 제정되면서 구빈세의 급격한 증대, 유산계급의 불만 증가
- 빈민에 대한 엄격한 처우, 빈민법 개정의 목적은 구빈세의 감소에 있음
- 신빈민법의 구빈행정 원칙: 전국 균일처우의 원칙(전국 통일의 원칙), 열등처우의 원칙(최 하위 자격의 원칙), 작업장활용의 원칙(원내 구제의 원칙)

2. 민간의 구빈활동

(1) 자선조직협회(COS: Charity Organization Society)
- 이전의 무계획적, 비조직적, 비전문적인 사적 자선행위의 문제점 극복, 서비스제공의 효과 성을 향상시키기 위해 창설된 민간 조직
- 영국 런던(1869)에서 세계 최초로 창립, 미국에서는 뉴욕주 버팔로(1877)에서 창립됨
- 방문원(우애방문원)을 통한 개별적 조사, 구호신청자들의 협회 등록을 통한 중복구호 방지
- 원조의 대상을 '도와 줄 가치 있는 자'로 한정하고, 도덕적 종교적 교화를 통해 빈곤의 문 제에 대처하고자 함
- 철저한 환경조사는 오늘날 가족사회사업 또는 개별사회사업을 발전시키는데 영향을 줌
- 기본 4요소: 우애방문원, 조사, 등록, 협력
- 빈곤문제에 있어 개인적 책임을 강조하고, 공공의 구빈정책에 대해서는 반대하였음

※ 빈곤을 개개인의 도덕적 결함으로만 간주함으로써 그 사회경제적 뿌리를 무시하였 다는 점에서 보수주의적이었다는 비판을 받고 있다.

(2) 인보관 운동(Settlement House Movement)

- 실업자의 증가와 인구의 도시 집중화에 따라 슬럼지역이 생기는 등 새로운 도시문제로 시달리게 되자 지식인 및 대학생들이 빈민가에 거주하면서 이러한 도시문제를 해결하기 위해 일으킨 운동
- 영국 런던교구 목사인 바네트가 1884년 런던동부 빈민지역에 세계 최초의 지역사회복지관인 '토인비홀'을 설립
- 미국에서는 코이트가 1886년에 뉴욕에서 미국 최초의 인보관인 '근린길드'를 설립하였고, 1889년에 아담스와 스타가 시카고에 '헐 하우스'를 설립
- 인보관을 설립하여 주택, 도서관, 시민회관 등으로 활용하고, 교육적 사업으로 아동위생, 보건교육, 기술교육, 문맹퇴치 및 성인교육을 실시함
- 사회조사를 통해 여러 가지 통계자료를 구함으로써 이를 법률제정에 활용토록 하였으며, 인보관의 활동은 집단사회사업과 지역사회복지의 모델이 됨
- 인보관 운동 3R: Residence(빈민과 함께 거주), Research(사회조사활동), Reform(개혁)

제2절 사회보험시대

1. 독일의 사회보험

(1) 사회보험 도입배경

- 산업혁명으로 노동자가 늘어나면서 프롤레타리아라는 새로운 계급이 출현하였으며, 실업자라는 새로운 사회문제가 나타남
- 세계 최초의 사회보험은 독일 비스마르크 사회입법(1883)이며, 이어 영국의 국민보험법(1911), 미국의 사회보장법(1935)이 시행되었음
- 비스마르크의 권위주의적 개혁(위로부터의 혁명)이라는 정치적 보험성격을 가지고 있음
- **채찍정책**: 사회주의자들에 대한 직접적인 탄압책인 사회주의자진압법 제정
- **당근정책**: 노동자계급을 국가내로 통합시키기 위한 양보로서의 사회보험 실시
- 비스마르크 사회입법의 원칙: 강제보험의 원칙, 중앙통제의 원칙, 사(私)보험회사 배제의 원칙, 정부보조금 지급의 원칙
- 주요 사회보험: 질병보험(1883), 산재보험(1884), 노령폐질보험(1889)

2. 영국의 국민보험법(1911): 자유주의적 개혁(자유당 정부)

- 건강보험: 로이드 조지가 주도하였으며 공제조합, 보험회사, 의사 등 기득권 집단들과의 장기간 협상을 통해 탄생함
- 실업보험: 처칠이 세계 최초로 실업보험을 입안, 보험료에 비례하여 급여를 지급
- 보험료 및 급여수준: 보험료는 고용주와 피용자가 각각 부담하고 정부가 일부를 보조하고, 사회보험의 급여수준은 인간다운 생활을 유지할 만큼 충분하지는 않음

上·中·下

01) 사회복지역사에 관한 내용 중 연결이 옳은 것은?   (18회 기출)

① 엘리자베스 구빈법(1601) – 열등처우의 원칙

② 길버트법(1782) – 원외구제 허용

③ 비스마르크 3대 사회보험 – 질병보험, 실업보험, 노령폐질보험

④ 미국 사회보장법(1935) – 보편적 의료보험제도 도입

⑤ 베버리지 보고서(1942) – 소득비례방식의 사회보험 도입

해설

① 신구빈법(1834) – 열등처우의 원칙

③ 비스마르크 3대 사회보험 – 질병보험, 산재보험, 노령폐질보험

④ 미국 사회보장법(1935) – 보편적 의료보험제도를 도입하지 않았음

⑤ 베버리지보고서(1942) – 정액 기여, 정액급여방식의 사회보험 도입

⟨ 정답 ② ⟩

上·中·下

02) 서구 복지국가 위기이후 나타난 흐름에 관한 설명으로 옳지 않은 것은?   (17회 기출)

① 공공서비스의 시장화   ② 노동시장의 유연화정책

③ 계층간 소득 불평등 완화   ④ 복지의 투자 · 생산적 성격의 강조

⑤ 경제 활성화를 위한 법인세의 인하

해설

복지국가 위기이후 신자유주의의 정책들은 시장에 의한 분배에 중점을 둔 결과로 계층간 소득의 불평등은 오히려 증가되었다.

⟨ 정답 ③ ⟩

사회복지정책의 발달
다음 문장에서 틀린 것을 모두 고르시오.

◆ 영국의 구빈법시대

① 스핀햄랜드법(Speenhamland Act of 1795)은 임금보조제도를 도입하여 오늘날 가족수당이나 최저생활보장의 기반을 이루었다.

② 공장법은 아동의 노동 여건을 개선하였다.

③ 1834년 신빈민법은 전국적으로 구빈 행정 구조를 통일하였다.

④ 열등처우의 원칙은 국가의 도움을 받는 빈민의 처우는 스스로 벌어 생활하는 최하위 노동자의 생활 보다 열등해야 한다.

⑤ 엘리자베스 빈민법은 빈민을 노동능력 있는 빈민, 노동능력 없는 빈민, 요보호아동으로 구분하였다.

⑥ 정주법은 빈민의 자유로운 이동을 제한하였다.

⑦ 1834년 신빈민법은 열등처우의 원칙을 확립하였다.

⑧ 찰스 부스는 런던지역에서 빈곤에 관한 사회조사를 실시하였다.

⑨ 우리나라의 최저임금제도는 1986년에 최저임금법이 제정되어 1988년에 시행되었다.

⑩ 스핀햄랜드법은 노동가능 빈민에 대한 원외구호를 금지하였다.

⑪ 영국의 구빈법이 공식적으로 폐지된 것은 1차 대전 이전의 일이다.

◆ 독일의 사회보험

① 1883년 독일의 질병(건강)보험은 최초의 사회보험이다.

② 독일은 세계 최초로 사회보험제도를 도입하였다.

③ 독일의 사회보험은 상호부조 조직인 공제조합을 기원으로 하였다.

④ 사회주의자들은 노동자를 국가복지의 노예로 만드는 것으로 보아 산재보험 도입을 반대하였다.

⑤ 독일의 사회보험은 노동자의 충성심을 국가로 유도하기 위해 기획되었다.

⑥ 1884년 산재보험의 재원은 노사가 반씩 부담하였다.

⑦ 1889년 노령폐질연금은 전 국민을 대상으로 시행되었다.

⑧ 사회민주당이 사회보험 입법을 주도하였다.

⑨ 질병(건강)보험은 전국적으로 일원화된 통합적 조직에 의하여 운영되었다.

〈 정답 〉
• 구빈법시대 – ⑨⑩⑪
• 독일의 사회보험 – ⑥⑦⑧⑨

제3장 사회복지정책관련 이론과 사상

제1절 사회복지정책의 발달이론

(1) 사회양심이론(social conscience theory)
- 사회적 양심이 성장하고 국민들의 열악한 사회·경제적 상태가 알려지면 그것을 개선하기 위하여 사회정책이 발달한다고 봄
- 국가의 사회복지정책을 자선활동으로 간주하며, 진화론적 관점에서 사회복지에 대한 전망은 낙관적임

(2) 산업화이론(industrialization theory)
- 경제가 상당한 수준으로 발전하게 되면 사회복지도 유사한 형태로 수렴된다는 이론으로 수렴이론이라고도 함
- 산업화는 경제성장과 함께 새로운 사회적 욕구를 유발시키며, 경제성장은 복지확충에 필요한 자원을 제공하고, 새로운 욕구는 새로운 복지프로그램을 등장시킴

(3) 확산이론(diffusion theory)
- 한 나라의 사회복지정책이 다른 나라에 영향을 미친다는 이론으로 전파이론이라고도 함
- 사회복지정책의 확대는 국제적 모방과정이라고 보며, 유럽 국가들이 비유럽국가들보다 사회보장프로그램들을 먼저 구축한 것은 지리적 근접성에 기인한다고 봄

(4) 시민권이론(citizenship theory)
- 시민권은 산업혁명의 영향으로 성장한 시민이 봉건적 지배계급으로부터 자유·평등·박애를 쟁취하기 위한 시민혁명의 결과로서 쟁취하였다고 보는 이론
- 마샬(T. H. Marshall)은 시민권이론을 개념화하였으며, 공민권은 18세기, 정치권은 19세기, 복지권(사회권)은 20세기에 확립되었다고 봄
- 복지권은 평등을 지향하는 시민권 이념과 현실의 사회적 불평등을 양립할 수 있게 함

(5) 이익집단이론(다원주의이론)

- 이익집단들의 노력에 의해 사회복지정책이 발달되었다고 보며 다원주의이론이라고도 함
- 다양한 이익집단들의 이익 상충을 조정하는 데 있어 정부의 중립적인 역할이 중요시 됨

(6) 권력자원이론

- 노동자계급의 정치적 세력이 확대되면 그 결과로 사회복지가 발전된다고 보는 이론, 사회 복지는 노동자들의 계급투쟁에서 쟁취한 성과물이라고 봄
- 노동자계급들이 복지국가체제를 수호할 뿐만 아니라 점진적으로 자본주의를 개혁하는 방 향으로 권력자원이 될 수 있다고 봄

(7) 음모이론(conspiracy theory)

- 사회복지정책에는 기득권 유지와 사회의 안정을 위해 사회통제를 목적으로 한 음모가 서 려 있다고 보며 사회통제이론이라고도 함
- 사회양심론과 정반대의 입장으로 갈등기 또는 정권교체기에 등장하는 사회복지정책이 정 당성의 확보 또는 정치권의 재생산을 위해 도입·확대되는 사실을 설명할 수 있음

(8) 종속이론(dependency theory)

- 제2차 세계대전 이후 식민국가들의 복지제도 변천을 설명하려는 이론으로 식민국가들이 종주국의 이익에 도움이 되는 방향으로 운영되었고, 그 제도가 독립이후에도 그대로 모방 되거나 유지되는 현상을 설명함
- 강대국들이 약소국가인 식민지 약탈을 합리화시키기 위한 이론으로 비판받고 있음

(9) 국가중심이론

- 사회복지정책을 독립된 주체인 국가가 스스로 문제를 인식하고 해결하려는 노력의 산물로 파악하는 이론
- 사회복지 공급자로서의 국가 관료조직의 역할을 가장 중시하며, 관료들의 자기이익 추구 행위가 복지국가 발전을 가져온다고 봄

제2절 사회복지의 모형

(1) 윌렌스키(Wilensky)와 르보(Leveaux)의 2분 모형
○ 잔여적(선별적) 모형: 기본욕구 충족
- 사회복지는 가족 또는 시장과 같은 정상적인 공급구조가 제 기능을 발휘하지 못하는 경우에 한시적 일시적으로만 기능을 수행함
- 초기 산업사회와 자유주의 국가에서 나타났으며 빈민과 같은 요보호 대상자들에게 사회적으로 최저한의 급부를 주는 역할만 수행함

○ 제도적(보편적) 모형: 사회문제 해결
- 사회복지는 현대 산업사회에서 정상적인 제1선의 제도적인 기능을 수행함
- 국가의 적극적 개입을 통해 사회복지를 구현하며 평등, 빈곤으로부터 자유, 우애 등의 가치를 강조함

(2) 티트머스(Titmuss)의 3분 모형
○ 잔여적(보충적) 모형: 선별주의, 공공부조프로그램 강조
- 복지욕구는 일차적으로 가족과 시장을 통해 충족되어야 하며, 국가는 가족과 시장이 충족하지 못할 때에만 일시적으로 개입함
- 빈곤의 책임은 개인에게 있으므로 국가의 빈민구제정책은 개인의 자립의지를 전제로 최저수준으로 만 제공함

○ 산업성취모형: 사회보험프로그램 강조
- 잔여적 모형과 제도적 재분배모형의 중간형태이며, 시녀적 모형이라고 하며, 사회복지를 경제성장의 수단으로 활용하고자 함
- 사회복지급여는 시장에서의 지위를 반영하여 직업별 계층별로 제공되어야 하며, 개인의 사회적 욕구는 업적, 생산성, 성취도를 기초로 충족됨

○ 제도적 재분배 모형: 보편적 복지프로그램(사회수당, 사회서비스 등) 강조
- 국가는 복지욕구를 충족시키는 주요 제도로서 복지급여를 보편적으로 제공함
- 평등과 재분배정책 강조, 분배정책은 개인의 능력이 아니라 욕구에 따라 이루어져야 함

※ 티트머스(Titmuss): 복지의 사회적 분화

- 사회복지: 정부의 직접적인 지출에 의해서 제공되는 공공부조와 같은 복지제도를 말하며, 전통적인 광의의 사회복지서비스(소득, 교육, 건강, 개별사회서비스)를 포함한다.
- 재정복지: 조세감면, 세제혜택 등을 의미하며, 국가의 조세정책에 의해 간접적으로 국민의 복지를 향상시킨다.
- 기업(직업복지): 기업차원에서 노동자에게 제공하는 임금 이외의 다양한 형태의 부가급여 등을 말한다.

(3) 조지와 윌딩(V. George & P. Wilding)의 4분 모형(초기모형)

사회복지에 영향을 미치는 이념을 기준으로 유형화(1976)함

○ 반집합주의(신우파): 산업화 초기, 세계대공황(1929)이전 미국의 복지정책
- 자유주의적 이념에 초점, 국가의 간섭이 없는 것이 자유의 본질이라고 봄
- 복지국가에 대해 반대 입장, 가장 낮은 수준의 사회복지정책을 지향하는 유형임

○ 소극적 집합주의(중도노선): 세계대공황(1929)이후 미국의 복지정책
- 수정자본주의 요소를 반영, 당면문제의 해결을 위해 정부의 조건부 개입을 인정함
- 빈곤 완화에 대한 국가책임을 인정하는 낮은 수준의 복지정책을 제한적으로 지지함

○ 페이비언사회주의(사회민주주의)
- 점진적인 사회주의 모형, 적극적 자유를 강조, 높은 수준의 사회복지정책을 지향함
- 복지국가에 대해 적극 찬성하는 입장, 국가의 지속적인 불평등 완화역할에 무게를 둠

○ 마르크스주의
- 자본주의 생산양식 비판, 자본주의체제의 수정이나 개혁보다는 이를 전면 부정함
- 자본주의체제가 지속되는 한 빈곤은 결코 소멸될 수 없다는 점에서 빈곤완화에 대한 국가의 책임에 대해 부정적인 입장을 취함

☞ 수정된 이데올로기 모형(후기모형: 초기모형에 2개 모형 추가)
○ 페미니즘(Feminism)

- 복지국가에 대해 양면성, 여성친화적 국가라는 호의적 반응과 성차별체계의 현대적 양상에 지나지 않는다는 입장이 공존함
- 복지국가는 자본주의 유지를 위한 남성들의 기득권을 약화시키는 가족정책 또는 양성평등정책을 지지하는 정책을 실시한다고 인정함
- 복지국가는 남성들의 권력 및 특권을 유지하는 가부장적 정책들도 동시에 채택하고 있다고 비판함

○ **녹색주의**(Greenism)
- 복지국가가 경제성장을 통해 환경문제를 유발하기 때문에 반대하며, 공공복지에 대한 지출도 축소되어야 한다고 봄
- 복지국가의 사회복지서비스는 사회문제의 현상만을 다루고 있다고 비판함

(4) 에스핑 엔더슨(G, Esping-Andersen)의 3분 모형
복지가 가족, 시장, 국가 안에서 어떻게 배분되느냐에 따라 유형화하였으며, 탈상품화와 계층화를 복지체제를 유형화하는 기준으로 하였음

○ **자유주의적 복지국가**
국가가 빈곤계층을 대상으로 국민최저수준의 복지급여를 제공, 탈상품화의 효과와 재분배효과가 미약하며, 공공부조가 강조됨

○ **조합주의적(보수주의적) 복지국가**
사회보험이 강조되며 소득보장은 국민최저수준 이상이고, 고소득층은 높은 보험료를 내고, 높은 복지혜택을 받는 사회보험의 특징 때문에 탈 상품화의 효과에는 한계가 있다고 봄

○ **사회민주적 복지국가**
사회적 평등과 전 국가적인 사회연대성의 제고를 위해 국가가 적극 개입하며, 보편주의 원칙과 사회권이 중시되며, 탈 상품화의 효과가 가장 크게 나타남

(5) 퍼니스(N. Furniss)와 틸튼(T. Tilton)의 3분 모형
사회복지욕구에 대한 정부의 개입형태에 따라 3가지 모형으로 유형화함

○ 적극적 국가
- 가장 중요한 정책목표를 지속적인 경제성장으로 삼고, 이를 위해 정부와 자본이 공생관계를 유지하는 것을 최선으로 여김
- 자유방임주의와 개인주의를 바탕으로 한 자유경제시장에서 선호되는 사람, 즉 무한 경쟁에서 살아남을 수 있는 사회적 강자들이 가장 큰 혜택을 받음

○ 사회보장국가
- 사유재산체계가 국민의 생활안정을 보장할 수 없기 때문에 국가가 사회정책을 통해 국민 누구에게나 최저수준을 보장함
- 사회보험만으로 부족하기 때문에 사회부조나 보편적 서비스의 제공과 같은 다른 방법을 채택하게 되며, 국가의 책임 못지않게 개인책임에 대한 중요성도 동시에 인식함

○ 사회복지국가
- 경제정책이 사회정책의 구속을 받게 되며, 사회복지서비스는 취약계층에 대한 원조라는 성격을 초월하는 제도임
- 평등과 사회통합의 실현을 목표로 삼기 때문에 철저한 민주주의와 사회평등주의를 지향한다는 점에서 사회보장국가와 차별성을 갖기도 함

(6) 파커(J. Parker)의 3분 모형
○ 자유방임주의형 복지국가
자유주의적 시장경제 중심의 체제를 강조함, 복지는 개인의 경제력에 의해 해결하는 것이 바람직하다고 봄

○ 자유주의형 복지국가
자유방임주의와 사회주의 중간 형태로 봄, 개인의 자유나 기회의 평등을 더 강조함

○ 사회주의형 복지국가
개인의 실질적인 평등과 생존권 보장을 강조함, 복지문제에 대해서는 국가가 적극적으로 개입함

(7) 미쉬라(R. Mishra)의 2분 모형

○ 분화된 복지국가(다원적 복지국가)

사회복지가 경제와 구분되고 대립되어 경제에 악영향을 주는 사회복지는 제한됨, 경제와 연계를 갖지 않는 잔여적 사회복지정책만 제공하는 유형

○ 통합된 복지국가(조합주의적 복지국가)

사회복지와 경제가 구분되지 않고 상호의존적인 관계로 인식하는 유형, 보편적 사회복지정책을 제공하는 유형(스웨덴, 네덜란드 등)

〈 핵심 정리 〉

※ 윌렌스키와 르보의 2분 모형

구분	잔여적 모형	제도적 모형
개인의 욕구	가족, 개인이 1차적 책임	사회복지가 1차적, 정상적으로 제도화됨(보편적 복지)
사회복지	국가는 2차적 책임(일시적, 구호적 지원)	

※ 티트머스의 3분 모형

구분	잔여적모형	산업성취모형	제도적 재분배모형
개인의 욕구	개인, 가족이 1차적 책임	생산성, 성취도에 기초	필연적
사회복지	국가는 2차적 책임 (일시적, 구호적 지원)	경제적 부속물(사회보험)	1차적, 정상적 제도화

※ 조지와 윌딩의 이데올로기 모형

구분	이데올로기			
	반집합주의	소극적 집합주의	페이비언 사회주의	마르크스주의
중심적 사회가치	· 소극적 자유 · 불평등	· 소극적 자유 · 실용주의	· 적극적 자유 · 평등	· 적극적 자유 · 평등
정부의 개입	부정적	조건부 인정	적극 인정	적극 인정
복지국가 관점	반대	찬성	적극 찬성	적극 반대
빈곤완화 국가책임	필요악	최저수준 보장	적극적 책임	자본주의 체제에서 국가에 의한 빈곤 소멸은 불가능

※ 에스핑–엔더슨의 복지국가 모형

구분	자유주의적 복지국가	조합주의적 복지국가	사회민주적 복지국가
특징	·공공부조 강조 ·탈상품화 효과미약 ·재 분배효과 미약	·사회보험 강조 ·탈상품화 효과: 한계	·보편주의 원칙 ·탈상품화 효과매우 큼
국가	·미국, 캐나다	·프랑스, 독일	·스웨덴, 덴마크, 핀란드

※ 퍼니스와 틸튼의 복지국가 모형

구분	적극적 국가	사회보장국가	사회복지국가
특징	·지속적 경제성장이 정책의 목표 ·무한경쟁의 승자가 최고의 혜택을 받음	·국민의 최저수준 보장 ·개인책임, 동기도 중시	·평등과 사회통합이 정책의 목표 ·철저한 민주주의와 사회평등주의
국가	·미국	·영국	·스웨덴

제3절 사회복지정책의 이념

(1) 자유방임주의

- 18~19세기 사상, 근대자본주의의 기본정책으로 고전경제학파(A. 스미스)가 체계를 세움
- 개인의 경제활동의 자유를 최대한 보장, 국가의 간섭을 가능한 배제하려는 경제사상
- 자유방임주의는 최소한의 국가기능이 최대한의 자유를 보장한다는 논리 아래 정부에 대한 각종 제재 장치를 통해 국가의 불간섭 원칙을 강조함(작은 정부 선호)
- 기술문명과 복잡한 산업사회는 빈곤의 만연, 노사대립, 가진자의 착취, 경제공황 등 많은 사회문제가 발생함
- 노동자의 비참한 생활을 게으름의 소산으로만 돌리고, 피지배층에 대한 책임을 저버린 자유방임주의에 대하여 비판함
- 자유방임주의의 '보이지 않는 손'에 의한 자동조절작용은 상실되고, 정부의 시장개입을 선언한 케인즈(J. M. Keynes)주의 복지국가 시대가 도래하게 됨

(2) 케인즈주의(Keynesism)

- 수정자본주의, 소극적 집합주의, 국가개입주의라고도 함

- 자유방임주의를 비판, 1929년 세계대공황 이후 사회복지정책 확대시기의 논리가 됨
- 시장의 무정부성이 초래한 세계 대공황기에 국가에 의한 적극적 시장개입을 강조함
- 사회복지정책은 자본주의를 보호하기 위한 훌륭한 장치로 간주함
- 유효수요의 원리에 입각하여 경기순환을 안정시키고 완전고용을 실현하기 위해서는 국가의 적극적 개입이 필요하다고 주장함
- 세계대공황(1929)이후 엄청난 영향을 미친 수정자본주의와 국가개입주의는 1973년과 1979년 2차에 걸친 오일쇼크와 스태그플레이션으로 무너지고 말았음
- 장기적인 스태그플레이션은 케인즈주의 이론에 기반한 경제정책이 실패한 결과라고 지적하며 대두된 것이 신자유주의 이론임

(3) 신자유주의(신보수주의)

- 1980년대 이후 신자유주의·신보수주의의 주장이 힘을 얻어가면서 미국의 레이건대통령, 영국의 대처수상 등이 이러한 사상을 기반으로 집권하게 됨
- 신자유주의와 신보수주의는 모두 넓은 의미의 신우파에 속하는 이념으로 시장적 자유와 개인의 사적 소유권을 절대적 가치로 봄
- 국가의 개입이 최소화되고, 개인의 자유가 중심이 된 사회체계를 지향하는 사상
- 1970년대 초 복지국가 위기의 현상으로 국가재정의 적자누적, 경제성장의 둔화 등이 나타나면서 새롭게 영향력을 얻게 된 사상
- 복지국가에서 발생한 여러 문제를 해결하기 위해 공공지출의 축소를 주장함
- 시장의 경쟁력을 높이기 위해 국가개입의 축소, 사회보장제도의 축소, 국영기업의 민영화 등을 주장함

(4) 페이비언사회주의

- 점진주의, 의회주의를 특징으로 하는 사회주의 이념으로서, 평등·자유·우애·민주주의·인도주의·집합주의가 지배적인 가치임
- 사회적 선(善)을 추구하고 달성하는데 있어 국가가 매우 긍정적 역할을 수행한다고 봄
- 자본주의를 극복의 대상으로 간주하며, 소득의 평등보다는 부(富)의 평등을 주장함
- 평화적·점진적 방법으로 사회주의 지향, 계급전쟁보다 윤리주의, 공리주의를 더 중시함
- 사회통합을 중시, 사회경제적 불평등에 뿌리를 둔 계급갈등은 사회통합의 가장 큰 적이며 불평등은 사회통합을 위해 완화되어야 한다고 주장함

(5) 사회민주주의

- 마르크스주의에서 시작, 급진적 사회주의 혁명노선을 포기, 자본주의를 현실로 인정하며, 평등 · 자유 · 우애를 중심적 사회가치로 봄
- 의회와 선거정치를 통해 사회주의적 이상을 실현, 노동력의 탈상품화를 통한 노동계급의 단결과 연대성을 형성하고자 함
- 핵심적 특징은 민주주의와 점진주의이며, 노동과 복지는 대립 · 배타적인 관계가 아니라 상호보완적인 관계로 봄
- 사회전체의 높은 수준의 평등을 구현하기 위해 보편적인 복지서비스를 제공, 평화적이고 점진적으로 사회주의적 평등을 이루고자 함
- 복지국가는 노동자계급을 대변하는 정치적 집단의 세력이 커질수록 발전한다고 봄
- 복지국가 발전의 원인으로 강력하고 중앙집권화된 노동조합운동과 지속적인 사회민주주의의 정당의 집권을 중요한 요인으로 제시함

(6) 마르크스주의

- 자본주의는 노동자들에 의해 지양되어야 할 착취체제이며, 지배계급이나 부르주아 계급의 장기적 이익에 봉사하는 도구로 봄
- 사회개량주의와 같은 보수적 사회주의는 부르주아사회의 존립을 보장하기 위해 사회적 폐해만을 단지 제거하고자 할 뿐이라고 주장함
- 비스마르크의 사회보험은 그 내용이 노동자에 대한 동냥에 불과하다고 비판함
- 사회주의자들은 사회보험에 대한 노동자들의 부담을 특히 반대하였으며, 국가와 자본가계급만의 부담을 요구함
- 자본주의국가의 사회복지정책은 노동자계급의 의식을 약화시키는 해독제에 불과하지만 계급투쟁을 통해 얻은 사회복지정책은 의미가 크다고 봄

(7) 신(新)마르크스주의(Neo-Marxism)

- 세계대공황과 두 차례의 세계대전 이후 국가의 역할변화, 복지국가의 등장에 따른 전통적인 마르크스주의를 수정한 이론으로 독점자본주의이론이라고도 함
- 국가를 자본가계급의 지배도구로 간주하는 전통적 마르크스주의를 지지하면서도 국가정책의 수행과정에서 어느 정도 자율성을 지닐 수 있음을 인정함
- 독점자본의 필요성에 의해 복지국가가 등장하고 발전하였다고 보며, 복지국가의 위기와

재편의 필요성을 복지국가의 모순에서 찾고 있음
- 이 모순은 독점자본주의 단계의 국가가 수행해야할 기능인 자본축적과 정당화라는 모순적인 기능에서 비롯된다고 봄
- 신마르크스주의 유형: 도구주의적 관점, 구조주의적 관점

(8) 조합주의(corporatism)

- 조합주의(코프라티즘)는 정부와 이익집단이 갖는 정책과정상의 역할분담에 대해 설명함
- 과거 조합주의는 권위주의적 코프라티즘, 국가적 조합주의라 하며, 최근의 조합주의는 신조합주의, 자유주의적 조합주의, 사회적 조합주의라고도 함
- 조합주의 유형: 국가조합주의, 신조합주의

上·中·下

01) 사회복지발달이론에 관한 설명으로 옳지 않은 것은? (18회 기출)

① 사회양심이론 – 사회복지는 이타주의가 제도화된 것임

② 수렴이론 – 산업화를 이룬 나라들은 사회복지제도를 도입하게 됨

③ 시민권론 – 마샬(T. H. Marshall)은 사회권(social right)을 복지권(welfare right)이라 함

④ 권력자원론 – 사회복지정책은 권력 엘리트의 산물임

⑤ 구조기능주의론 – 사회복지는 산업화, 도시화에 따른 사회문제에 대한 적응의 결과임

해설

④ 권력자원론은 사회복지정책은 권력 엘리트의 산물이라기보다는 강력한 노동조합 등에 발전되었다고 본다. 〈 정답 ④ 〉

上·中·下

02) 에스핑 엔더슨(G, Esping-Andersen)의 복지국가유형에 관한 설명으로 옳지 않은 것은? (16회 기출)

① 자유주의 복지국가는 시장의 효율성을 중시한다.

② 자유주의 복지국가는 저소득층에 초점을 맞춘다.

③ 보수주의 복지국가는 개인의 책임과 자조의 원리를 강조한다.

④ 보수주의 복지국가는 사회적 지위에 따라 사회보험 혜택의 차이가 있다.

⑤ 사회민주주의 복지국가는 보편주의적 개입을 통해 가족과 시장을 대체하는 특성을 갖고 있다.

해설

에스핑 엔더슨(G, Esping-Andersen)의 복지국가 유형 참조

• 개인의 책임과 자조의 원리를 강조하는 것은 자유주의적 복지국가이다.

• 보수주의적(조합주의적) 복지국가는 사회보험이 강조되며 소득보장은 국민최저수준 이상이고, 고소득층은 높은 보험료를 내고, 높은 복지혜택을 받는 사회보험의 특징 때문에 탈상품화의 효과에는 한계가 있다. 〈 정답 ③ 〉

사회복지정책관련 이론과 사상
다음 문장에서 틀린 것을 모두 고르시오.

◆ **사회복지정책의 발달이론**

① 확산이론은 한 국가의 제도나 기술혁신이 인근 국가에 영향을 준다.

② 확산이론은 한 나라의 사회복지정책이 다른 나라에 미치는 영향을 강조한다.

③ 확산이론은 사회복지의 발달이 국가의 지리적 위치와 관계가 있다고 본다.

④ 사회양심이론은 인도주의에 입각한 사회적 의무감이 복지정책을 확대할 수 있다고 본다.

⑤ 사회양심이론은 사회복지정책을 국가의 자선활동으로 본다.

⑥ 수렴이론은 산업화로 인해 발생한 사회문제의 해결을 위해 사회복지가 발달한다고 본다.

⑦ 수렴이론은 산업화와 이로 인한 인구사회 구조변화에 주목한다.

⑧ 음모이론은 사회복지정책에 대해 사회 안정과 질서유지를 위한 하나의 수단으로 보았다.

⑨ 이익집단이론은 현대사회에서 집단들 간의 정치적 행위가 커지고 있다.

⑩ 이익집단이론은 노인복지의 확대를 설명하는 데 유용하다.

⑪ 국가중심주의이론은 국가 관료들의 자기이익 추구행위가 복지국가 발전을 가져온다.

⑫ 독점자본이론은 경제발전이 상당수준에 이르면 사회복지 발전정도가 유사하게 나타난다.

⑬ 시민권이론은 정치권의 실현을 통해서 완전한 시민권의 실현이 가능하다고 본다.

⑭ 시민권이론은 불평등한 계층구조와 평등주의적 시민권이 양립할 수 없다고 본다.

◆ **에스핑 엔더슨의 복지국가 유형화**

① 자유주의 복지국가는 시장의 효율성과 근로의욕을 고취한다.

② 자유주의 복지국가는 저소득층에 초점을 맞춘다.

③ 자유주의 복지국가는 시장 규제완화와 복지축소를 통해 복지국가 위기를 모색하고 있다.

④ 보수주의 복지국가는 사회적 지위에 따라 사회보험 혜택의 차이가 있다.

⑤ 사민주의 복지국가는 보편주의적 개입을 통해 가족과 시장을 대체하는 특성이 있다.

⑥ 사민주의 복지국가는 공공부문의 고용확대로 복지국가 위기의 타개를 모색하고 있다.

⑦ 사민주의 복지국가는 시민권에 기초한 보편적이고 포괄적인 복지체계를 특징으로 한다.

⑧ 보수주의 복지국가는 개인의 책임과 자조의 원리를 강조한다.

⑨ 조합주의 복지국가는 보편적 사회수당을 핵심 정책으로 하고 있다.

◆ 사회복지 사상

① 신우파는 사회복지의 확대가 경제적 비효율성과 근로동기약화를 가져왔다고 비판한다.

② 녹색주의는 복지국가가 경제성장을 통해 환경문제를 유발하기 때문에 반대한다.

③ 중도노선은 빈곤과 불평등 완화를 위한 사회복지정책이 필요하다고 본다.

④ 페미니즘은 가부장적 복지국가를 비판하지만 양성평등을 위한 사회복지정책의 역할은 인정한다.

⑤ 마르크스주의는 복지국가를 통해 자본주의의 근본적 모순을 극복할 수 있다고 본다.

〈 정답 〉
• 사회복지정책의 발달이론 – ⑫⑬⑭
• 에스핑 엔더슨의 복지국가 유형화 – ⑨
• 사회복지 사상 – ⑤

제4장 복지국가의 발달

제1절 복지국가의 형성(1920~1940년대):
세계대공황이후~제2차 세계대전 종료

1. 복지국가의 성립배경 및 필요성: 사회보장법, 베버리지보고서

(1) 복지국가의 성립배경

- 복지국가의 용어: 영국의 켄터베리 대주교 윌리엄 템플이 자신의 저서 "시민과 성직자"에 서 가장 먼저 사용, 나치 독일을 '무력국가', 영국을 '복지국가'로 비교한 것에서 비롯됨
- 산업혁명이후 개인주의에 근거한 사유재산과 시장경쟁은 자본주의의 기본원리이며, 시장 경제에 국가가 개입하지 않는 자유방임주의가 확립됨
- 자유방임주의는 독점이라는 모순을 드러내면서 '시장의 실패'가 심화되어 국가가 국민경 제과정에의 개입이 정당화되기 시작함
- 미국은 1929년 세계대공황으로 케인즈의 혼합경제논리가 받아들여져 복지국가의 기틀이 마련됨

(2) 사회복지의 시장실패(시장체계의 비효율성)

시장시스템의 문제가 발생하여 시장이 효율성을 달성하지 못하게 되면 정부가 경제와 사회 의 기능을 회복할 수 있도록 개입하게 되는 상황을 말하며, 시장의 실패는 정부가 복지를 제 공하는 주체가 되어야 한다는 논리를 제공하였음

○ 공공재공급의 실패

- 공공재는 재화를 소비하는데 있어 비경합성, 비배타성, 비분할성 등을 지니는 특성을 지닌 재화이며, 시장의 실패를 보여주는 대표적인 사례임
- 공공재는 무임승차의 문제 등 시장이 공공재를 제대로 제공할 수 없어 정부가 제공하여야 한다고 봄
- 사회복지의 재화나 서비스는 공공재의 성격을 지니고 있으므로 그에 대한 혜택을 사회구

성원 모두가 누릴 수 있게 됨

○ **외부효과(긍정적 외부효과)**
• 어떤 경제활동이 다른 사람에게 의도하지 않은 혜택을 주면서 이에 대한 대가나 비용을 지불하지도 않는 상태를 말함, 공공재에서 많이 나타나고 있음
• 사회복지재화나 서비스는 긍정적인 외부효과를 많이 가져오기 때문에 시장에서 제공되기는 어려우므로 정부가 공공재로서 모든 국민에게 제공할 수밖에 없음

○ **불완전한 정보(정보의 비대칭성)**
• 어떤 재화나 서비스에 관해 충분한 정보를 가지고 있지 않을 때는 소비자에게 필요한 재화나 서비스가 시장에서 배분되더라도 비효율적으로 배분될 가능성이 큼
• 특정한 사회복지재화나 서비스는 불완전한 정보의 문제를 가지기 때문에 이런 재화나 서비스는 정부가 주도해서 제공하는 것이 사회적으로 더 효율적이라고 봄

○ **도덕적 해이**
• 보험가입자가 위험발생의 예방 · 회피하는 행위를 적게 하여 위험발생이 높아지는 현상을 말하며, 실업보험과 건강보험의 경우 도덕적 해이현상이 나타날 수 있음
• 예방 대책: 실업급여 지급요건 강화, 건강보험의 본인부담금 제도, 조건부수급자제도 등

○ **역의 선택**
• 정보력을 많이 가진 집단이 정보의 왜곡이나 오류를 통해 이익을 취하는 행위를 말하며, 보험금을 받을 가능성이 높은 사람들이 해당 보험을 집중적으로 가입하게 되는 현상이 나타날 수 있음
• 예방 대책: 강제보험(사회보험)의 실시, 충분한 정보의 사전제공 등

○ **규모의 경제**
• 규모를 확대할 경우 비용측면에서 저렴한 비용으로 재화와 서비스를 공급할 수 있음
• 정부가 민간에 비해 상대적으로 더 낮은 가격으로 재화와 서비스를 공급할 수 있음
  예) 국민연금, 건강보험, 고용보험, 산업재해보상보험 등 사회보험 실시

○ 소득분배의 불공평성
- 소득분배문제를 시장경제체제에만 전적으로 맡겨둘 경우 소득의 편중현상이 심화됨
- 정부가 공공부조나 조세정책 등을 통해 소득분배의 불평등을 완화할 필요성이 있음

2. 미국의 경제대공황과 사회보장
케인즈식 국가개입주의 반영, 사회복지에 대한 연방정부의 책임 확대, 대공황으로 인한 사회문제 확산이 법제정의 계기가 됨

(1) 미국의 경제대공황
- 1929년에 시작된 대공황으로 기업과 은행의 도산, 대량실업의 발생으로 국민들의 생존권이 심각하게 위협받고 있었지만, 이에 대한 국가의 사회보장적 대응책은 매우 미약함
- 1933년 프랭클린 루즈벨트가 미국의 제32대 대통령으로 취임하면서 새로운 전환기가 됨
- 뉴딜(New Deal)정책을 통해 실업자를 위한 지출과 공공사업시행 등 정책으로 대 전환함

(2) 사회보장법(1935)
- 사회보험프로그램: 노령연금(연방운영), 실업보험(연방재정지원, 주정부운영)
- 공공부조프로그램: 노령부조, 요보호맹인부조, 요보호아동부조 등(연방재정지원, 주정부운영)
- 보건 및 복지서비스 프로그램: 모자보건서비스, 지체장애아동, 아동복지서비스, 직업재활및 공중보건서비스 등(연방재정지원, 주정부운영)

3. 영국의 베버리지보고서
영국노총이 연립정부의 제2차 대전 후 사회재건에 대한 책임을 지고 있던 노동장관 그린우드에게 권고, 1941년 6월 창설, 1942년 11월에 베버리지보고서가 발표됨

(1) 베버리지보고서의 핵심이념
- 보편주의: 모든 시민을 포함, 동일한 급여를 제공하며, 빈민에 대한 자산조사의 낙인을 없애자는 것과 평등정신을 주장함

- 국민최저: 사회보험의 급여가 기본적 욕구만을 충족, 그 이상은 개인·가족의 책임, 국민 최저의 원칙을 통해 시민의 자조관념을 유지토록 함

(2) 사회보장의 3대 전제조건
- 완전고용: 대량실업이나 장기적인 실업이 없어야 함
- 포괄적인 보건서비스: 전 국민의 질병예방, 치료, 건강한 노동력 확보를 위해 보편적·포괄적인 보건서비스 제공이 필요함
- 보편적인 가족수당: 국민 최저선을 위해서는 가족의 수를 고려해야 함

(3) 운영의 6대 기본원칙
- 기여의 균일화(균일기여/ 균일갹출): 소득, 계층 등과 관계없이 모두가 똑같이 부담함
- 급여의 균일화(균일급여): 어떤 상황에서도 똑 같은 급여를 지급함
- 급여의 적절성: 국민의 최저생활 보장, 적절한 시기에 급여를 지급함
- 대상의 분류화: 노인, 아동, 자영자, 피용자, 주부, 무직자 등 6가지로 범주화함
- 행정의 통합화: 사회보험을 하나의 통일체계로 통합, 행정비용의 낭비를 최소화함
- 적용범위의 포괄화: 사회보험의 적용대상 및 욕구를 포괄적으로 적용함

(4) 베버리지보고서의 영향
- 베버리지보고서를 근거로 사회보장청 설치(1944), 그 후 가족수당법, 국민보건서비스법, 국민부조법(1948) 등이 제정 또는 개정됨
- 이러한 법과 제도들로 인하여 긴 역사를 지녔던 구빈법은 마침내 소멸되고, "요람에서 무덤까지"의 사회보장체계가 정비됨

> ※ 국가재건을 위한 5대악의 척결: 결핍, 질병, 무지, 불결, 나태 등

제2절 복지국가의 확장(1945~1970년대 중반): 보편주의 확대, 사회민주주의(제1의 길)

(1) 복지국가의 확장 배경

- 정치적으로는 복지국가에 대한 대중적 지지, 경제적으로 수정자본주의가 급속히 확대됨
- 사회연대의식의 확대, 국가 · 자본 · 노동의 3자 협약(코프라티즘:corporatism)

(2) 복지국가 확장기의 주요변화
- 모든 국민의 사회적 욕구를 하나의 권리로 보장하는 보편주의적인 복지국가의 탄생
- 정부역할이 확대되면서 국가부문의 확대는 관료 및 행정기구의 팽창과 비효율성의 초래
- 경제적 번영과 더불어 화해적 정치구조가 지속되면서 경제성장, 완전고용이 달성됨
- 요보호자뿐만 아니라 중산층을 포함한 전 국민에 대한 보편적 복지제도기반이 마련됨

제3절 복지국가의 위기와 재편(1970년대 말~현재)

1. 복지국가의 위기: 선별주의 회귀, 신자유주의(제2의 길)

(1) 복지국가 위기의 발생
- 1973년, 1979년 오일쇼크로 인한 경제 불황은 제2차 세계대전 이후 30여년간 지속된 복지국가의 안정체계를 뒤흔드는 결정적인 계기가 됨
- 경제위기로 1970년대에 인플레이션과 실업이 동시에 결합된 스태그플레이션의 확산
- 1950년대부터 시작한 국가, 자본, 노동 간의 화해적 정치구조의 균열
- 포디즘(fordism)적인 소품종 대량생산체계에서 포스트포디즘(psot-fordism)적인 다품종 소량생산체계로 전환되면서 근로자들과 기업의 분산 가속화

(2) 보수당 정권의 개혁: 대처리즘(영국, 대처 정부), 레이거노믹스(미국, 레이건 정부)
- 비효율적인 국영기업을 민영화하고, 정부의 복지예산을 줄이고 규모를 축소함
- 기업에 대해 세금을 줄이고 노동의 유연성을 확보해 경영환경을 개선시킴
- 개혁의 주요 내용: 복지를 위한 공공지출의 삭감과 세금인하, 국영기업의 민영화, 노동조합의 합동규제, 철저한 통화정책에 입각한 인플레이션 억제, 기업과 민간의 자유로운 활동 보장, 외환관리의 규제완화와 빅뱅(big bang)등을 통한 금융시장의 활성화 등

2. 복지국가의 재편: 에스핑-엔드슨의 재편방식, 제3의 길, 사회투자국가

(1) 에스핑-엔더슨의 3가지 재편방식

- <u>사회민주적 복지국가</u>: 이미 성공적으로 달성한 소득유지 프로그램을 바탕으로 한 적극적 노동시장정책, 사회서비스의 확대, 남녀평등을 중심으로 하는 생산주의적 복지정책 또는 사회투자전략을 통한 '스칸디나비아의 길' (스웨덴, 노르웨이 등)
- <u>자유주의적 복지국가</u>: 시장원칙에 대한 강조와 긴축재정, 국가복지의 축소, 탈규제화의 활성화를 통한 '신자유주의의 길' (미국, 영국, 뉴질랜드 등)
- <u>보수주의(조합주의)적 복지국가</u>: 사회보장수준을 유지하면서 노동공급의 감축을 유도하는 '노동 감축의 길' (독일, 이태리, 프랑스 등)

(2) 제3의 길

- 실용주의적 중도좌파 노선, 영국의 사회학자 앤서니 기든스(anthony Giddens)가 사회민주주의 복지정책과 신자유주의 복지정책의 틀을 벗어난 새로운 복지패러다임으로 체계화함
- 영국의 노동당 당수 토니 블레어가 내건 슬로건, 제1의 길과 제2의 길을 지양한 노선임
- <u>제1의 길</u>: 고복지-고부담-저효율로 요약되는 사회민주적 복지국가 노선
- <u>제2의 길</u>: 고효율-저부담-불평등으로 정리되는 신자유주의적 시장경제 노선
- <u>제3의 길이 강조한 개혁방향</u>: 근로와 복지의 연계(Workfare), 사회복지공급주체의 다원화, 권리와 의무의 조화, 사회투자국가 등

(3) 사회투자국가

- 영국의 사회학자 기든스(A. Giddens)가 세계화시대에 사회민주주의 소생의 유일한 길로 '제3의 길'을 제시하면서 구체적 실천전략으로 제시한 국가모형
- 핵심은 복지가 갖는 투자적 성격, 생산적 성격을 강조하면서 복지와 성장, 사회정책과 경제정책의 상호보완성을 강조함
- 복지지출은 명확한 수익을 낳는 것이어야 하며, 사회투자의 핵심은 인적 자본 및 사회적 자본에의 투자에 중점을 둠
- 사회보장의 소비적 지출은 선별적으로 제공함을 원칙으로 하며, 결과의 평등보다는 기회의 평등에 관심, 시민의 권리는 의무와 균형을 이루어야 함
- 정책사례: 각국의 근로연계복지정책, 영국의 'Sure-Start' 프로그램, 한국의 'We-Start',

'Dream-Start' 프로그램 등

(4) 새로운 사회적 위험(New Social Risk)

- 전통적 산업사회에서 후기산업사회로 이행하면서 경제성장률의 둔화, 기술의 변화로 더 이상 제조업분야에서 안정된 일자리를 제공하지 못함
- 세계화 추세로 인한 노동의 유연화 촉진, 저출산과 노인부양비의 증가, 여성의 고용확대 등으로 인하여 새로운 위험이 발생하고 있음
- 주요 원인: 맞벌이부부의 증가와 여성의 일·가정 양립문제의 대두, 저출산·고령화로 인한 생산가능인구의 감소, 노령인구의 증가로 노인부양 부담문제의 증가, 탈산업화로 인해 제조업에서 서비스산업으로 구조변화, 노동시장의 고용 불안정과 저임금노동자의 증가 등

上·**中**·下

01) 베버리지(W. Beveridge)가 사회보장 프로그램의 성공을 위해 제시한 전제조건을 모두 고른 것은? (제18회)

ㄱ. 아동(가족)수당	ㄴ. 완전고용
ㄷ. 포괄적 의료 및 재활서비스	ㄹ. 최저임금

① ㄹ   ② ㄱ, ㄷ   ③ ㄴ, ㄹ   ④ ㄱ, ㄴ, ㄷ   ⑤ ㄱ, ㄴ, ㄷ, ㄹ

해설

베버리지(W. Beveridge)가 사회보장 프로그램의 성공을 위해 제시한 전제조건은 완전고용, 포괄적 의료 및 재활서비스, 아동(가족)수당이었다.

〈 정답 ④ 〉

上·中·**下**

02) 서구 복지국가 위기 이후 나타난 흐름에 관한 설명으로 옳지 않은 것은? (17회 기출)

① 공공서비스의 시장화
② 노동시장의 유연화정책
③ 계층간 소득 불평등 완화
④ 복지의 투자 · 생산적 성격의 강조
⑤ 경제 활성화를 위한 법인세의 인하

해설

복지국가 위기 이후 신자유주의의 정책들은 시장에 의한 분배에 중점을 둔 결과로 계층간 소득의 불평등은 오히려 증가되었다.

〈 정답 ③ 〉

복지국가의 발달
다음 문장에서 틀린 것을 모두 고르시오.

◆ 베버리지보고서

① 정액부담과 정액급여의 원리를 바탕으로 한다.

② 베버리지는 궁핍, 질병, 무지, 불결, 나태를 5대 사회악으로 규정한다.

③ 정액부담의 원칙은 보험료의 징수와 관련된 행정비용을 절감할 수 있다는 효과가 있다.

④ 노령, 장애, 실업, 질병 등과 같은 사회적 위험들을 하나의 국민보험에서 통합적으로 운영한다.

⑤ 사회보험의 성공적인 운영을 위한 전제조건으로 가족수당, 보편적 보건서비스, 완전고용을 제시하고 있다.

⑥ 5대 사회악 중 궁핍을 제거하기 위한 것이 사회보장이라고 보았다.

⑦ 국민최저수준 이상은 개인과 가족의 노력으로 해결한다.

⑧ 모든 사람이 동일한 액수의 보험료를 부담한다.

⑨ 국가는 사회보장을 기본적 권리로 제공한다.

⑩ 국민최저선 보장을 위해 사회보장에서 공공부조가 가장 중요하다고 보았다.

⑪ 빈곤계층을 대상으로 하는 선별적 복지를 강조한다.

⑫ 사회보장의 본질을 소득보장으로 보고, 포괄적 보건의료서비스는 사회보장 전제조건의 하나로 보았다.

◆ 사회보장법 등

① 미국의 사회보장법은 케인즈 이론이 바탕이 되었다.

② 미국의 사회보장법은 연방정부의 개입이 확대되었다.

③ 미국의 사회보장법은 사회보장이라는 용어를 최초로 사용하였다.

④ 미국의 사회보장법은 뉴딜정책과 함께 시행되었다.

⑤ 미국의 사회보장법이 도입한 사회보험에는 노령연금, 건강보험이 있다.

⑥ 영국의 대처정부는 사회복지정책의 축소를 추진했다.

⑦ 영국의 블레어 정부가 추진한 제3의 길은 인적자원에 대한 투자보다 소득보장을 강조했다.

〈 정답 〉 • 베버리지보고서 – ⑩⑪, • 사회보장법 등 – ⑤⑦

제5장 사회복지정책의 분석틀

제1절 정책분석의 유형 및 기본틀

1. 사회복지정책의 분석유형

(1) 과정(Process)분석: 사회복지정책의 형성과정 분석
- 정책이 왜, 어떻게 만들어 졌는가? 즉 정책의 형성과정과 연관된 분석을 함
- 정책결정과 관련된 정치적, 기술적 투입을 파악하는 사례연구의 형태를 띠게 됨

(2) 산출(Product)분석: 사회복지정책의 내용분석
- 정책의 형성과정을 통해 선택된 산물인 정책의 내용을 특정기준, 분석틀을 통해 분석함
- 길버트 & 스펙트: 산출분석틀 개발, 4가지 선택차원(할당, 급여, 전달, 재원)을 고려함

(3) 성과(Performance)분석: 사회복지정책의 결과분석
- 프로그램이 어떻게 잘 수행되었는가? 정책을 수행한 결과인 성과 및 영향 등을 분석함
- 과정분석 · 산출분석에 비해 분석대상이 명확함, 보다 객관적 구조적인 분석이 가능함

2. 사회복지정책의 분석틀 - 길버트(Gilbert)와 스펙트(Specht), 테렐(Terrell)
- 할당체계(급여대상): 누가 급여를 받고, 받을 자격이 있는지의 기준에 관한 것
- 급여체계(급여종류): 할당되는 사회적 급여의 형태에 관한 것
- 전달체계(전달방법): 급여를 전달하기 위한 방법에 관한 것
- 재정체계(재원확보): 급여에 필요한 재정을 확보하는 방법에 관한 것

제2절 사회복지정책의 할당체계

(1) 보편주의와 선별주의

○ **보편주의**

- 전 국민을 사회복지급여의 대상으로 함, 기본적 권리로서 사회복지서비스를 이용함
- 장점: 사회적 통합효과의 증대, 낙인감의 해소, 운영효율성이 높음
- 단점: 경제적 효율성 및 비용효과성이 낮음, 목표(대상)효율성이 낮음

○ **선별주의(선택주의)**

- 급여대상자들을 사회적·신체적·교육적 기준 등에 따라 구분하여 복지서비스를 제공함
- 자산조사 실시 등 행정과정의 복잡, 수혜조건에 대한 조사과정이 수반됨
- 장점: 자원낭비의 감소, 목표(대상)효율성이 높음, 경제적 효율성이 높음
- 단점: 낙인감의 발생, 도덕적 해이 현상 초래, 사회적 효과성과 운영효율성이 낮음

(2) 대상자 선정기준

○ **귀속적 욕구: 인구학적 기준(출생, 사망, 결혼, 연령 등)**

- 일정한 인구학적 조건만 갖추면 기여금, 소득조사, 자산조사 없이 급여를 지급, 사회수당
  또는 데모그란트(Demogrant)라고도 함
  예) 보편적 노령수당, 아동수당(가족수당), 국민보건서비스(영국) 등
- 수직적 재분배 효과는 낮으나 수평적 재분배 효과가 높음, 사회적 통합효과가 큼
- 인구학적 조건과 더불어 다른 조건(소득, 재산 등)이 주어지는 경우
  예) 기초연금제도

○ **기여조건**

- 사회보험의 가입대상자로서 요건, 일정 보험료를 납부한 사람을 대상으로 하는 경우
  예) 국민연금, 건강보험, 산업재해보상보험, 고용보험, 노인장기요양보험 등
- 국가를 위해 순직하거나 부상당한 군인이나 경찰, 독립운동 유공자 등 사회에 특별한 공헌
  을 한 사람 및 그 유가족에게 급여자격이 주어지는 경우
  예) 의료급여제도

○ **등급분류**

- 신체, 정신적 손상을 입은 사람과 같이 특정 재화와 서비스가 필요한 개인을 대상으로 함

- 자격조건으로 기능별 전문가의 진단적 판단, 행정관료의 판단이 추가로 필요한 경우
  예) 장애인연금, 장애수당 등

○ **자산조사**
- 기본적 욕구를 충족할 수 없는 사람들, 자산조사 등을 통해 급여자격을 부여함
- 선별주의 원칙에 부합, 공공부조프로그램의 자격을 결정하는 가장 중요한 기준임
- 수직적 재분배 효과 매우 높음, 수급여부는 개인의 경제적 여건에 좌우됨
  예) 국민기초생활보장제도, 의료급여제도, 긴급복지지원제도 등

제3절 사회복지정책의 급여체계

1. 현물급여와 현금급여

○ **현물급여**
- 수급자에게 필요한 물품과 서비스를 직접 급여로 제공하는 형태임, 의료 · 교육서비스 등
- 수급자들의 소비를 통제할 수 있어 정책의 목표효율성을 높일 수 있음
- 급여제공의 본래 목적대로 대상자에게 직접 전달될 수 있어 정치적으로 선호함
- 규모의 경제를 이룰 수 있어 구입단가를 낮추어 급여를 값싸게 제공할 수 있음
- 단점: 급여를 받는 사람의 선택권을 제약하며, 낙인(stigma)이 가해짐, 물품의 구입 · 운반 · 보관 등 관리비용이 많이 소요됨

○ **현금급여**
- 수급자가 필요한 재화나 서비스를 직접 시장에서 구입할 수 있도록 화폐형태로 지급함
- 개인의 자기결정권, 개인적 선택권을 강조함, 행정과 관련된 비용을 절약할 수 있어 운영의 측면에서 효율적임
- 낙인이 없거나 적으며, 언제 어디서나 편리하게 사용할 수 있음
- 단점: 원래의 목적이 아닌 용도 즉, 남용이나 오용의 문제가 발생할 수 있음, 현금을 소비하는 시점에서 통제할 수가 없어 사회적 효용이 낮아질 수 있음
  예) 기초수급자의 생계급여, 주거급여, 기초연금, 장애인연금 등

2. 증서(Voucher)와 사회서비스(Social Service)

(1) 증서(Voucher)
- 정해진 용도 내에서 재화 · 서비스를 자유롭게 선택할 수 있는 일종의 이용권임
- 현금급여와 현물급여의 중간적 형태로 두 급여의 장점을 절충하기 위한 급여임
  예) 식료품권(food stamp), 교육증서, 산모 및 신생아 · 아동 · 장애인 대상 바우처 등
- 장점: 소비자의 선택권을 보장하면서 어느 정도 사회적 통제도 할 수 있음
  - 재화나 서비스의 공급자들 간 경쟁을 유발하여 질을 향상시킬 수 있음
  - 현물급여보다 소비자의 선택권에서 유리하며, 관리운영 비용이 적게 소요됨
  - 현물급여와 비슷한 효과의 발생, 정치적으로도 선호될 수 있음
- 단점: 현금할인 등 사용자의 오 · 남용의 문제를 완전히 해결하지는 못함, 서비스공급자가
  특정 소비자를 선호하거나 증서의 회피현상이 발생할 수 있음

(2) 사회서비스(Social Service)
- 서비스로 제공되는 급여를 말하며, 개인상담 · 직업훈련 · 사례관리 · 보육서비스 등
- 장점: 클라이언트의 욕구에 개별적으로 대응할 수 있다는 점, 수요자 중심의 직접 지원방
  식으로 공급기관의 허위, 부당청구 등 도덕적 해이를 최소화 할 수 있음
- 단점: 그 자체가 즉각적인 시장가치를 부여할 수 없다는 점 등
- 실시현황: 노인돌봄서비스, 장애인지원사업, 지역자율형 사회서비스 투자사업, 장애아동
  지원사업 등

3. 기회(Opportunity)와 권력(Power)

(1) 기회(Opportunity)
- 사회적으로 취약한 위치에 있는 집단이나 불평등한 처우를 받는 집단에게 유리한 기회를
  제공하는 무형의 급여형태임
- 기회의 사례: 농어촌지역 학생, 장애인의 자녀, 기초수급자 자녀의 대학 특례입학 등
- 부정적인 의미의 차별과 구별, 긍정적 차별 또는 차별시정조치라고 할 수 있음
- 긍정적 차별은 기회라는 형태의 급여를 통해 부정적 차별을 보상함

- 오 · 남용의 가능성이 없는 급여, 결과의 평등을 보장하지는 않음

(2) 권력(Power)
- 재화나 자원을 통제할 수 있는 영향력을 재분배하는 것을 의미함
- 관련 의사결정기구에 특정 집단의 대표자 등이 참여하여 그들의 입장을 반영함
  예) 건강보험이나 국민연금 가입자 대표의 의사결정기구 참여, 사회보장위원회에 기초생
      활수급자대표의 참여 등
- 지역사회조직사업을 통한 권력부여 등이 이루어질 수 있음
  예) 장애인 콜택시사업을 장애인단체 등에 위탁운영
- 형식적인 참여로 기득권자의 합리화수단으로 이용된다는 비난을 받기도 함

제4절 사회복지정책의 재정체계

(1) 재원의 개념 및 종류
- 재원은 정책을 집행하는데 쓰이는 재정자원을 말함
- 재원을 얼마나 확보할 수 있는가가 정책의 내용에 크게 영향을 미침
- 경제성장의 둔화로 재원마련의 문제가 그 어느 때보다도 중요해지고 있음
- 공공부문 재원: 일반세, 목적세인 사회보장성 조세, 조세지출(조세비용) 등
- 민간부문 재원: 서비스이용료, 자발적인 기부, 기업복지, 비공식부문의 이전재원 등
  ※ 복지다원주의에서는 다양한 재원을 혼합하여 사용하는 프로그램이 점차 증가함

(2) 공공재원
○ 일반조세
- 다른 재원에 비해 사회복지정책이 추구하는 목표인 평등 · 소득재분배 정책에 용이함
- 강제적으로 부과되어 다른 재원에 비해 안정성과 지속성을 확보할 수 있음
- 사용목적별 분류: 일반세, 목적세 등
- 과세 주체별 분류: 국세, 지방세
- 납세의무자와 담세자의 일치성 여부에 따른 분류: 직접세, 간접세 등

○ **사회보험료(사회보장성 조세)**

• 사회보험을 위한 사용자, 근로자, 자영업자가 부담하는 보험료

• 공공부문의 재원으로 분류하는 이유: 국가에 의하여 강제로 부과 관리 · 운영되기 때문임

• 유용성: 강제가입을 통해서 '역 선택'의 문제점을 해결할 수 있고, 위험분산이나 규모의 경제 등 보험의 재정안정에 유리함

　　– 사회보장급여에 대한 권리를 갖는 것으로 조세저항이 상대적으로 적기 때문에 정치적인 측면에서 유리함

　　– 사용되는 용도가 비교적 명확하기 때문에 상대적으로 거부감이 적음

• 역진성: 사회보험료는 모든 근로소득에 동률로 부과하나 자산소득(이자, 임대료, 주식배당금 등)에는 추가로 보험료가 부과되지 않기 때문에 자산소득이 많은 고소득층이 저소득층에 비해 부담이 상대적으로 적음

　　– 보험료 부과의 기준이 되는 소득 상한액(ceiling)이 있어 고소득층이 상대적으로 유리함

　　– 보험료는 모든 근로소득에 부과하기 때문에 저소득층의 부담이 상대적으로 크지게 됨

○ **조세비용(조세지출)**

• 특정 집단에 조세를 감면 · 공제 · 면제 · 환불하여 주는 제도임

• 수혜자는 정부로부터 지원을 받는 형태가 되며, 구매력을 증가시키는 효과가 발생함

• 정부의 입장에서는 조세비용만큼 세수가 감소하고 그만큼 정부지출이 감소함

　예) 조세의 면제 · 감면, 인적 공제, 근로소득 공제, 세액공제 등

• 조세비용의 한계

　　– 저소득층은 과세대상에서 제외되는 경우 혜택을 받지 못하므로 소득역진성이 강함

　　– 소득이 높을수록 조세감면의 액수가 커짐, 따라서 고소득층에 유리함

(3) 민간재원

• 공식적 부문: 자발적 기여, 사용자 부담, 기업복지 등

• 비공식적 부문: 가족, 친척, 이웃, 민간자선단체의 이전 재원 등

• 최근 복지국가 위기이후 정부재정의 압박으로 민영화를 강조함

• 민간부문의 재원이 매우 중요한 역할을 하고 있음

사회복지정책의 4가지 분석틀

선택차원	의미	선택의 대안
할당	수급자격(대상체계)	· 귀속적 욕구 · 사회적 공헌/사회적으로 부당하게 당한 손실에 대한 보상 · 전문가 판단에 의한 진단적 차별 · 개인, 가족의 자산상태에 따른 욕구
급여	급여종류(급여체계)	· 현금, 사회서비스, 물품, 증서, 기회, 권력 등
재정	재원확보(재정체계)	· 공공재원(사회보험료, 조세) · 민간재원(사용자 부담, 민간모금 등) · 공공 및 민간재원의 혼합
전달	전달방법(전달체계)	· 중앙집권 또는 지방분권/ 복수 또는 단수서비스 · 공공행정가 또는 민간행정가

조세의 누진성과 역진성

- 조세의 누진성(progressive): 경제적 능력이 클수록 세액이 높아지는 것이 아니라 세율이 높아지는 조세를 의미한다.
  예) 소득세 등
- 조세의 역진성(regressive): 경제적 능력이 클수록 세율이 오히려 낮아지는 조세를 의미한다.
  예) 부가가치세 등

조세와 사회보험료

조세	사회보험료
· 누진적이다.	· 역진적이다.
· 소득상한선이 없다.	· 소득상한선이 있어 고소득층에게 유리하다.
· 부담능력을 고려한다.	· 급여가치에 따라 부여한다.
· 소득재분배에 효과적이다.	· 이용자의 급여인상욕구를 조절할 수 있다.
· 평등의 가치구현에 효과적이다.	· 자산조사를 필요로 하지 않아 이용자로서의 권리를 부여한다.
· 재정운영에 있어 서비스프로그램 간 상호조정이 가능하다.	· 소득에서 원천징수하기 때문에 조세방식에 비해 행정비용이 절감된다.

┌─────────┐
│ 上·中·下 │
└─────────┘

01) 사회복지 재원에 관한 설명으로 옳지 않은 것은?   (18회 기출)

① 일반세 중 재산세의 계층 간 소득재분배 효과가 가장 크다.

② 목적세는 사용목적이 정해져 있어 재원 안정성이 높다.

③ 이용료는 저소득층의 서비스 이용을 저해할 수 있다.

④ 고용주가 부담하는 사회보험료는 수직적 소득재분배 성격을 지닌다.

⑤ 기업이 직원들에게 제공하는 기업복지는 소득역진적 성격이 강하다.

┌──────┐
│ 해설 │
└──────┘

① 일반세 중 소득재분배 효과가 가장 큰 것은 누진율이 적용되는 소득세이다.   〈 정답 ① 〉

┌─────────┐
│ 上·中·下 │
└─────────┘

02) 조세와 사회보험료 부과에 관한 설명으로 옳은 것은?   (16회 기출)

① 사회보험료는 소득세에 비해 역진적이다.

② 사회보험료에는 조세와 같은 인적공제가 없어 저소득층에게 유리하다.

③ 조세와 달리 소득상한선이 있는 사회보험료는 고소득층에게 불리하다.

④ 조세와 달리 사회보험료는 국가의 반대급부가 특정화되어 있지 않다.

⑤ 조세와 달리 사회보험료는 추정된 부담능력을 고려한다.

┌──────┐
│ 해설 │
└──────┘

공공재원(조세와 사회보험료)

• 사회보험료의 역진성: 사회보험료는 모든 근로소득에 동률로 부과하나 자산소득(이자, 임대료, 주식배
  당금 등)에는 추가로 보험료가 부과되지 않기 때문에 자산소득이 많은 고소득층이 저소득층에 비해 부
  담이 상대적으로 적다.

┌────────┐
│ 오답노트 │
└────────┘

② 사회보험료에는 조세와 같은 인적공제가 없어 저소득층에게 불리하다.

③ 조세와 달리 소득상한선이 있는 사회보험료는 고소득층에게 유리하다.

④ 조세와 달리 사회보험료는 국가의 반대급부가 특정화되어 있다.

⑤ 조세는 추정된 부담능력을 고려하지만 사회보험료는 추정된 부담능력을 고려하지 않는다.   〈 정답 ① 〉

사회복지정책의 분석틀
다음 문장에서 틀린 것을 모두 고르시오.

◆ **정책분석틀**

① 산물분석은 정책이 형성되는 사회정치적 맥락을 고찰한다.

② 과정분석은 정책 기획과정(planning process)을 거쳐 이끌어낸 여러 대안을 분석한다.

③ 성과분석은 정책결정이라는 정책활동의 결과물에 대한 내용을 분석하는 것이다.

◆ **할당체계**

① 시장을 통해 충족되지 않는 어떤 욕구를 공통적으로 가진 집단에 속하는지 여부에 근거하는 원칙을 귀속욕구(attributed need)라고 한다.

② 보상(compensation)이란 사회 경제적으로 특별한 공헌을 했는지 또는 사회로부터 부당한 피해를 입었는지 여부에 근거하는 원칙이다.

③ 진단적 구분(diagnostic differentiation)이란 개별사례에 대해 전문가가 어떤 재화 또는 서비스를 특별히 필요로 하는지를 판단하는 것이다.

④ 자산조사 욕구(means-tested need)는 필요한 재화나 서비스를 구입할 능력이 없음을 나타내는 증거에 기초한다.

⑤ 귀속적 욕구의 원리는 보편주의보다는 선별주의 할당원리에 가깝다.

◆ **급여체계**

① 현금급여는 복지상품이나 서비스의 선택권을 보장할 수 있다.

② 현물급여는 정책의 목표 효율성을 높일 수 있다.

③ 바우처는 현물급여에 비해 공급자간 경쟁을 유도하는데 유리하다.

④ 기회는 빈곤층 자녀의 대학입학정원 할당, 장애인 의무고용제 등이 해당된다

⑤ 현물급여는 현금급여에 비해 오남용의 위험이 크다.

◆ **재정체계**

① 기업이 직원들에게 제공하는 기업복지는 소득역진적 성격이 강하다.

② 목적세는 사용목적이 정해져 있어 재원 안정성이 높다.

③ 이용료는 저소득층의 서비스 이용을 저해할 수 있다.

④ 고용주가 부담하는 사회보험료는 수직적 소득재분배 성격을 지닌다.

⑤ 공공부조 시행에 필요한 모든 비용은 중앙정부가 부담한다.

⑥ 일반세 중 재산세의 계층 간 소득재분배 효과가 가장 크다.

◆ **전달체계**

① 지방자치단체는 사회복지시설 위탁 및 지도·감독의 주체가 될 수 있다.

② 분권화 이후 지방자치단체의 역할이 과거에 비해 더욱 확대되고 있다.

③ 사회보장정보시스템에는 보건복지부 외 타 부처 복지사업은 포함되어 있지 않다.

〈 정답 〉
• 정책분석틀 – ②
• 할당체계 – ⑤
• 급여체계 – ⑤
• 재정체계 – ⑤⑥
• 전달체계 – ③

제6장 사회복지정책의 과정

제1절 사회복지정책의 형성

(1) 정부의제 및 정책의제(아젠다)
○ **정부의제(정책문제)**

공중의제가 정부내로 진입하게 되면 정부의제라 하고, 정부의 공식적인 의사결정에 의해 그 해결을 위해서 심각하게 고려하기로 밝힌 문제

○ **정책의제(아젠다)의 형성**
- 공식적 참여자: 대통령, 장·차관, 국회의원, 고급공무원, 행정관료 등
- 비공식적 참여자: 정당, 이익단체(압력단체), 전문가와 지식인, 시민단체 등

(2) 정책의제(아젠다)형성모형 – 콥과 로스(R. Cobb & J. Ross)
○ **외부주도모형: 사회문제 → 이슈화 → 공공의제 → 정부의제 → 정책의제**
- 정부외부에 있는 집단들이 주도해 정책의제의 채택을 정부에 강요하는 모형
- 다원화, 민주화된 선진국에서 주로 발생함, 언론·정당·이익단체 등 역할이 중요시 됨

○ **동원모형: 사회문제 → 정책의제 → 이슈화 → 공공의제**
- 정부내부에서 먼저 이슈를 생성, 정책의제(아젠다)로 설정한 다음, 국민들의 지지를 얻기 위해 공공의제로 확산시키는 모형
- 민간부문이 취약한 후진국 정치체제에서 많이 나타남
- 엘리트론으로 해석되며, 정부내 엘리트들에 의해 이슈가 창출된다고 보는 모형

○ **내부접근모형 → 정부내부에서 정책의제로 바로 선정**
- 정부내부에서 제기되어 정책의제(아젠다)로 설정되는 모형
- 일반 국민의 참여를 배제하고자 시도하는 것으로 공공의제화 노력을 기울이지 않음
- 공공의제화 노력을 기울이지 않는 점이 동원모형과의 주요한 차이점임

예) 군수사업, 외교정책 등 비밀리에 수행되는 후진국형 정책들에서 나타남

제2절 사회복지정책의 대안형성과 결정

(1) 정책대안의 형성기법
- 점진적 방법: 한정된 수의 대안만 탐색하며, 특히 기존정책에 약간의 수정만하는 방법
- 브레인스토밍(brainstorming): 집단적 토의를 통해 일정한 과제에 관하여 대안을 탐색하며, 구성원들의 자유분방한 상태에서 다양한 아이디어로 목표 및 전략을 창출하는 방법
- 델파이기법(policy delphi): 설문조사를 통해 장래에 전개될 상황을 미리 예측하는 기법, 전문가들의 의견수렴, 중재, 타협의 방식으로 반복적 피드백을 통한 의견도출의 방법

(2) 정책대안 분석방법
○ **비용편익분석**(cost-benefit analysis)
- 각 대안의 실행에 필요한 비용과 대안의 실행결과가 가져올 편익을 비교 · 평가함
- 모든 내용이나 편익을 화폐가치로 환산하여 가장 가치가 큰 대안을 선택함
- 장기계획 시 유리하며, 비화폐적 요소의 측정에는 제약이 있음

○ **비용효과분석**(cost-effective analysis)
- 비용은 화폐단위로, 효과는 용역단위 또는 기타 효과단위 등 비화폐적방법으로 측정함
- 최소 비용기준과 최대 효과기준으로 대안을 선택함, 총 비용과 총 효과를 비교 · 분석함

(3) 정책결정 모형
○ 합리모형(고도의 합리성)
- 인간은 이성과 고도의 합리성에 따라 행동하고 결정한다고 가정함
- 정책의 결정자나 정책분석가는 고도의 합리성을 가지고 있음
- 주어진 상황에서 목표달성을 극대화할 수 있는 최선의 정책대안을 찾아낼 수 있음
- 인간이 합리성을 가진 점은 인정되나 정책결정자의 현실적 주관적인 가치판단기준, 정보의 비대칭성 등으로 인해 객관성이 결여되기 때문에 현실적용에 한계가 있음

○ 만족모형(제한된 합리성)

- 사이몬(Simon)과 마치(March), 제한된 합리성에 기초함
- 합리모형의 현실적 제약점을 극복하기 위해 제시된 이론임
- 인간은 여러 가지 제한조건으로 완전한 합리성을 지닐 수 없다고 봄
- 의사결정자는 과거의 경험, 관습적 대안들을 토대로 만족할 만한 해결책을 모색함
- 지나치게 주관적이며, 만족의 객관적 기준이 없고 대안이 보수적인 성격을 띠고 있음
- 급변하는 상황에서는 적용하기 어렵고, 조직의 정책결정에 그대로 적용하기도 어려움

○ 점증모형(정치적 합리성)

- 린드브롬(Lindblom), 정책결정자의 능력에는 한계가 있다고 전제함
- 기존의 정책이나 결정을 인정하고 그보다 향상된 대안에 대해서만 부분적 순차적으로 탐색하여 의사를 결정하는 현실적 실증적 접근모형임
- 합리모형을 거부하고, 현상 유지적인 문제해결 방법에 지나지 않아 보수적이며, 급속한 환경변화에 대응할 수 없다는 비판을 받고 있음

○ 혼합모형(합리모형+점증모형)

- 에찌오니(A.Etzioni), 합리모형과 점증모형의 한계점을 보완하기 위한 방법이라 주장함
- 종합적 합리성을 바탕으로 큰 범위에서의 기본적인 결정은 합리적으로 결정함
- 세부적인 결정은 기본적 결정을 보완 수정하여 점증적으로 이루어진다고 주장함
- 양이론의 단점을 보완하고 장점을 수정하는 점은 인정되나 정책의 범위에 따라서는 합리모형의 이상주의와 점증모형의 보수주의 성향을 띠지 않는 경우도 있음
- 결국 정책결정특성에 따라 상이한 정책과정 및 혼합비율이 요구된다는 제한점이 있음

○ 최적모형(경제적 합리성+초합리성)

- 드로(Dror), 점증모형과 만족모형의 보수성에 불만을 갖고 주창한 이론임
- 정책결정을 체계론적 시각에서 파악하고 정책성과를 최적화하려는 모형임
- 정책결정에서 최적의 의미가 불분명해지고, 초 합리성의 이용방법이나 합리성과의 관계가 모호하다는 제한점이 있음

○ 쓰레기통모형

- 코헨 · 올슨 · 킹돈 등, 정책결정은 합리성이나 협상, 타협 등을 통해 반드시 이루어진다고 보지는 않음
- 조직화된 무정부상태(혼란상태)속에서 나타나는 몇 가지 흐름에 의해 우연히 이루어짐
- 의사결정의 기회에 해결책 · 참여자 · 문제점 등 요인이 합류되는 시점에서 의사결정이 됨
- 합류시점은 의도적인 특성보다는 운 · 타이밍 · 우연 · 기회의 중요성 등도 강조한 모형임
- 조직화된 혼란상태는 모든 조직에서 나타나는 현상은 아니기 때문에 일부의 조직 또는 일시적으로 나타나는 혼란상태에서 의사결정형태를 설명하는 데 한정된다고 할 수 있음

제3절 사회복지정책의 평가

(1) 정책평가의 기준
- <u>효과성</u>: 정해진 목표를 얼마나 달성했느냐에 대해 평가하는 것, 자원의 투입에 상관없이 최대의 목표를 달성했는가에 대해 판단하는 것
- <u>효율성(능률성)</u>: 투입에 대한 산출의 비율, 경제적 가치로 환산하여 평가하는 것, 최소의 비용으로 최대의 효과, 제한된 자원으로 정책목표를 최대로 성취하는 것
- <u>형평성(공평성)</u>: 효과나 노력이 얼마나 공평하고 공정하게 배분되는지를 평가하는 것, 소외계층에 대해 서비스를 제공함으로써 사회적 공평성 · 공정성을 기하는 것
- <u>적절성</u>: 문제를 해결하기 위해 사용된 수단이나 방법들이 바람직하게 이루어졌는지를 평가하는 것
- <u>대응성</u>: 정책이 수혜자 집단의 욕구, 선호, 가치를 충족시키는 정도를 평가하는 것

(2) 정책평가의 유형
- <u>총괄평가(영향평가)</u>: 정책의 집행 후 정책이 사회에 미친 영향을 추정하는 판단활동, 정책영향평가라고도 하며, 일반적으로 양적평가에 해당됨
- <u>과정평가(형성평가)</u>: 정책의 집행과정에서 나타난 활동을 분석하여 평가하는 방법, 정책형성평가라고도 하며, 일반적으로 질적평가에 해당됨

> ※ 커버리지(coverage)와 바이어스(bias)
> - 커버리지(coverage): 어떤 정책프로그램에 대한 대상집단의 참여가 실제로 얼마나

이루지고 있는가 하는 정도, 즉 충족도를 의미한다.

• 바이어스(bias): 어떤 정책목표 대상 집단들의 참여가 다를 수 있다는 것을 의미, 즉
  다른 집단의 참여정도를 나타낸다.

01) 사회복지정책 평가가 필요한 이유를 모두 고른 것은? (17회 기출)

> ㉠ 문제해결을 위한 정책결정에 필요한 정보를 얻기 위함
> ㉡ 기존 정책의 개선에 필요한 정보를 얻기 위함
> ㉢ 정책의 정당성 근거를 확보하기 위함
> ㉣ 정책평가는 사회복지정책이론 형성에 기여함

① ㉠, ㉡, ㉢   ② ㉠, ㉡, ㉣
③ ㉠, ㉢, ㉣   ④ ㉡, ㉢, ㉣
⑤ ㉠, ㉡, ㉢, ㉣

해설

• 정책의 집행 및 감독에 있어 정보를 제공, 정책의 정당성 근거를 확보한다.
• 정책의 이론 형성, 자료나 연구의 기반 마련, 정책의 성과 홍보수단이 된다.
• 정책의 자원에 대한 합리성 파악, 기존 정책의 개선에 필요한 정보를 제공한다.
• 문제해결을 위한 정책결정에 필요한 정보제공, 의도대로 집행되었는지 파악할 수 있다.

〈 정답 ⑤ 〉

02) 정책결정 이론모형에 관한 설명으로 옳지 않은 것은? (16회 기출)

① 합리모형: 인간의 이성과 합리성을 전제로 최선의 정책대안을 찾을 수 있다고 가정한다.

② 혼합모형: 조직화된 무정부 상태 속에서 정책이 우연히 결정된다고 가정한다.

③ 최적모형: 체계론적 시각에서 정책성과를 최적화하려는 정책결정 모형이다.

④ 만족모형: 사람은 자신의 제한된 능력과 환경적 제약으로 모든 대안이 초래할 결과를 완전히 예측할 수는 없다.

⑤ 점증모형: 과거의 정책을 약간 수정한 정책결정이 이루어지고, 여론의 반응에 따라 정책 수정을 반복한다.

쓰레기통 모형: 코헨·올슨·킹돈 등 주창, 정책결정은 합리성이나 협상, 타협 등을 통해 반드시 이루어진다고 보지는 않으며, 조직화된 무정부상태(혼란상태)속에서 나타나는 몇 가지 흐름에 의해 우연히 이루어진다고 본다.

• 혼합모형: 에찌오니(A.Etzioni) 주창, 합리모형과 점증모형의 한계점을 보완하기 위한방법으로 종합적 합리성을 바탕으로 큰 범위에서의 기본적인 결정은 합리적으로 결정하고, 세부적인 결정은 기본적 결정을 보완 수정하여 점증적으로 이루어진다고 주장한다.

〈 정답 ② 〉

사회복지정책의 분석틀

다음 문장에서 틀린 것을 모두 고르시오.

◆ **정책형성과정**

① 아젠다 형성과정은 정치적 성격이 강하다.

② 공중의제는 이슈나 문제가 공공정책으로 전환되는 과정을 의미한다.

③ 클라이언트도 사회복지 아젠다 형성에 참여할 수 있다.

④ 사회복지문제가 이슈화되어도 모두 정책이 되는 것은 아니다.

⑤ 정책아젠다 형성에 관한 동원모형은 선진국에서 주로 적용할 수 있다.

⑥ 아젠다 형성과정은 대안의 구체화과정보다 상대적으로 정치적 성격이 강하다.

⑦ 아젠다 형성과정에서 초기의 이슈는 변화될 가능성이 없다.

◆ **정책결정모형**

① 합리모형은 인간의 이성과 합리성을 전제로 최선의 대안을 찾을 수 있다고 가정한다.

② 최적모형은 체계론적 시각에서 정책성과를 최적화하려는 정책결정모형이다.

③ 만족모형은 사람은 자신의 제한된 능력과 환경적 제약으로 모든 대안이 초래할 결과를 완전히 예측할 수는 없다고 본다.

④ 점증모형은 과거의 정책을 약간 수정한 정책결정이 이루어지고, 여론의 반응에 따라 정책수정을 반복한다.

⑤ 쓰레기통모형에서는 정책결정이 이루어지는 우연한 계기에 주목한다.

⑥ 혼합모형은 조직화된 무정부 상태 속에서 정책이 우연히 결정된다고 가정한다.

⑦ 최적모형은 '조직화된 무정부상태' 속에서 정책이 우연히 결정된다.

⑧ 쓰레기통모형은 합리적 요소와 초 합리적 요소를 바탕으로 한 질적 모형이다.

◆ **정책평가**

① 효율성평가는 투입과 산출의 비율로 표현된다.

② 정책평가는 정책수단인 사업(program)평가와 연관되어 있다.

③ 정책효과성 평가는 정책목표의 달성여부를 판단하는 것을 의미한다.

④ 효율성평가는 정책목표 달성을 위한 비용 대비 편익을 비교하는 것이다.

⑤ 정책의 효과성과 효율성 제고를 위해 정책평가의 중요성이 강조되고 있다.

⑥ 평가목표는 정책평가자의 결정이나 평가의 기준 설정에 영향을 미친다.

⑦ 일반적으로 과정평가는 양적평가방법에, 총괄평가는 질적 평가방법에 주로 의존한다.

⑧ 신공공관리론의 성과평가 강조는 신보수주의 득세로 인하여 약화되었다.

⑨ 효과성평가는 정책성과를 화폐단위로 환산하기 쉬운 경우에 적절하다.

⑩ 효과성평가는 정책목표의 달성여부를 비용측면에서 평가하는 것이다.

〈 정답 〉
• 정책형성과정 – ⑤⑥⑦
• 정책결정모형 – ⑥⑦⑧
• 정책평가 – ⑦⑧⑨⑩

제7장 사회보장 일반과 공적연금

제1절 사회보장의 개요

(1) 사회보장의 제 개념
○ 일반적인 개념
- 미국의 루즈벨트 대통령에 의해 제정된 사회보장법(1935)에 기원을 둠
- 사회보장은 노령 · 장애 · 사망 · 실업 · 산업재해 등 사회적 위험과 결혼, 양육과 같은 특별 지출로부터 국민들을 보호하기 위해 재정적으로 지원하는 프로그램임
- 사회보장은 사회보험, 공공부조, 사회서비스와 같은 공적 조치들을 의미함
- 사회보장의 목표: 빈곤예방, 사회통합, 사회적 불평등의 완화, 소득재분배 등

○ 베버리지보고서의 개념
- 사회보장을 좁은 의미로서의 소득보장을 의미함, 출생 · 결혼 · 사망 등에 관련된 특수한 지출을 보완하기 위한 소득보장임
- 부상 · 질병 · 실업 · 은퇴 등 소득이 감소되거나 중단되었을 때 소득을 보장함

○ 국제노동기구(ILO)의 개념
- 1942년 '사회보장에의 접근'이란 보고서를 통해 사회보장의 개념을 정의함
- 전 국민의 최저생활 보장, 공공기관을 통해 모든 위험과 사고에서 국민의 보호와 보장이 이루어져야 함
- 사회보장 최저기준에 관한 조약(1952)을 통해 국가가 현대 산업사회에서 나타나는 사회적 위험으로부터 시민을 보호하기 위해 사회보장급여를 제공할 것을 권고함

> **※ ILO의 사회적 위험**
> 의료 · 질병급여, 실업급여, 노령급여, 고용재해급여, 가족급여, 모성애(출산)급여, 폐질급여, 유족급여 등이 있다.

○ 사회보장 프로그램의 형태

• 기여, 비 자산조사 프로그램: 위험에 대한 예방의 차원에서 소득이 있을 때 보험료를 납부하고, 위험이 발생했을 때 급여를 받는 프로그램

  예) 사회보험프로그램

• 비기여, 자산조사프로그램: 사회보장 프로그램들 중 가장 오래된 유형의 프로그램, 소득과 재산이 일정기준 이하인 가구 혹은 개인에게 별도의 기여 없이 급여를 지급하여 최저한의 생활을 보장하고자 하는 프로그램

  예) 공공부조 프로그램

• 비기여, 비 자산조사 프로그램: 가장 보편적인 프로그램으로 국적이나 인구학적 조건만 충족되면 별도의 기여나 자산조사 없이 급여를 지급하는 프로그램

  예) 사회수당(데모그란트) 프로그램: 아동수당(가족수당), 장애수당, 보편적 노령수당 등

○ 사회보장기본법의 분류(제3조 제1호)

• 사회보장이란 출산, 양육, 실업, 노령, 장애, 질병, 빈곤 및 사망 등의 사회적 위험으로부터 모든 국민을 보호하고 국민 삶의 질을 향상시키는 데 필요한 소득 · 서비스를 보장하는 사회보험, 공공부조, 사회서비스를 말함

(2) 사회보험의 개념

• 국민에게 발생하는 사회적 위험을 보험의 방식으로 대처함으로써 국민의 건강과 소득을 보장하는 제도를 말함

• 생활상에 직면하는 제반 사회적 위험을 민간보험원리를 적용하여 국가가 시행하는 강제보험을 총칭한다고 할 수 있음

○ 우리나라 사회보험의 역사

• 산업재해보상보험(1964), 의료보험(1977), 국민연금(1988), 고용보험(1995), 노인장기요양보험(2008)순으로 실시되었음

• 특수직역을 대상으로 한 공무원연금(1960), 군인연금(1963), 사립학교교직원연금(1973) 등은 별도로 도입되었음

○ 사회보험의 일반적 특성

- 사회적 위험으로부터 국민들을 보호하기 위해 강제적 가입방식으로 운영됨
- 모든 가입자에게 최저한의 기초생활을 유지할 수 있는 소득을 보장해 주는 제도임
- 급여는 권리이며, 자산조사가 없으며, 규정된 욕구에 따라 제공됨
- 사회보험의 재정은 수익자 재정책임의 원칙이 적용되며, 급여는 관련 법령으로 규정되며, 재정의 완전한 적립이 불필요함, 개인적 형평성보다는 사회적 충분성을 중시함

(3) 공공부조의 개념

○ 공공부조의 정의

- 사회보장기본법의 정의(제3조 제3호): 국가 및 지방자치단체의 책임하에 생활유지능력이 없거나 생활이 어려운 국민의 최저생활을 보장하고 자립을 지원하는 제도를 의미함
- 빈곤이 자본주의의 구조적 모순에 의해 발생한다는 것을 전제로 국가의 책임하에 법령에 의해 조세로서 생활이 곤궁한 자에게 최저생활을 보장해 주는 2차적 사회안전망임

○ 공공부조의 기본원리

생존권 보장의 원리, 국가책임의 원리, 최저생활보호의 원리, 무차별성의 원리, 보충성의 원리

○ 공공부조제도의 일반적 특징

- 국가의 책임, 선별적 선정, 자산조사, 신청주의, 대상자 구분, 자활촉구
- 빈곤의 악순환 방지, 선별적 · 보충적 프로그램, 사회 통제 등

사회보험과 민간보험

구분	사회보험	민간보험
가입	강제적	자발적
보장수준	최저소득의 보장	개인의 의사, 지불능력에 따라 고액보장 가능
강조요소	사회적 충분성 강조(복지요소)	개인적 공평성 강조(보험요소)
권리	급여는 법에 의해 규정	계약적 권리
운영주체	정부독점	자유경쟁
비용예측	비용예측 곤란	비용예측 전제
적립필요성	완전 적립 불필요	완전 적립
계약	보험계약 불필요(강제가입)	개인, 집단적 보험계약
물가상승반영	물가연동	물가상승에 취약

사회보험과 공공부조

구분	사회보험	공공부조
대상	주로 근로자와 그 가족	일반국민(빈곤층)
재원	사회보험료,(기여금, 부담금 등)	일반 조세
수급 권리	법적 권리성이 강하고 구체적임	법적 권리성이 추상적임
급여	법적 규정에 의해 보험금 지급	수급여부 및 수급액예측이 어려움
자산 조사	불필요	필수조건
소득재분배	수평적 재분배 기능이 큼	수직적 재분배 기능이 매우 큼

제2절 공적연금의 개요

(1) 공적연금의 개념

사회보장수단의 하나로서 장애, 퇴직, 노령 및 부양자의 사망에 의하여 소득이 상실되는 경우를
대비하여 미리 납부한 보험료를 기초로 하여 제공되는 현금급여로서 장기적 소득보장제도임

(2) 공적연금제도의 유형

○ 사회보험방식

• 연금제도에 보험원리를 적용하며 보험자인 국가의 독점관리방식을 원칙으로 함

• 일정기간 자신 또는 고용주와 함께 보험료를 납입, 이를 재원으로 연금을 지급함

• 급여액 산정시 소득재분배를 위해 통상적으로 소득비례부분과 균등부분을 절충함

○ 사회부조방식

• 자산조사 및 소득조사를 통해 기준 이하의 소득을 가진 노인을 선별 지급함

• 선별된 노인들에게 별도의 보험료 납부 없이 국가의 일반재정으로 연금을 지급함

○ 사회수당방식

• 별도의 보험료 납입을 요구하지 않고 소득에 따른 차별도 두지 않음

• 모든 노인들에게 국가의 일반재정을 통해 동일하게 연금을 지급함

○ 강제가입식 민간연금제도

- 국가가 연금제도를 운영하지 않고 민간 보험회사들이 판매하는 연금상품에 가입함
- 연금상품에 대해 개인이 선택하나 반드시 가입하도록 강제하는 연금제도
  예) 칠레 등 남미 일부 국가 시행

(3) 공적연금제도 분류

○ 정액연금과 소득비례연금

- 정액연금: 과거의 소득과는 무관하게 동일한 금액의 급여를 지급하는 형태
- 소득비례연금: 과거의 소득 또는 가입기간을 기준으로 급여를 차등지급하는 형태

○ 기여식 연금과 무기여식 연금

- 기여식 연금: 소득의 일정비율을 보험료로 징수하여 재원을 조달하여 연금급여를 제공하는 형태임
  예) 사회보험식연금, 강제가입식연금 등
- 무기여식 연금: 보험료징수와 무관하게 일정한 자격요건만 갖추면 연금을 지급함
  예) 장애인연금, 기초연금 등

○ 확정급여식 연금과 확정기여식 연금

- 확정급여식 연금(DB: Defined Benefit): 과거의 소득과 가입기간 등에 의해 받을 연금급여액을 사전에 결정하는 형태
- 확정기여식 연금(DC: Defined Contribution): 기여금(보험료)만 사전에 결정되어 있을 뿐 급여액은 확정되지 않은 형태

(4) 공적연금 재정운용방식

○ 적립방식(funded system)

- 장래에 지급하게 될 연금급여를 가입자가 보험료를 납부하는 동안 보험료, 국고출연금, 누적기금 등을 재원으로 적립했다가 지급하는 방식
- 제도시행 초기에는 지출보다 보험료수입이 크기 때문에 적립금이 계속 누적되고, 수입이 지출을 상회하게 됨
- 제도가 점차 성숙되어 감에 따라 지출이 증가하고, 지출이 수입을 초과하는 시점에 이르게 되면 적립금으로 초과지출을 보충하게 됨

- 수입과 지출을 일치하도록 설계하는 수지상등(收支上等)의 원칙을 중요시 함
- 적립방식의 장점
  - 장기간 보험료를 평준화할 수 있어 세대 간 공평한 보험료 부담이 가능함
  - 가입자의 저축이 강제되어 누적기금에 의해 형성된 자본을 활용할 수 있음
- 적립방식의 단점
  - 제도시행 초기의 과중한 보험료 부담으로 피보험자의 가계에 부담을 줄 수 있음
  - 장래에 변화하는 지출을 예측하기 어려워 시행초기에 적정 보험료율산정의 어려움
  - 인플레이션의 발생시 연금의 현재가치를 보장하지 못함

○ **부과방식**(pay-as-you-go-system)
- 한해의 지출액 정도에 해당하는 보유 잔액만 남겨두고, 그해 연금보험료 수입으로 그해 연금급여의 지출로 충당하는 방식
- 일정 기간에 지출될 연금급여비용을 동일기간의 보험료 수입으로 충당하는 것으로, 현재의 근로세대가 은퇴세대의 연금급여에 필요한 재원을 부담하는 방식
- 대부분의 선진국에서 채용하고 있으며, 수지균형(收支均衡)의 원칙을 중요시 함
- 부과방식의 장점
  - 시행초기에는 적은 보험료로 제도를 운영할 수 있음
  - 연도별 수지균형의 원칙에 따르며, 연금재정의 장기추계를 필요로 하지 않음
  - 인플레이션의 영향을 크게 받지 않으므로 연금의 현재가치를 보장함
- 부과방식의 단점
  - 연금수급자가 증가하면 후세대의 부담이 가중됨
  - 인구구조의 영향을 많이 받으며, 장기적인 측면에서는 재정운영이 불안정해 짐
  - 저출산 · 고령화로 인한 인구구조에 매우 취약함

공적연금의 재정운용 방식

구분	적립방식	부과방식
재분배	· 개인별 형평성 담보 · 세대 내 재분배	· 세대 간 소득 재분배
장점	· 보험료의 평준화 · 제도초기 적립기금 활용 · 재정의 안정운영	· 인플레이션에 강함 · 경제성장 비례, 연금실질 가치의 증진
단점	· 평균 보험료 산정곤란 · 인플레이션에 취약 · 장기적 재정추계 필요	· 재정운영의 불안 · 인구구조변화에 취약(노령화에 취약)

제3절 국민연금제도

(1) 국민연금제도의 개념
- 사회보험형 공적 연금제도가 가장 보편적인 노후생활보장 방법이 되고 있음
- 급여를 받기 위해서는 반드시 기여를 조건으로 하는 보험원칙을 적용함
- 가입강제, 균등부문이 있어 저소득층에 유리한 설계로 소득재분배기능이 있음
- 수평적 소득재분배와 수직적 소득재분배를 동시에 추구하는 제도
- 1988.1월 시행(10인 이상 사업장), 1999.4월 전 국민연금 실현(도시자영업자 확대)

○ 국민연금제도의 필요성
- 생활수준의 향상과 의료기술의 발달로 평균수명의 연장
- 출산율감소로 인해 빠른 속도로 인구의 고령화가 진행됨
- 노후준비의 부족으로 노인빈곤문제가 심각한 사회문제로 대두
- 산업화, 도시화, 핵가족화, 부양의식 변화 등으로 사적 부양의 역할 축소 등

○ 국민연금의 적용대상
- 당연적용 가입대상: 국내에 거주하는 국민으로서 18세 이상 60세 미만인 자
- 당연적용 가입대상 제외
  - 공무원, 군인, 사립학교교직원, 별정우체국의 직원 및 배우자
  - 국민연금가입자와 수급권자의 배우자, 국민기초생활보장법에 따른 수급자
  - 18세 이상 27세 미만인 자로서 학생이거나 군복무 등의 이유로 소득이 없는 자
  - 1년 이상 행방불명된 자 등

(2) 연금가입자의 유형
○ 사업장가입자
- 사업장의 18세 이상 60세 미만의 사용자 및 근로자로서 국민연금에 가입된 자, 1인 이상의 근로자를 사용하는 사업장의 사용자 및 근로자
- 사업장에 종사하는 18세 미만 근로자도 사업장의 당연가입자(2015.7.29.일 부터)가 됨, 다만 본인의 신청에 의해 적용제외자로도 가능함

○ **지역가입자**
- 원칙적으로 사업장가입자가 아니면서 18세 이상 60세 미만인 자
- 제외자: 국민기초생활보장법에 의한 수급자, 실질적으로 소득이 없고 배우자에 의해 생활을 하고 있는 사람 등

○ **임의가입자**

가입대상연령 범위에는 포함되지만 사업장가입자나 지역가입자에 해당하지 않는 사람들 중 본인이 신청하여 가입한 사람

예) 전업주부, 학생, 의무복무중인 군인 등

○ **임의계속가입자**

국민연금 가입자가 연금수급연령에 달한 자가 가입기간이 부족하여 연금을 받지 못하거나 가입기간을 연장하여 더 많은 연금을 받고자 원할 경우, 본인의 신청에 의해 65세가 될 때 까지만 가입이 가능함

(3) 국민연금급여의 특징
○ **연금슬라이드 제도**
- 급여수준의 실질가치 유지와 관련 일반적으로 물가수준의 변화에 연금급여를 연동시킴으로써 노후기간 동안 급여의 실질구매력을 유지시킴
- 우리나라의 연금액은 국민의 생활수준, 임금, 물가, 기타 경제사정에 현저한 변동이 생긴 때 조정함

- 크레딧 제도
  - 출산 크레딧(2008.1.1 이후 출생한 자녀부터 인정): 연금제도를 출산장려정책과 연계한 제도로 자녀 출산 수에 따라 연금 가입기간을 추가인정해 줌으로써 노령연금 수급기회를 확대하는 제도로서 추가인정기간의 재원은 국가가 전부 또는 일부를 부담함
  - 군복무 크레딧(2008.1.1 이후 군에 입대하는 자부터 인정): 6개월 이상 병역의무를 이행한 경우 6개월을 연금 가입기간으로 추가 인정해 줌으로써 노령연금 수급기회를 확대하는 제도이며, 추가인정기간의 재원은 국가가 전부 부담함
  - 실업 크레딧(2016.8월 이후 수급자격 인정일부터 적용): 실업기간 중 구직급여를 받는

기간을 가입기간으로 추가 산입하려는 경우 인정소득을 기준으로 연금보험료를 납부하여야 한다. 이 경우 국가는 연금보험료의 전부 또는 일부를 일반회계, 국민연금기금, 고용보험기금에서 지원할 수 있으며, 추가로 산입하는 기간은 1년을 초과할 수 없음

(4) 국민연금급여의 종류

- 노령연금: 가입기간이 10년 이상이고, 가입자가 수급연령에 해당된 때부터 그가 생존하는 동안 지급함
  - 조기노령연금: 가입기간이 10년 이상 가입자로서 55세 이상인 자가 소득이 있는 업무에 종사하지 아니하는 경우 본인의 희망에 의해 그가 생존하는 동안 지급되는 연금
- 분할연금: 혼인기간 중 국민연금의 가입기간이 5년 이상인자가 이혼한 경우, 전배우자가 노령연금수급권자가 되고, 본인이 연금수급연령에 도달하면 혼인기간에 해당하는 연금액을 균등하게 분배함
- 장애연금: 연금가입 중에 발생한 질병 또는 부상으로 완치 후에도 신체 또는 정신상의 장애가 남았을 때, 장애등급(1급~4급)에 따라 그 장애가 존속하는 동안 지급함
- 유족연금: 노령연금의 수급권자, 가입기간이 10년 이상인 가입자이었던 자, 장애등급2급 이상인 장애연금수급권자가 사망한 경우 생계를 유지하고 있던 유족에게 지급되는 연금
- 반환일시금: 국민연금 급여(노령, 장애, 유족연금)중 어느 하나도 받지 못하면서 가입자 자격을 상실하거나 다시 가입할 가능성이 희박한 경우
- 사망일시금: 가입자 또는 가입자이었던 사람이 사망하였으나 국민연금법에 의한 유족이 없어 유족연금 또는 반환일시금을 지급받을 수 없는 경우

제4절 기초연금제도

(1) 기초연금의 개념
○ 기초연금의 특징
- 무기여 연금(사회부조식 연금), 국가의 일반재원으로 지급, 소득 및 자산조사를 실시하는 공공부조의 성격을 지님

○ 수급자의 범위

- 기초연금은 65세 이상인 사람으로서 소득인정액이 보건복지부장관이 정하여 고시하는 금액 이하인 사람에게 지급함
- 보건복지부장관은 선정기준액을 정하는 경우 65세 이상인 사람 중 기초연금 수급자가 100분의 70 수준이 되도록 조정함
- 특수직연금의 수급권자와 그 배우자 등에게는 기초연금을 지급하지 아니함

(2) 기초연금액의 감액
- 부부감액: 본인과 그 배우자가 모두 기초연금 수급권자인 경우에는 각각의 기초연금액에서 기초연금액의 100분의 20에 해당하는 금액을 각각 감액함
- 소득역전방지 감액: 소득인정액과 기초연금액을 합산한 금액이 선정기준액 이상인 경우에는 선정기준액을 초과하는 금액의 범위에서 기초연금액의 일부를 감액할 수 있음

(3) 기초연금의 지급정지 및 상실
○ 기초연금 지급의 정지(제16조)
- 기초연금 수급자가 금고 이상의 형을 선고받고 교정시설 또는 치료감호시설에 수용되어 있는 경우
- 기초연금 수급자가 행방불명되거나 실종되는 등 대통령령으로 정하는 바에 따라 사망한 것으로 추정되는 경우
- 기초연금 수급자의 국외 체류기간이 60일 이상 지속되는 경우, 이 경우 국외 체류 60일이 되는 날을 지급 정지의 사유가 발생한 날로 봄

○ 기초연금 수급권의 상실(제17조)
- 기초연금 수급권자가 사망한 때, 국적을 상실하거나 국외로 이주한 때, 기초연금수급권자에 해당하지 아니하게 된 때

上·中·**下**

01) 공공부조, 사회보험, 사회수당의 특성에 관한 설명으로 옳지 않은 것은?　　(18회 기출)

① 공공부조는 다른 두 제도에 비해 권리성이 약하다.

② 사회수당은 수평적 재분배 효과가 있다.

③ 사회보험의 급여조건은 보험료 기여조건과 함께 사회적 위험에 직면해야 하는 조건이 부가된다.

④ 사회수당은 기여 여부와 무관하게 지급된다.

⑤ 운영효율성은 세 제도 중 공공부조가 가장 높다.

해설

⑤ 목표효율성은 공공부조가 높지만 운영효율성은 세 제도 중 공공부조가 가장 낮다.

〈 정답 ⑤ 〉

上·**中**·下

02) 기초연금제도에 관한 설명으로 옳은 것은?　　(18회 기출)

① 65세 이상 모든 고령자에게 제공하는 사회수당이다.

② 무기여방식의 노후 소득보장제도이다.

③ 기초연금액의 산정 시 국민연금급여액을 고려하지 않는다.

④ 기초연금액은 가구유형, 소득과 상관없이 동일하다.

⑤ 기초연금의 수급권자가 사망하면 유족급여를 지급한다

해설

① 65세 이상 고령자 중 수급자가 100분의 70 수준이 되도록 선정기준액을 정한다.

③ 기초연금액의 산정 시 기준연금액과 국민연금급여액 등을 고려하여 산정한다.

④ 기초연금액은 소득과 상관이 있다. 즉 소득인정액이 100분의 40 이하인 사람은 30만원으로 일반기초연금 기준연금액보다 높다.

⑤ 기초연금의 수급권자가 사망하면 유족급여를 지급한다.

〈 정답 ② 〉

──────────── 〈 기출 등 주요 Key Word 〉 ────────────

사회보장 일반 및 공적연금
다음 문장에서 틀린 것을 모두 고르시오.

◆ **사회보장 일반**

① 공공부조는 다른 두 제도에 비해 권리성이 약하다.

② 사회수당은 수평적 재분배 효과가 있다.

③ 사회보험의 급여조건은 보험료 기여조건과 함께 사회적 위험에 직면해야 하는 조건이 부가된다.

④ 사회수당은 기여 여부와 무관하게 지급된다.

⑤ 사회보험의 보험료와 급여는 개인적인 공평성과 사회적 적절성을 반영한다.

⑥ 사회보험은 강제적 성격을 지닌 반면, 민간보험은 자발적 성격을 지닌다.

⑦ 사회보험은 사회적 위험의 분산을 중시한 반면, 민간보험은 영리추구를 중요시 한다.

⑧ 사회보험은 계약적 권리를 중시한 반면, 민간보험은 사회권의 성격을 중요시 한다.

⑨ 사회보험은 최저소득의 보장을 민간보험은 개인의 의사와 지불능력에 따라 보장한다.

⑩ 사회보험은 사회적 적절성을 강조한 반면, 민간보험은 개인적 공평성을 강조한다.

⑪ 확정급여식 연금제도에서는 투자위험에 대해서 개인이 전적으로 책임진다.

⑫ 확정기여식 연금제도에서는 물가상승, 경기침체 등의 위험을 사회 전체적으로 분산 대응하는 장점이 있다.

⑬ 공공부조는 사회보험이나 사회서비스에 비해 운영효율성이 매우 높다.

◆ **공적 연금**

① 적립방식은 가입자들 각자가 보험료를 납부하여 축적한 적립기금으로 자신들의 노후를 보장하는 방식이다.

② 부과방식은 매년도 연금재정의 수입총액과 지출총액이 균형을 유지할 수 있도록 운영하는 방식이다.

④ 부과방식의 연금제도는 도입 당시의 노인세대에게도 일정한 연금을 제공할 수 있다.

⑤ 군복무자에게는 노령연금수급권 취득시 6개월을 가입기간에 추가로 산입한다.

⑥ 적립방식의 연금제도는 저축기능을 토대로 운영된다.

⑦ 적립방식에 비해 부과방식(pay-as-you-go)이 인구 구성의 변동에 더 취약하다.

⑧ 확정급여식 연금은 주로 과거의 소득 및 소득활동 기간에 의해 결정된다.

⑨ 완전적립방식은 퇴직 후 생활보장을 위해 현재 소득의 일부를 저축하는 구조이다.

⑩ 부과방식에서는 현재의 근로세대가 은퇴세대의 연금급여에 필요한 재원을 부담한다.

⑪ 노령연금 수급권자가 소득활동을 하면 연금액이 일부 감액된다.

⑫ 적립방식의 연금제도에서 수지상등의 원칙은 고려하지 않는다.

⑬ 실업기간 중에는 가입기간을 추가로 산입할 수 없다.

⑭ 출산크레딧은 3명 이상의 자녀가 있을 때부터 가능하다.

⑮ 농·어업인에 대해서는 연금보험료를 국가가 보조할 수 없다.

〈 정답 〉
• 사회보장 일반 – ⑧⑪⑫⑬
• 공적 연금 – ⑫⑬⑭⑮

제8장 의료보장과 국민건강보험

제1절 의료보장의 개요

(1) 의료보장제도의 유형

○ **사회보험방식**(SHI: Social Health Insurance)
- 국가의 의료보장에 대한 책임을 기본으로 하지만 의료비에 대한 국민의 자기책임의식을 일정부분 인정하는 의료제도
- 정부기관이 아닌 보험자가 보험료재원을 마련하여 의료를 보장하는 방식으로 비스마르크 방식이라고도 함
- 재원은 1차적으로 보험의 원리에 따라 보험료에 의해 조달하고, 국가는 2차적으로 지원함에 따라 정부의존을 최소화함
- 의료 사유화를 전제로 의료공급자가 국민과 보험자간에 보험급여를 대행하는 운영방식
  예) 독일, 프랑스 등

○ **국민건강보험방식**(NHI: National Health Insurance)
- 사회보험의 방식으로 모든 국민이 건강보험에 강제로 가입하도록 하는 의료제도임
- 국민이 보험집단을 형성하여 보험료를 갹출하여 재원을 마련하고, 피보험자가 질병·부상 등 사고가 발생한 경우 의료기관을 통해 보험급여를 실시함
- 보험자(운영기관)책임 하에 의료기관이 가입자에게 의료서비스를 제공하고 비용을 정산토록 하는 운영방식
  예) 한국, 대만 등

○ **국민보건서비스방식**(NHS: National Health Service)
- 국민연대성의 원칙에 기초해 통합 일원화된 재정 및 행정체계로 국가 및 공공주체가 운영을 책임지는 의료서비스 제공방식
- 비용의 전부 또는 대부분을 조세로 부담, 급여의 범위도 치료뿐 아니라 예방 및 건강증진의 책임도 짐

- 조세로 전 국민에게 무료에 가까운 서비스를 제공함으로써 의료의 사회화를 도모함
- 지나친 형평성의 추구로 효율성 저해, 낮은 서비스 수준, 입원환자의 급증에 따른 대기기간의 장기화 등 단점이 발생함
  예) 영국, 이태리, 스웨덴, 뉴질랜드 등

○ 의료저축계정
- 정부가 강제하는 개인저축계좌방식으로 개인과 가족의 의료비지출만 사용토록 하는 방식
  예) 싱가포르

※ **의료서비스를 국가가 주도해야 하는 근거**
- 의료서비스에 대한 역선택 발생, 수요자와 공급자간 정보의 비대칭성이 존재한다.
- 의료서비스는 공공재의 성격, 의료서비스의 남용 등 도덕적 해이현상이 발생한다.

---

(2) 진료비 본인부담제
○ 본인부담제를 두는 이유
- 의료서비스의 남용 억제(도덕적 해이의 방지)
- 수익자와 비 수익자 간의 공평성 도모
- 수익자의 부담능력에 따라 부담을 달리함으로써 수익자의 책임 촉구
- 수익자 부담분을 사회보장재원으로 재 충당 가능

○ 본인부담제의 형태
- 정률제도: 의료이용자가 의료서비스 비용의 일정비율을 부담하는 방식
- 정액제도: 서비스 비용에 관계없이 일정액을 부담시키는 방법
- 공제제도: 일정액까지는 본인 전액 부담, 그 이상 금액에 대해서는 보험자의 부담 방식

(3) 진료비의 지불방법(의료비의 제3자 지불문제)
○ 행위별수가제(점수제, 성과불제)
- 의료기관이 환자에게 제공한 모든 의료서비스를 항목별로 계산하여 그 총액으로 진료비를 책정하는 방법
  예) 한국·일본 등

- 장점: 의료서비스의 질을 높일 수 있음, 의료기관의 입장에서 볼 때 가장 합리적이라고 볼 수 있음
- 단점: 과잉진료 우려, 진료비의 부당청구 가능성, 관리의 어려움 및 비용 과다 소요

○ **총액계약제**

- 보험자(국가, 공단)와 의료기관의 대표 간 일정 기준에 따라 1년간 진료비 총액을 계약하고 그 총액의 범위내에서 의료서비스를 제공하도록 하는 방식
  예) 독일, 프랑스 등
- 장점: 부당한 진료나 과잉진료가 발생하지 않는 점, 보험재정의 안정적 운영이 가능함
- 단점: 비용절감을 위한 과소진료, 크림 떠내기(cream skiming)현상 발생 가능, 의료신기술 개발 및 도입이 어려움, 의료서비스의 질 저하 가능성 등

○ **포괄수가제(DRG 지불제)**

- 환자1인당 또는 진료일수 1일당 정액의 진료비를 지급하는 방식, 질병을 군별로 분류하여 질병군에 따라 정액의 수가를 지급하는 방식
- 장점: 동일질병에 동일급여 보장, 과잉진료와 의료의 오 · 남용 억제, 비용절감을 통한 본인부담금의 감소, 행정절차의 간소화 등
- 단점: 진료량에 관계없이 동일한 진료비를 받기 때문에 최소한의 서비스만을 제공하려고 할 수 있어 진료의 질이 저하될 우려가 있음

> ※ **우리나라 일부 시행(2012년 7월부터) : 7가지 질병군에 적용**
> 백내장 수술, 치질 수술, 맹장 수술, 편도 수술, 탈장 수술, 자궁 및 자궁부속기 수술, 제왕절개수술 등이 있다.

○ **인두제**

- 주로 주치의제도를 실시하고 있는 국가에서 채택하고 있으며, 주치의에게 등록된 수에 따라 일정금액을 지급하는 방식임
- 장점: 비용이 저렴하고, 예방과 건강증진에 도움 등
- 단점: 환자의 선택권이 제한되고, 과소진료의 가능성 등

국민건강보험 방식(NHI)및 국민보건서비스 방식(NHS)

구 분	NHI(국민건강보험 방식)	NHS(국민보건서비스 방식)
적용대상 관리	직장가입자, 지역가입자 등	전 국민을 일괄 적용(집단구분 없음)
재원조달	보험료, 일부 국고지원	정부의 일반조세
의료기관	일반 의료기관 중심(의료사유화 전제)	공공의료기관 중심(의료의 사회화 전제)
급여내용	치료 중심적	예방 중심적
수가산정 방법	행위별 수가제, 포괄수가제	병원급은 의사봉급제, 개원의는 인두제
관리기구	보험자(조합, 공단)	정부기관(사회보험청 등)
채택국가	한국, 대만 등	영국, 이탈리아, 스웨덴 등

제2절 국민건강보험제도

(1) 국민건강보험제도의 개념
건강보험제도는 국민의 질병·부상 등에 대한 예방·진단·치료·재활과 출산·사망 및 건강증진에 대하여 보험급여를 실시함으로써 국민보건을 향상시키고 사회보장을 증진함을 목적으로 함

(2) 건강보험제도의 주요 내용
• 적용대상: 국내에 거주하는 국민은 건강보험의 가입자 또는 피부양자가 되나 의료급여대상자는 제외됨
• 피부양자는 다음에 해당하는 사람 중 직장가입자에게 주로 생계를 의존하는 사람으로서 소득 및 재산이 보건복지부령으로 정하는 기준이하에 해당하는 사람을 말함

(3) 건강보험의 가입자
• 직장가입자: 모든 사업장의 근로자 및 사용자, 공무원 및 교직원 그리고 그 피부양자
• 지역가입자: 직장가입자와 그 피부양자, 의료급여대상자를 제외한 자

> ※ **보험료의 경감대상(법 제75조)**
> 65세 이상인자, 장애인복지법에 따라 등록한 장애인, 섬·벽지·농어촌 등 대통령령이 정하는 지역에 거주하는 자, 휴직자, 국가유공자 등이 해당된다.

(4) 국민건강보험의 급여

○ 요양급여(현물급여)

- 가입자 및 피부양자가 질병, 부상, 출산 등으로 의료서비스를 받는 것을 말함
- 업무 · 일상생활에 지장이 없는 질환, 기타 보건복지부령으로 정하는 사항은 요양급여 대상에서 제외(보험 비 급여항목)할 수 있음

○ 요양기관

의료법에 따라 개설된 의료기관, 약사법에 따라 등록된 약국, 약사법에 따라 설립된 한국희귀 · 필수의약품센터, 지역보건법에 따른 보건소 · 보건의료원 및 보건지소, 농어촌 등 보건의료를 위한 특별조치법에 따라 설치된 보건진료소

○ 비용의 일부부담

요양급여를 받는 자는 비용의 일부(본인부담금)를 본인이 부담함

(5) 건강검진(현물급여)

- 질병의 조기발견, 그에 따른 요양급여를 실시하기 위하여 가입자 및 피부양자가 건강에 대한 검진을 받는 것
  예) 일반건강검진, 암 검진, 영유아건강검진 등
- 건강검진은 사무직인 경우 2년 마다 1회 이상, 기타 직장가입자는 1년 1회 지정된 건강검진기관에서 실시

(6) 요양비(현금급여)

- 기타 부득이한 사유로 인하여 요양기관과 유사한 기능을 수행하는 기관에서 질병 · 부상 · 출산 등 요양을 받을 경우 그 요양급여에 상당하는 금액을 지급함
- 요양기관 이외의 장소에서 출산한 가입자 및 피부양자에게 지급함

(7) 본인부담 상환제도

- 고액중증질환자의 과다한 진료비지출로 인한 가계의 경제적 부담을 덜어주기 위한 제도로 2014년 7월 1일부터 시행됨
- 가입자의 소득수준에 따라 10분위로 구분, 해당 분위 금액을 초과하는 경우 그 초과한 금

액은 공단이 부담(단, 비 급여항목은 제외)함으로써 전액을 환자에게 돌려주는 제도

(8) 부가급여(임의급여)

- 공단은 국민건강보험법에서 정한 요양급여 외 대통령령으로 정하는 바에 따라 임신·출산 진료비, 장제비, 상병수당, 그 밖의 급여를 실시할 수 있음
- 장제비는 폐지되었고, 상병수당은 지급되지 않고 있음

> ※ 상병수당: 건강보험가입자가 업무상 질병이나 부상이 아닌 일반적인 질병이나 부상으로 인하여 치료를 받는 동안 상실되는 소득을 현금으로 보전하는 급여이며, 우리나라에서는 실시되지 않고 있다.
> ※ 사회보험징수업무의 통합: 4대 보험의 보험료 징수업무(고지, 수납, 체납)를 일원화하여 건강보험공단에 위탁함(2011년 1월부터). 단, 자격관리·보험료부과·급여업무는 현재와 같이 각 공단에서 수행하고 있다.

제3절 노인장기요양보험제도

(1) 장기요양보험제도 개념

- 가족의 영역에 맡겨져 왔던 치매·중풍 등 노인성 질환에 대한 장기간에 걸친 간병 및 요양문제를 사회연대의 원리에 따라 국가와 사회가 분담하는 사회보험제도
- 모든 세대에게 혜택을 주는 사회적인 효(孝)제도: 노인들은 더 이상 자식들에게 부담을 주지 않고 계획적이고 전문적 장기요양서비스를 받을 수 있어 보다 품위 있게 노후를 보낼 수 있음

(2) 등급판정

공단은 장기요양신청의 조사가 완료된 때 조사결과서, 신청서, 의사소견서 등 자료를 장기요양등급판정위원회에 제출

- 1등급: 심신의 기능상태장애로 일상생활에서 전적으로 다른 사람의 도움이 필요한 자
- 2등급: 심신의 기능상태장애로 일상생활에서 상당부분 다른 사람의 도움이 필요한 자
- 3등급: 심신의 기능상태장애로 일상생활에서 다른 사람의 부분적인 도움이 필요한 자

- 4등급: 심신의 기능상태장애로 일상생활에서 일정부분 다른 사람의 도움이 필요한 자
- 5등급: 치매환자(노인성 질병에 해당하는 치매환자)로서 요양인정점수가 45점 이상 51점 미만인 자
- 인지지원등급: 치매환자(노인성 질병에 해당하는 치매환자)로서 요양인정점수가 45점 미만인 자

(3) 장기요양인정서
- 공단은 장기요양인정서를 작성하여 수급자에게 송부함
- 장기요양등급, 장기요양의 급여 및 내용, 그 밖에 장기요양급여에 관한 사항으로서 보건복지부령이 정하는 사항 포함

(4) 장기요양급여의 종류
○ 재가급여
- 방문요양: 수급자의 가정을 방문하여 신체활동 및 가사활동 등 서비스를 제공함
- 방문목욕: 목욕설비를 갖춘 장비를 이용하여 가정 등을 방문하여 목욕서비스를 제공함
- 방문간호: 간호사 등이 의사, 한의사 또는 치과의사의 지시서에 따라 가정을 방문하여 간호 및 진료보조, 요양상담 또는 구강위생 등 서비스를 제공함
- 주·야간보호: 하루 중 일정시간 동안 요양기관에서 신체활동지원 및 기능회복훈련 등 서비스를 제공함
- 단기보호: 일정기간 요양기관에서 신체활동 지원 및 기능회복훈련 등 서비스를 제공함
- 기타재가급여: 수급자의 일상생활, 신체활동지원에 필요한 용구를 제공하거나 가정을 방문하여 재활에 관한 지원 등 서비스 제공함

○ 시설급여
- 노인의료복지시설에 장기간 입소하여 신체활동지원, 심신기능의 유지 및 향상을 위한 교육훈련을 제공하는 요양급여를 말함
- 노인요양시설 및 노인요양공동생활가정에 장기 입소하여 지원을 받는 급여

○ 특별현금급여
- 가족요양비: 장기요양기관이 현저히 부족한 도서·벽지에 거주하는 자, 천재지변 등으로

장기요양급여의 이용이 어렵다고 인정된 자, 신체·정신·성격 등의 사유로 가족 등이 장기요양을 받아야 하는 자에게 지급함

- 특례요양비: 수급자가 장기요양기관으로 지정되지 않은 장기요양시설 등의 기관과 재가 또는 시설급여에 상당한 장기요양급여를 받은 경우 요양급여 비용의 일부를 지급함
- 요양병원간병비: 수급자가 노인전문병원 또는 요양병원에 입원한 때에 장기요양에 사용되는 비용의 일부를 지급함

(5) 장기요양보험료

- 장기요양보험가입자는 국민건강보험 가입자와 동일, 공단은 건강보험료와 통합징수하고, 각각 독립회계로 관리해야 함
- 장기요양보험료는 건강보험료액에서 경감 또는 면제되는 비용을 공제한 금액에 장기요양 보험료율을 곱해 산정함

(6) 장기요양기관의 지정

- 재가급여 또는 시설급여를 제공하는 장기요양기관을 운영하려는 자는 소재지를 관할 구역으로 하는 시장·군수·구청장으로부터 지정을 받아야 함
- 장기요양기관으로 지정받으려는 자는 보건복지부령으로 정하는 장기요양에 필요한 시설 및 인력을 갖추어야 함
- 장기요양기관으로 지정받을 수 있는 시설은 노인복지법에 따른 시설 중 대통령령으로 정하는 시설
- 장기요양기관 중 의료기관이 아닌 자가 재가급여 중 방문간호를 제공하는 경우에는 방문 간호의 관리책임자로서 간호사를 두어야 함

上·**中**·下

01) 국민건강보험제도에 관한 설명으로 옳지 않은 것은? (18회 기출)

① 사립학교교원의 보험료는 가입자 본인, 사용자, 국가가 분담한다.

② 직장가입자의 보수월액은 직장가입자가 지급받는 보수를 기준으로 하여 산정한다.

③ 직장가입자의 보험료율은 건강보험정책심의위원회에서 심의 · 의결한다.

④ 부가급여로 임신 · 출산 진료비, 장제비, 상병수당을 지급하고 있다.

⑤ 국민건강보험공단의 회계연도는 정부의 회계연도에 따른다.

해설

④ 국민건강보험법 제50조에 의하면 부가급여로 임신 · 출산 진료비, 장제비, 상병수당, 그 밖의 급여를 실시할 수 있다고 규정하고 있다. 그러나 현재 장제비와 상병수당제도는 실시하지 않고 있다.

〈 정답 ④ 〉

上·**中**·下

02) 우리나라 국민건강보험제도에 관한 설명으로 옳지 않은 것은? (16회 기출)

① 본인부담상한액은 가입자의 소득수준 등에 따라 정한다.

② 월별 보험료의 총 체납횟수가 6회 이상일 경우 급여가 제한될 수 있다.

③ 외래의 본인부담금은 의료기관 및 질병의 종류에 따라 달라진다.

④ 직종조합, 지역조합 등이 통합되어 운영되고 있다.

⑤ 진료비 비불방법 중 포괄수가제를 2012년 7개 질병군에 한해 시행하였다.

해설

외래진료의 본인부담금은 의료기관의 종류 및 지역, 총액에 따라 달라진다(시행령 별표2). 그러므로 질병의 종류에 따라 달라지는 것은 아니다.

① 본인부담상한액은 가입자의 소득수준 등에 따라 정한다(법 제44조 제2항).

② 월별 보험료의 총 체납횟수가 6회 이상일 경우 급여가 제한될 수 있다(시행령 제26조).

④ 직종조합, 지역조합 등이 통합되어 운영되고 있다(2000년 통합실시).

⑤ 진료비 비불방법 중 포괄수가제를 2012년 7개 질병군에 한해 시행하였다. 〈 정답 ③ 〉

의료보장과 국민건강보험
다음 문장에서 틀린 것을 모두 고르시오.

◆ **의료보장**

① 개별 의료행위마다 가격을 지불하는 제도는 질병군 별로 미리 정해진 일정액의 진료비만을 부담하는 제도보다 필요 이상의 진료서비스를 제공할 가능성이 높다.

② 포괄수가제는 진찰, 수술, 주사, 투약 등 진료의 종류나 양에 따라 가격이 지불되는 방식이다.

③ 총액계약제는 행위별수가제보다 의료비의 절감효과가 높다.

④ 질병군별로 정해진 비용을 지불하는 것은 개별 행위마다 가격을 지불하는 것보다 환자의 비용부담을 높일 수 있다.

⑤ 개별수가제는 과다한 진료로 인한 진료비 상승을 초래할 가능성이 높다.

◆ **국민건강보험**

① 직장가입자의 보험료 산정대상인 보수월액에는 상 · 하한선이 있다.

② 월별 보험료의 총 체납횟수가 6회 이상일 경우 급여가 제한될 수 있다.

③ 조합방식이 아닌 통합방식으로 운영되고 있다.

④ 진료비 지불방식은 행위별수가제를 기본으로 하고 있다.

⑤ 진료비 비불방법 중 포괄수가제를 2012년 7개 질병군에 한해 시행하였다.

⑥ 국내에서 업무에 종사하는 직장가입자 보험료율은 1천분의 80 범위 안에서 정한다.

⑦ 타 법령에 의한 의료급여(보호) 대상을 제외한 전 국민을 적용대상으로 한다.

⑧ 주된 진료비 지불방식은 행위별 수가제와 포괄수가제이다.

⑨ 본인 부담금과 비급여 항목이 있다.

⑩ 요양급여 비용은 보건복지부장관이 정한다.

⑪ 외래의 본인부담금은 의료기관 및 질병의 종류에 따라 달라진다.

⑫ 질병으로 인해 상실된 근로소득을 보전해주는 현금급여가 있다.

◆ 노인장기요양보험

① 노인장기요양보험에서는 재가급여를 시설급여에 우선한다.

② 재가급여에는 방문요양, 방문목욕 등이 있다.

③ 현금특별급여에는 가족요양비 등이 있다.

④ 장기요양인정의 유효기간은 최소 1년 이상으로 한다.

⑤ 노인요양공동생활가정도 시설급여를 제공할 수 있다.

⑥ 장기요양기관은 설치·운영하고자 하는 자는 시장·군수·구청장의 지정을 받아야 한다.

⑦ 65세 이상의 노인 또는 65세 미만으로 특정 노인성 질병을 가진 자로 6개월 이상 장기요양을 요하는 자가 대상이 된다.

⑧ 시설급여제공기관에는 노인전문요양병원이 포함된다.

⑨ 단기보호는 재가급여가 아닌 시설급여에 속한다.

제9장 산업재해보상보험과 고용보험

제1절 산업재해보상보험제도

(1) 산재보험제도의 개념
- 산업재해를 당한 근로자에게 신속한 보상을 하고, 사업주에게는 재해 발생시 보상에 따른 경제적 부담을 덜어주기 위해 국가에서 관장하는 사회보험
- 국가는 근로자를 사용하는 모든 사업주로부터 보험료를 징수하여 산업재해로 부상 또는 사망한 근로자와 그 가족에게 산재보험급여를 지급함

(2) 산재보험이론
- 직업위험이론: 산업재해는 필연적으로 발생하며 그 배상은 사업주의 과실여부와 관계없이 당연히 이루어져야 하며, 산재비용은 생산비용의 일부라고 봄
- 최소사회비용이론: 산재보험제도를 도입하는 것이 민사소송에 의해 과실 책임을 판결하는 것보다 비용 및 시간 등 경제적 손실을 최소화함으로써 효율적이라고 봄
- 사회적 협약이론: 산업재해는 필연적으로 발생하며 산재보험의 도입은 사업주와 근로자 모두에게 이익이 되기 때문에 양측이 도입에 대한 사회적 협약을 체결하는 것으로 봄
- 원인주의이론: 산업재해로 인정받기 위해서는 업무기인성과 업무수행성이라는 2가지 요건을 모두 충족시켜야 한다고 봄

(3) 산재보험제도의 특징
- 무과실책임주의, 사업장중심의 관리, 자진신고 및 자진납부, 종합적 보상제도, 개별 실적 요율주의, 산재보험의 의제가입 등

(4) 가입자의 종류
○ 당연적용 가입자
당연적용사업: 사업이 개시되거나 사업개시에 필요한 일정요건에 도달하게 되면 사업주의 의사와 관계없이 법률적으로 당연히 보험관계가 성립하는 사업

○ 임의적용 가입자

임의적용사업: 산재보험에 의한 적용제외 사업으로, 보험가입여부가 사업주의 자유의사에 일임되어 있는 사업

○ 의제적용 가입자

의제적용사업: 산재보험의 당연적용 사업이 임의적용 사업으로 된 경우 일정기간 당연적용이 되는 사업으로 간주됨

(5) 업무상 재해의 인정

- 업무상 재해의 정의: 업무상의 사유에 따른 근로자의 부상, 질병 또는 사망을 말함
- 산업재해인정의 범위: <u>업무수행성</u>, <u>업무기인성</u>

(6) 업무상 재해의 인정기준

○ 업무상 사고

- 근로자가 근로계약에 따른 업무나 그에 따르는 행위를 하던 중 발생한 사고
- 사업주가 제공한 시설물 등을 이용하던 중 결함이나 관리소홀로 발생한 사고
- 사업주가 주관하거나 사업주의 지시에 따라 참여한 행사나 행사준비 중에 발생한 사고
- 휴게시간 중 사업주의 지배관리하에 있다고 볼 수 있는 행위로 발생한 사고

○ 업무상 질병

- 업무수행과정에서 물리적 인자(因子), 화학물질, 분진, 병원체, 신체에 부담을 주는 업무 등 근로자의 건강에 장해를 일으킬 수 있는 요인을 취급하거나 그에 노출되어 발생한 질병
- 업무상 부상이 원인이 되어 발생한 질병
- 근로기준법에 따른 직장 내 괴롭힘, 고객의 폭언 등으로 인한 업무상 정신적 스트레스가 원인이 되어 발생한 질병

○ 출퇴근 재해

- 사업주가 제공한 교통수단이나 그에 준하는 교통수단을 이용하는 등 사업주의 지배관리에서 출퇴근하는 중 발생한 사고
- 그 밖에 통상적인 경로와 방법으로 출퇴근하는 중 발생한 사고

(7) 산재보험급여의 종류

○ **요양급여(현물급여)**

• 요양급여는 근로자가 업무상 사유로 부상을 당하거나 질병에 걸린 경우 지급함

• 진찰 및 검사, 약제 또는 진료재료와 의지 그 밖의 보조기의 지급, 처치수술 그 밖의 치료, 재활치료, 입원, 간호 및 간병, 이송, 그 밖에 고용노동부령으로 정하는 사항

• 요양급여는 현물급여가 원칙이나 부득이하게 본인이 먼저 부담한 경우 산재환자에게 현금으로 지급이 가능함

• 요양급여의 진료비는 근로복지공단이 의료기관에 직접 지급함(본인부담금 없음)

• 3일 이내의 요양으로 치료될 수 있을 때에는 지급하지 아니함(대기기간 3일)

○ **휴업급여(현금급여)**

• 업무상 사유로 부상을 당하거나 질병에 걸린 근로자에게 요양으로 취업하지 못한 기간에 대하여 지급하는 급여, 다만, 취업하지 못한 기간이 3일 이내이면 지급하지 않음

• 1일당 지급액은 평균임금의 70%에 상당하는 금액

○ **장해급여(현금급여)**

• 부상이나 질병을 치유한 후에도 신체 등에 장해가 있는 경우 지급하는 급여를 말함

• 장해 정도에 따라 14등급으로 나누며, 장해급여는 장해등급에 따라 차등 지급함

• 장해등급 1~3급의 중증장애인의 경우 연금으로만 지급함

• 장해보상연금의 수급권자가 재요양을 받는 경우에도 연금지급은 정지되지 않음

○ **간병급여(현금급여)**

• 요양급여를 받은 자 중 치유 후 의학적으로 상시 또는 수시로 간병이 필요하여 실제로 간병을 받는 자에게 지급하는 급여를 말함

○ **유족급여(현금급여)**

• 근로자가 업무상의 사유로 사망한 경우에 유족에게 지급하며, 유족보상연금이나 유족보상일시금으로 지급함

• 유족보상연금을 받을 수 있는 자격이 있는 자가 원하면, 50%에 상당하는 금액을 유족보상일시금으로 지급하고, 유족보상연금은 50%를 감액 지급함

○ **상병보상연금(현금급여)**

• 요양급여를 받는 자가 요양을 시작한지 2년이 지난날 이후, 다음의 요건 모두에 해당하는 경우에는 휴업급여 대신 근로자에게 지급하는 급여를 말함

　– 부상이나 질병이 치유되지 아니한 상태일 것, 요양으로 인하여 취업하지 못하였을 것

　– 부상·질병에 따른 중증요양상태의 정도가 대통령령으로 정하는 중증요양상태 등급기준에 해당 할 것

○ **장의비(현금급여)**

• 근로자가 업무상의 재해로 사망한 경우에 지급하는 급여를 말함

• 평균임금의 120일분에 상당하는 금액을 그 장제를 지낸 유족 등에게 지급함

○ **직업재활급여(현금급여)**

• 장해급여자 중 직업훈련이 필요한 자에 대하여 실시하는 직업훈련에 소요되는 비용 및 직업훈련수당으로 지급하는 급여를 말함

• 사업장에 복귀한 장해급여자에 대하여 사업주가 직장적응훈련, 재활운동을 실시하는 경우 직장복귀지원금, 직장적응훈련비 및 재활운동비를 사업주에게 각각 지급함

○ **기타 급여**

• 장해특별급여

　– 사업주의 고의 또는 과실로 발생한 업무상의 재해로 근로자가 장해를 입은 경우에 지급하는 급여를 말함

　– 근로자가 민법에 따른 손해배상을 청구하는 대신 산재보험에서 지급하고 사업주에게 납부하도록 하는 제도

• 유족특별급여

　– 사업주의 고의 또는 과실로 발생한 업무상의 재해로 근로자가 사망한 경우에 지급하는 급여를 말함

　– 근로자의 유족이 민법에 따른 손해배상을 청구하는 대신 산재보험에서 지급하고 사업주에게 납부하도록 하는 제도

제2절 고용보험제도

(1) 고용보험제도의 개념
○ 사후적 · 소극적 사회보장정책
- 실업 등으로 인한 사회경제적 어려움을 해소하여 근로자의 생활안정을 도모함
- 종류: 실업급여(구직급여, 취업촉진수당), 모성보호급여 등

○ 사전적 · 적극적 노동시장정책
- 근로자의 실업예방, 고용안정, 직업능력개발 및 고용기회의 확대 등을 도모함
- 종류: 고용안정 및 직업능력개발 사업 등

(2) 고용보험의 적용대상
○ 당연적용사업과 임의적용 사업
- 당연적용사업: 1인 이상 근로자를 고용하는 사업 및 사업장은 사업주 또는 근로자의 의사와 관계없이 보험관계가 성립함
- 임의적용사업: 고용보험법의 의무적용을 받지 아니하는 사업으로서, 가입여부가 사업주의 자유의사에 일임되어 있는 사업

○ 적용제외 사업
- 농업, 어업, 임업, 수렵업 중 법인이 아닌 자가 상시근로자를 5명 미만 고용하는 사업
- 총 공사금액이 2천만원 미만인 공사, 연면적 100제곱미터 이하인 건축물의 건축 또는 연면적 200제곱미터 이하인 건축물의 대 수선공사에 관한 공사, 가구내 고용활동이나 자가 소비 생산활동 등

(3) 고용보험 가입자의 종류
- 당연적용가입자: 사업이 개시되어 적용요건을 갖추었을 때는 사업주나 근로자의 의사에 관계없이 자동적으로 보험관계가 성립되는 경우
- 임의적용가입자: 당연적용 제외사업으로서 고용보험의 가입여부가 사업주와 근로자의 의사에 의해 해결되는 경우
- 의제적용가입자: 당연적용사업이 당연적용 제외사업으로 된 경우 일정기간 당연적용사업

이 되는 것으로 간주되는 경우

(4) 고용보험의 급여

○ **실업급여의 개념**

• 사후적 소극적인 사회보장정책에 해당되며, 근로자가 실직하여 재취업활동을 하는 기간에 소정의 급여를 지급함

• 실업으로 인한 생계불안의 극복과 생활의 안정 도모 및 재취업의 기회를 지원함

• 실업급여의 종류: 구직급여(연장급여 포함), 취업촉진수당

(5) 구직급여

○ **구직급여의 수급요건: 다음의 요건을 모두 갖춘 경우에 지급함**

• 기준기간 동안의 피보험 단위기간이 통산(通算)하여 180일 이상일 것

• 근로의 의사와 능력이 있음에도 불구하고 취업하지 못한 상태에 있을 것

• 이직사유가 수급자격의 제한 사유에 해당하지 아니할 것

• 재취업을 위한 노력을 적극적으로 할 것

• 일용근로자인 경우 수급자격 인정신청일 이전 1개월 동안의 근로일수가 10일 미만일 것

○ **실업의 신고 등**

• 구직급여를 지급받으려는 자는 이직 후 지체 없이 직업안정기관에 출석하여 실업을 신고하여야 하며, 실업의 신고에는 구직 신청과 수급자격의 인정신청을 포함하여야 함

• 실업의 인정: 구직급여는 수급자격자가 실업한 상태에 있는 날 중에서 직업안정기관의 장으로부터 실업의 인정을 받은 날에 대하여 지급함

• 대기기간: 실업의 신고일 부터 계산하기 시작하여 7일간은 대기기간으로 보아 구직급여를 지급하지 아니함

• 이직사유에 따른 수급자격의 제한

 − 형법 또는 직무와 관련된 법률을 위반하여 금고 이상의 형을 선고받은 경우

 − 사업에 막대한 지장을 초래하거나 재산상 손해를 끼친 경우로서 고용노동부령으로 정하는 기준에 해당하는 경우

 − 정당한 사유 없이 근로계약 또는 취업규칙 등을 위반하여 장기간 무단결근한 경우

 − 전직 또는 자영업을 하기 위하여 이직한 경우

- 중대한 귀책사유가 있는 자가 해고되지 아니하고 사업주의 권고로 이직한 경우
- 연장급여: 훈련연장급여, 개별연장급여, 특별연장급여

○ **취업촉진수당: 조기재취업수당, 직업능력개발수당, 광역구직활동비, 이주비**

○ **모성보호급여**
- 출산전후휴가 급여: 고용노동부장관은 피보험자가 출산전후휴가 또는 유산·사산휴가를 받은 경우와 배우자 출산휴가를 받은 경우로서 다음의 요건을 모두 갖춘 경우에 출산전후휴가 급여 등을 지급함
  - 휴가가 끝난 날 이전에 피보험 단위기간이 통산하여 180일 이상일 것
  - 휴가를 시작한 날 이후 1개월부터 휴가가 끝난 날 이후 12개월 이내에 신청할 것
- 육아휴직 급여: 고용노동부장관은 남녀고용평등과 일·가정 양립 지원에 관한 법률에 따른 육아휴직을 30일 이상 부여받은 피보험자 중 육아휴직을 시작한 날 이전에 피보험 단위기간이 통산하여 180일 이상인 피보험자에게 육아휴직 급여를 지급함
- 육아기근로시간 단축급여: 고용노동부장관은 남녀고용평등과 일·가정 양립 지원에 관한 법률에 따른 육아기 근로시간 단축을 30일 이상 실시한 피보험자 중 육아기 근로시간 단축을 시작한 날 이전에 피보험 단위기간이 통산하여 180일 이상인 피보험자에게 육아기 근로시간 단축급여를 지급함

※ **상병급여**: 실업신고를 한 이후 7일 이상 질병·부상·출산으로 취업이 불가능하여 실업의 인정을 받지 못 한 날에 대해 구직급여를 대신해 지급할 수 있는 급여이며, 출산의 경우 출산일로부터 45일간 지급할 수 있다.

※ **자영업자인 피보험자의 실업급여의 종류**: 자영업자인 피보험자의 실업급여의 종류는 구직급여와 취업촉진수당이 있다. 다만, 연장급여와 조기재취업 수당은 제외한다.

※ **두루누리사업**: 소규모사업장 저임금근로자의 사회보험료 지원, 사회보험(고용보험, 국민연금 등)료 부담분의 일부를 지원하여 사회보험 가입확대 및 사회안전망을 강화하는데 목적이 있다.

上・**中**・下

01) 산업재해보상보험제도에 관한 설명으로 옳지 않은 것은?　　　　**(18회 기출)**

① 근로복지공단은 보험급여를 결정하고 지급한다.

② 업무상의 재해란 업무상의 사유에 따른 근로자의 부상 · 질병 · 장해 또는 사망을 말한다.

③ 직장 내 괴롭힘, 고객의 폭언 등으로 인한 업무상 정신적 스트레스가 원인이 되어 발생한 질병은 업무상 재해로 인정되지 않는다.

④ 업무상 질병의 인정 여부를 심의하기 위하여 근로복지공단 소속 기관에 업무상질병판정위원회를 둔다.

⑤ 국민건강보험공단이 보험료를 징수한다.

해설

산재보험법 제37조 제1항 제2호 다목 참조

③ 직장 내 괴롭힘, 고객의 폭언 등으로 인한 업무상 정신적 스트레스가 원인이 되어 발생한 질병도 업무상 재해로 인정한다.　　　　　　　　　　　　　　　　　　　　　　〈 정답 ③ 〉

上・**中**・下

02) 고용보험제도에 관한 설명으로 옳은 것은?　　　　**(18회 기출)**

① 실업급여를 받을 권리는 양도 또는 압류하거나 담보로 제공할 수 없다.

② 구직급여의 급여일수는 대기기간을 포함하여 산정한다.

③ 육아휴직 시작일로부터 3개월까지 월통상임금의 100분의 50에 해당하는 금액을 지급한다.

④ 자영업자인 피보험자의 실업급여에는 구직급여, 연장급여, 조기재취업수당이 포함된다.

⑤ 65세 이후에 자영업을 개시한 사람에게도 구직급여를 적용한다.

해설

② 구직급여의 급여일수는 대기기간이 끝난 다음날부터 산정한다.

③ 육아휴직 시작일로부터 3개월까지 월통상임금의 100분의 80에 해당하는 금액을 지급한다.

④ 자영업자인 피보험자의 실업급여에는 구직급여는 포함되지만, 연장급여와 조기재취업수당은 제외된다.

⑤ 65세 이후에 자영업을 개시한 사람에게도 구직급여를 적용하지 않는다.　　　〈 정답 ① 〉

산업재해보상보험과 고용보험
다음 문장에서 틀린 것을 모두 고르시오.

◆ **산업재해보상보험**

① 업무상의 재해란 업무상의 사유에 따른 근로자의 부상·질병·장해 또는 사망을 말한다.

② 업무상 질병의 인정 여부를 심의하기 위하여 근로복지공단 소속 기관에 업무상질병판정위원회를 둔다.

③ 국민건강보험공단이 보험료를 징수하며, 업종별로 상이한 보험료율을 적용하고 있다.

④ 보험료는 개별 사업장의 산재사고실적에 따라 보험료를 증감한다.

⑤ 보험료는 개산보험료와 확정보험료로 구성되어 있다.

⑥ 산업재해보상보험에서는 근로자의 과실여부에 상관없이 산재사고에 대한 보상이 이루어진다.

⑦ 과실책임주의 원칙에 입각한 제도이다.

⑧ 평균임금을 기초로 하는 정률보상방식으로 보험급여를 제공한다.

⑨ 급여청구에 대한 공단의 결정에 불복하는 경우 산업재해보상보험심사위원회에 심사청구를 할 수 있다.

⑩ 제3자의 행위에 따른 재해로 보험급여를 지급한 경우에는 그 급여액의 한도 안에서 급여를 받은 자의 제3자에 대한 손해배상청구권을 가진다.

⑪ 직장 내 괴롭힘, 고객의 폭언 등으로 인한 업무상 정신적 스트레스가 원인이 되어 발생한 질병은 업무상 재해로 인정되지 않는다.

⑫ 당연적용사업장 중 미 가입 사업자에게 발생한 산재사고에 대해서는 보상받을 수 없다.

◆ **고용보험**

① 실업급여를 받을 권리는 양도 또는 압류하거나 담보로 제공할 수 없다.

② 고용안정 및 직업능력개발사업의 보험료는 근로자와 사업주가 절반씩 부담한다.

③ 구직급여의 소정급여일수는 보험가입기간과 연령에 따라 120에서 270일까지이다.

④ 실업의 인정이란 근로의 의사와 능력을 가지고 적극적으로 구직노력을 했음을 인정받는 것이다.

⑤ 육아휴직급여의 육아휴직대상자는 남녀근로자 모두 해당된다.

⑥ 구직급여의 급여일수는 대기기간을 포함하여 산정한다.

⑦ 육아휴직 시작일로부터 3개월까지는 월 통상임금의 100분의 50에 해당하는 금액을 지급한다.

⑧ 자영업자인 피보험자의 실업급여에는 구직급여, 연장급여, 조기재취업수당이 포함된다.

⑨ 65세 이후에 자영업을 개시한 사람에게도 구직급여를 적용한다.

〈 정답 〉
• 산업재해보상보험 – ⑦⑪⑫
• 고용보험 – ②⑥⑦⑧⑨

제10장 빈곤과 공공부조

제1절 빈곤의 이해

(1) 빈곤의 개념
○ 절대적 빈곤
- 객관적으로 결정한 절대적 최저한도보다 미달되는 상태를 말함
- 최저생활을 유지할 수 없는 수준, 즉 최소한의 신체적 효율성을 유하는데 필요한 의식주를 가지지 못한 수준임
  - 최소한의 하루 칼로리 섭취량, 식품비가 가계지출에서 차지하는 비율(엥겔계수), 최소한의 생필품을 구입하는데 필요한 소득 등
- 절대빈곤의 개념은 과학적인 사회조사를 최초로 한 부스(Booth)로 부터 시작, 빈곤선개념이 등장함
- 라운트리(Rowntree)는 부스의 빈곤선 개념을 발전시켜 1, 2차 빈곤으로 구분함
- 측정방법: 라운트리방식, 오르샨스키 방식
  - 라운트리방식(전물량 방식, 마켓 바스켓 방식): (필수품의 가격×최저소비량)의 총합
  - 오르샨스키방식(반물량방식, 엥겔방식): 최저식료품비×엥겔계수의 역수

> ### ※ 엥겔계수(Engel's Coefficient)
> - 일정기간 가계소비지출 총액에서 식료품비가 차지하는 비율로서 가계의 생활수준을 가늠하는 척도이다.
> - 저소득 가계일수록 식료품비가 차지하는 비율이 높고, 고소득가계일수록 그 비율이 낮아진다.

○ 상대적 빈곤
- 평균(또는 중위)소득의 '일정비율' 이하에서는 그 사회의 대다수가 일반적으로 누리고 있는 생활수준을 향유하지 못한다고 봄
- 특정사회의 전반적인 생활수준과 밀접히 관련된 개념이어서 경제사회발전에 따라 정책적

으로 중시되며 상대적 박탈과 불평등의 개념을 중시함

• 측정방법: 타운젠트방식
  - 소득수준과 비교하여 일정수준 이하를 빈곤의 기준선으로 사용함
  - 일반적으로 중위소득 또는 평균소득의 40%~60%를 상대적 빈곤의 기준선으로 많이 사용함

> ※ 빈곤율(Poverty rate): 빈곤한 사람들의 수가 전체인구에서 차지하는 비율(빈곤선 이하의 사람수 / 전체 인구수)을 말한다.
> ※ 빈곤갭(Poverty gap): 빈곤선 이하 사람들의 소득을 모두 빈곤선까지 끌어올리기 위해 어느 정도의 금액이 필요한가를 총합하여 계산한다(빈곤선- 빈곤가구 소득).

(2) 소득불평등

○ 소득불평등의 개념

• 소득불평등이란 사회의 구성원간 소득분포가 특정 개인이나 집단에 집중되어 균형화되지 못한 상태를 말함
• 소득불평등 정도의 측정은 한 사회의 소득이 얼마나 평등하게 또는 불평등하게 분배 되어 있는지를 측정하는 것임

○ 소득불평등의 측정

• 지니계수
  - 빈부격차와 계층간 소득분포의 불균형 정도를 나타내는 수치, 소득이 어느 정도 균등하게 분배되어 있는지를 평가하는데 주로 이용됨
  - 근로소득, 사업소득의 정도는 물론 부동산, 금융자산 등 자산분배 정도의 파악도 가능함
  - 지니계수는 0~1 사이의 값을 가지는 데, 값이 0에 가까울수록 소득분배가 평등하고, 1에 가까울수록 소득분배가 불평등하다는 것을 의미함

• 로렌츠곡선(Lorenz Curve)
  - 소득분포의 불평등도를 측정하는 방법, 가로축에는 소득이 낮은 인구로부터 가장 높은 수준으로 비율을 누적하여 표시, 세로축에는 각 인구의 소득수준을 누적한 비율을 표시한 후 그 대응점을 나타낸 곡선

- 균등분포선(완전평등선)은 소득 전액이 전 국민에게 똑같이 분배된 상태임
- 균등분포선과 로렌츠곡선이 만나 만들어지는 부분이 '불균등면적' 인데, 이것이 커질수록 분배의 불평등 정도가 심하다는 것을 의미함

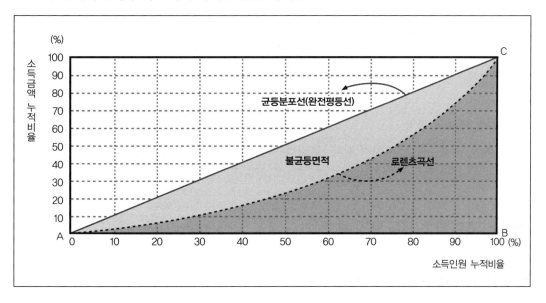

• 10분위 분배율
  - 모든 사람을 소득의 크기순으로 배열, 이를 10개 구간으로 분류, 소득이 낮은 1~4등급까지의 소득합계를 소득이 가장 높은 9~10등급의 소득합계로 나눈 비율
  - 상위소득 20%의 소득합계에 대한 하위소득 40%의 비율
    (하위 40%의 소득합계 / 상위 20%의 소득합계)
  - 빈부격차가 클수록 10분위 소득비율의 값은 점점 작아짐
    즉, 비율이 클수록 평등한 상태를 말하고, 작을수록 불평등한 상태를 의미함

• 5분위 분배율
  - 모든 사람을 소득의 크기 순으로 배열, 이를 5개 구간으로 분류, 상위 20%(최상위 구간)의 소득을 하위 20%(최하위 구간)의 소득으로 나눈 비율
  - 하위소득 20%의 소득합계액에 대한 상위소득 20%의 비율
    (상위 20%의 소득합계 / 하위 20%의 소득합계)
  - 빈부격차가 클수록 5분위 소득비율의 값은 점점 크게 나타남
    즉, 수치가 클수록 불평등한 상태를 말하고, 작을수록 평등한 상태를 의미함

(3) 사회적 배제

○ 사회적 배제의 개념

- 사회구조적으로 다양한 영역에서의 박탈과 결핍, 불이익을 당해 사회·경제·정치활동에 제대로 참여할 수 없게 됨으로써 인간으로서 최소한의 기본권마저 침해당하는 상황을 말함
- 기존의 빈곤에 대한 확대개념이며, 전반적인 사회문제를 나타내는 새로운 개념으로 인식됨

○ 사회적 배제의 영역

고용, 취업, 교육, 건강, 사회적 관계, 물질적 차원 등에서 폭넓게 존재함

제2절 국민기초생활보장제도

1. 국민기초생활보장제도의 개요

(1) 국민기초생활보장제도의 의의

- 근로능력에 관계없이 빈곤선이하의 모든 저소득층에 최저생계비 이상 수준의 생활을 보장하는 제도
- 근로능력자에 대해서는 빈곤에서 스스로 탈출하도록 체계적 자활지원서비스를 제공하여 생산적 복지를 구현하는 제도
- 빈곤계층에 대하여 국가가 생계, 주거, 교육, 의료 등 기본적인 생활을 보장하는 일반적 공공부조제도

(2) 국민기초생활보장법의 제정배경

- 1997년 말 외환위기 이후 최저생계비 이하의 국민들을 보호하기에는 한계점이 많음
- 1999년 9월 7일 국민기초생활보장법 제정, 2000년 10월 1일부터 시행됨
- 2015년 7월 1일(법률개정, 2014.12.30)부터 맞춤형 기초생활보장제도로 변경 시행됨

(3) 국민기초생활보장제도의 주요 특징

- 근로능력과 연령에 관계없이 빈곤선 이하의 저소득층에게 최저 생활을 보장함

• 근로능력자에 대해서는 빈곤에서 스스로 탈출하도록 체계적인 자활지원서비스를 제공함

(4) 기준중위소득
• 보건복지부장관이 급여의 기준 등에 활용하기 위하여 중앙생활보장위원회의 심의 · 의결을 거쳐 고시하는 국민가구소득의 중위값을 말함
• 통계청이 공표하는 통계자료의 가구 경상소득의 중간 값에 최근 가구소득 평균증가율, 가구규모에 따른 소득수준의 차이 등을 반영하여 가구규모별로 산정함

(5) 급여할당의 기준
○ **소득인정액 기준: 개별가구 소득평가액에 재산의 소득환산액을 합한 금액**
• 소득평가액: 실제소득(근로소득, 사업소득, 재산소득, 이전소득) − 가구특성별 지출비용 − 근로소득공제
• 재산의 소득환산액: (총재산 − 기본재산액 − 부채)×소득환산율

○ **부양의무자 기준**
수급권자를 부양할 책임이 있는 사람으로서 수급권자의 1촌의 직계혈족 및 그 배우자를 말한다. 다만, 사망한 1촌의 직계혈족의 배우자는 제외함

2. 기초생활보장급여의 종류

(1) 생계급여
○ **생계급여의 내용**
• 일상생활에 기본적으로 필요한 의복, 음식물 및 연료비 등을 지급하는 급여
• 수급권자는 부양의무자가 없거나 부양의무자가 있어도 부양능력이 없거나 부양을 받을 수 없는 사람으로서 그 소득인정액이 '생계급여 선정기준' 이하인 자
• 선정기준: 기준중위소득의 100분의 30 이상으로 함

○ **생계급여의 보장수준**
• 최저보장수준은 생계급여와 소득 인정액을 포함하여 생계급여 선정기준이상이 되도록 함

• 보장시설에 위탁하여 생계급여를 실시하는 경우에는 보건복지부장관이 정하는 고시에 따라 그 선정기준 등을 달리 할 수 있음

○ **부양능력이 없는 경우**
• 기준 중위소득 수준을 고려하여 대통령령으로 정하는 소득·재산 기준 미만인 경우
• 직계존속, 장애인연금법의 중증장애인인 직계비속을 자신의 주거지에서 부양하는 경우
• 부양의무자가 징집되거나 소집된 경우
• 부양의무자가 해외 이주자에 해당하는 경우
• 부양의무자가 교도소 등에 수용중인 경우
• 부양의무자가 부양을 기피하거나 거부하는 경우
• 그 밖에 부양을 받을 수 없는 것으로 보건복지부장관이 정하는 경우

○ **생계급여의 기본원칙**
• 현금급여의 원칙, 직접급여의 원칙, 정기급여의 원칙, 차등급여의 원칙(보충성의 원칙),
• 주거급여의 원칙, 자활사업 참가조건부 지급(조건부수급자)의 원칙 등

(2) 주거급여
• 주거안정에 필요한 임차료, 수선유지비 등을 지급하는 급여, 국토교통부장관 소관
• 자가 가구는 주택의 노후도에 따라 도배, 난방, 지붕 등 종합적인 수리비를 지원함
• 소득인정액이 주거급여 선정기준 이하인 자(부양의무자 기준의 적용은 폐지)
• 선정기준: 기준중위소득의 100분의 45 이상으로 함(단, 가구원에 따라 차등 지급함)
• 주거급여에 관하여 필요한 사항은 따로 법률(주거급여법)에서 규정함

(3) 의료급여
• 수급자에게 건강한 생활을 유지하는 데 필요한 각종 검사 및 치료 등을 제공하는 급여
• 수급권자는 부양의무자가 없거나 부양의무자가 있어도 부양능력이 없거나 부양받을 수 없는 자로서 그 소득인정액이 '의료급여 선정기준' 이하인 자
• 선정기준: 기준중위소득의 100분의 40 이상으로 함
• 의료급여에 관하여 필요한 사항은 따로 법률(의료급여법)에서 규정함

(4) 교육급여

- 수급자에게 입학금, 수업료, 학용품비 등을 지급하는 급여, 교육부장관 소관
- 수급권자는 부양의무자가 없거나 부양의무자가 있어도 부양능력이 없거나 부양을 받을 수 없는 사람으로서 그 소득인정액이 '교육급여 신정기준' 이하인 자(부양의무자 기준의 적용은 없음)
- 선정기준: 기준중위소득의 100분의 50 이상으로 함

(5) 해산급여

- 생계급여, 주거급여, 의료급여 중 하나 이상의 급여 수급자에게 지급함
- 조산, 분만 전후에 필요한 조치와 보호를 위한 급여를 실시함
- 보장기관이 지정하는 의료기관에 위탁하여 실시할 수 있음

(6) 장제급여

- 생계급여, 주거급여, 의료급여 중 하나 이상의 급여 수급자가 사망한 경우
- 사체의 검안 · 운반 · 화장 또는 매장, 그 밖의 장제 조치 등 급여를 실시함
- 실제로 장제를 실시하는 사람에게 장제에 필요한 비용을 지급함

(7) 자활급여

- 수급자 및 차상위계층 등을 대상으로 자활을 돕기 위하여 실시하는 급여
- 자활에 필요한 금품의 지급 또는 대여, 자활에 필요한 근로능력의 향상 및 기능습득의 지원, 취업알선 등 정보의 제공, 자활을 위한 근로기회의 제공 등
- 자활에 필요한 시설 및 장비의 대여, 창업교육, 기능훈련 등 각종 지원을 함

※ 참고사항

차상위자에 대한 급여는 보장기관이 차상위자의 가구별 생활여건을 고려하여 예산의 범위내에서 주거급여, 의료급여, 교육급여, 장제급여, 자활급여의 전부 또는 일부를 지급할 수 있다.

제3절 기타 저소득층지원 제도

(1) 긴급복지지원제도

생계곤란 등의 위기상황에 처하여 도움이 필요한 사람을 신속하게 지원함으로써 이들이 위기상황에서 벗어나 건강하고 인간다운 생활을 하게 함을 목적으로 함

○ **지원대상(위기상황)**

• 주 소득자가 사망, 가출, 행방불명, 구금시설 수용되는 등의 사유로 소득을 상실한 경우
• 중한 질병 또는 부상을 당한 경우
• 가구구성원으로부터 방임(放任) 또는 유기(遺棄)되거나 학대 등을 당한 경우
• 가정폭력을 당하여 가구구성원과 함께 원만한 가정생활을 하기 곤란하거나 가구구성원으로부터 성폭력을 당한 경우
• 화재, 자연재해 등으로 인하여 거주하는 주택 또는 건물에서 생활하기 곤란하게 된 경우
• 주소득자 또는 부소득자의 휴업 · 폐업 또는 사업장이 화재 등으로 인하여 실질적인 영업이 곤란하게 된 경우
• 주소득자 또는 부소득자의 실직으로 소득을 상실한 경우
• 보건복지부령으로 정한 기준에 따라 지방자치단체의 조례로 정한 사유가 발생한 경우

○ **긴급지원의 종류와 내용**

• 금전 또는 현물(現物) 등의 직접지원
  – 생계지원: 식료품비 · 의복비 등 생계유지에 필요한 비용 또는 현물 지원
  – 의료지원: 각종 검사 및 치료 등 의료서비스 지원
  – 주거지원: 임시거소(臨時居所) 제공 또는 이에 해당하는 비용 지원
  – 사회복지시설 이용 지원: 사회복지사업법에 따른 사회복지시설 입소(入所) 또는 이용서비스 제공이나 이에 필요한 비용 지원
  – 교육지원: 초 · 중등학생의 수업료, 입학금, 학교운영지원비 및 학용품비 등 비용지원
  – 그 밖의 지원: 연료비나 그 밖에 위기상황의 극복에 필요한 비용 또는 현물 지원

• 민간기관 · 단체와의 연계 등의 지원: 대한적십자사, 사회복지공동모금회, 사회복지기관 등 기관 · 단체와의 연계 지원, 상담 · 정보제공, 그 밖의 지원 등

○ 긴급지원의 기간
- 생계지원, 주거지원, 사회복지시설 이용지원, 그 밖의 지원에 따른 긴급지원은 1개월간의 생계유지 등에 필요한 지원으로 함
- 다만, 시장·군수·구청장이 긴급지원대상자의 위기상황이 계속된다고 판단하는 경우에는 1개월씩 2회 범위에서 기간을 연장할 수 있음
- 의료지원은 위기상황의 원인이 되는 질병 또는 부상을 검사·치료하기 위한 범위에서 1회 실시하며, 교육지원도 1회 실시함
- 시장·군수·구청장은 위기상황이 계속되는 경우에는 위 규정에도 불구하고 긴급지원심의위원회의 심의를 거쳐 지원을 일부 연장할 수 있음

○ 사후조사
시장·군수·구청장은 지원을 받았거나 받고 있는 긴급지원대상자에 대하여 소득 또는 재산 등 대통령령으로 정하는 기준에 따라 긴급지원이 적정한지를 조사하여야 함

(2) 근로장려세제(EITC: Earned Income Tax Credit)
○ 근로장려세제의 의의
- 근로장려세제는 1975년 미국에서 처음 실시한 이래 여러 선진국에서 운영하고 있음
- 근로 빈곤층(Working Poor)의 소득이 일정액 이하인 가구에 대해 현금을 지급함으로써 근로의욕을 고취시켜 스스로 빈곤에서 탈출하도록 지원하는 조세환급제도
- 근로동기의 유인, 근로취약계층의 빈곤감소, 경제적 자립지원, 빈곤함정 탈출 등을 유도하기 위해 2009년부터 시행함

○ 근로장려금
- 소득이 적어 생활이 어려운 근로자, 종교인 또는 사업자(전문직 제외)가구에 지급함
- 근로연계형 소득지원 제도로 단독가구, 홑벌이가구, 맞벌이가구로 구분하여 지급함
- 가구단위로 총 소득요건(부부합산), 재산요건을 모두 충족하여야 함

○ 자녀장려금
저소득 가구의 자녀양육 부담을 경감하기 위해 일정한 소득 미만인 경우에 부양자녀(18세 미만)의 수에 따라 차등 지급함

○ 산정방법
• 근로장려금은 부부의 근로소득과 사업소득을 합한 금액(총 급여액)을 감안하여 지급함
• 근로장려금의 계산방법은 점증구간(점증율), 평탄구간(최대지급액), 점감구간(점감율)의 특성에 따라 계산함

○ 신청제외자
• 기준연도 중 대한민국 국적을 보유하지 아니한 자(다만, 대한민국 국적을 가진 자와 혼인 한 자, 대한민국 국적의 부양자녀가 있는 자는 제외)
• 기준연도 중 다른 거주자의 부양자녀로 입양된 자
• 거주자(배우자 포함)가 전문직 사업을 영위하고 있는 자

○ 기타
• 근로장려금의 3단계 모형: 점증(漸增)구간, 평탄(平坦)구간, 점감(漸減)구간
• 소관부처: 기획재정부(국세청에서 업무수행)
• 근거법률: 조세특례제한법

(3) 자산형성지원제도

○ 희망키움통장(Ⅰ)
• 가입대상: 일하는 생계급여, 의료급여 수급가구
• 가입조건: 소득인정액이 기준 중위소득의 40%이하인 수급가구
• 본인저축액: 월 5/10만원(선택)
• 정부지원금: 가구소득에 비례한 일정비율
• 지원조건: 3년 이내 탈 수급조건

○ 희망키움통장(Ⅱ)
• 가입대상: 일하는 주거급여, 교육급여 수급가구 및 차상위가구
• 가입조건: 총 근로(사업)소득이 기준 중위소득 50% 이하인 가구
• 본인저축액: 월 10만원
• 정부지원금: 본인저축액 1 : 1 매칭 지원

• 지원조건: 통장 3년 유지 및 교육이수 조건

○ **내일키움통장**
• 가입대상: 자활근로사업단 참여자
• 가입조건: 최근 자활근로사업단에 1개월 이상 성실 참여자
• 본인저축액: 월 5/10/20만원(선택)
• 정부지원금: 본인저축액 1:1매칭 지원
• 추가지원금: 근로사업단 수익금에 따라 차등 지원함
• 지원조건: 3년이내 일반노동시장 등으로 취업이나 창업 및 교육 이수 조건

(4) 사회경제적 주체

○ **사회적기업**
• 근거규정: 사회적기업육성법
• 조직형태: 민법에 따른 법인 · 조합, 상법」에 따른 회사 · 합자조합, 특별법에 따라 설립된 법인 또는 비영리민간단체 등 대통령령으로 정하는 조직 형태를 갖출 것
• 사회적기업의 개념: 취약계층에게 사회서비스 또는 일자리를 제공하거나 지역사회에 공헌함으로써 지역주민의 삶의 질을 높이는 등의 사회적 목적을 추구하면서 재화 및 서비스의 생산 · 판매 등 영업활동을 하는 기업으로서 고용노동부의 절차에 따라 인증받은 기업

○ **협동조합**
• 근거규정: 협동조합기본법
• 협동조합의 개념: 재화 또는 용역의 구매 · 생산 · 판매 · 제공 등을 협동으로 영위함으로써 조합원의 권익을 향상하고 지역 사회에 공헌하고자 하는 사업조직을 말함
• 설립요건: 협동조합을 설립하려는 경우에는 5인 이상의 조합원 자격을 가진 자가 발기인이 되어 정관을 작성하고 창립총회의 의결을 거친 후 주된 사무소의 소재지를 관할하는 시 · 도지사에게 신고하여야 함
  – 시 · 도지사는 협동조합의 설립신고를 받은 때에는 즉시 기획재정부장관에게 그 사실을 통보하여야 함

- 협동조합은 주된 사무소의 소재지에서 설립등기를 함으로써 성립함

○ **사회적협동조합**
- 근거규정: 협동조합기본법
- 사회적 협동조합의 개념: 협동조합 중 지역주민들의 권익 · 복리 증진과 관련된 사업을 수행하거나 취약계층에게 사회서비스 또는 일자리를 제공하는 등 영리를 목적으로 하지 아니하는 협동조합을 말함
- 설립요건: 사회적협동조합을 설립하고자 하는 때에는 5인 이상의 조합원 자격을 가진 자가 발기인이 되어 정관작성과 창립총회의 의결을 거친 후 기획재정부장관에게 인가를 받아야 함
  - 사회적협동조합은 설립인가를 받은 날부터 60일 이내에 주된 사무소의 소재지에서 설립등기를 하여야 함

○ **마을기업**
- 근거규정: 마을기업육성사업 시행지침(행정안전부)
- 마을기업의 개념: 지역주민이 각종 지역자원을 활용한 수익사업을 통해 공동의 지역문제를 해결하고, 소득 및 일자리를 창출하며 지역공동체의 이익을 효과적으로 실현하기 위해 설립 운영하는 마을단위의 기업을 말함
- 설립요건: 지역주민 5인 이상 출자한 법인(농촌지역: 읍면, 도시지역: 구)
- 신청방법: 기초자치단에 접수 → 광역자치단체 심사 → 행정안전부 지정
- 지원내용: 3년간 최대 1억원을 지원함

上·中·下

01) 빈곤 또는 불평등의 측정에 관한 설명으로 옳지 않은 것은? (17회 기출)

① 로렌츠곡선은 가로축에는 소득이 낮은 인구로부터 가장 높은 순으로 비율을 누적하여 표하고, 세로축에는 각 인구의 소득수준을 누적한 비율을 표시한 후 그 대응점을 나타내는 곡선이다.

② 지니계수가 1에 가까울수록 평등한 상태를 의미한다.

③ 10분위 분배율에서는 수치가 클수록 평등한 상태를 의미한다.

④ 5분위 분배율에서는 수치가 작을수록 평등한 상태를 의미한다.

⑤ 빈곤율은 빈곤인구가 전체 인구에서 차지하는 비율을 말한다.

해설

지니계수는 0~1 사이의 값을 가지는 데, 값이 0에 가까울수록 소득분배가 평등하고, 1에 가까울수록 소득분배가 불평등하다는 것을 의미한다.

〈 정답 ② 〉

上·中·下

02) 우리나라의 근로장려세제에 관한 설명으로 옳지 않은 것은? (18회 기출)

① 근로장려금 신청 접수는 보건복지부에서 담당한다.

② 근로능력이 있는 빈곤층에 대해 근로의욕을 고취한다.

③ 미국의 EITC를 모델로 하였다.

④ 근로장려금은 근로소득 외에 재산보유상태 등을 반영하여 지급한다.

⑤ 근로빈곤층에게 실질적 혜택을 제공하여 빈곤탈출을 지원한다.

해설

① 근로장려금 신청 및 접수는 국세청(세무서)에서 담당한다.

〈 정답 ① 〉

빈곤과 공공부조
다음 문장에서 틀린 것을 모두 고르시오.

◆ 빈곤

① 사회적 배제는 개인과 집단의 다차원적 불이익에 초점을 두고, 다층적 대책을 촉구한다.

② 사회배제는 특정 집단이 경험하는 배제는 정태적 사건이 아니라 동태적 과정으로 본다.

③ 사회적 배제는 소득 결핍 그 자체보다 다양한 배제행위가 발생하는 과정에 초점을 둔다.

④ 사회적 배제는 사회적 관계망으로부터의 단절과 차별 문제를 제기한다.

⑤ 10분위 분배율에서는 수치가 클수록 평등한 상태를 의미한다.

⑥ 5분위 분배율에서는 수치가 작을수록 평등한 상태를 의미한다.

⑦ 빈곤율은 빈곤인구가 전체 인구에서 차지하는 비율을 말한다.

⑧ 사회적 배제의 개념은 열등처우의 원칙으로부터 등장하였다.

⑨ 지니계수가 1에 가까울수록 평등한 상태를 의미한다.

◆ 공공부조

① 국민기초생활보장제도는 보충성의 원칙에 기반하고 있다.

② 급여는 개별가구 단위로 실시하되, 특히 필요하다고 인정하는 경우에는 개인 단위로 실시할 수 있다.

③ 수급권자와 그 친족, 그 밖의 관계인은 관할 시장·군수·구청장에게 수급권자에 대한 급여를 신청할 수 있다.

④ 생계급여는 수급자의 소득인정액 등을 고려하여 차등지급할 수 있다.

⑤ 근로장려세는 근로능력이 있는 빈곤층에 대해 근로의욕을 고취한다.

⑥ 근로장려세제는 미국의 EITC제도를 모델로 하였다.

⑦ 근로장려금은 근로소득 외에 재산보유상태 등을 반영하여 지급한다.

⑧ 근로장려세제는 근로빈곤층에게 실질적 혜택을 제공하여 빈곤탈출을 지원한다.

⑨ 차상위계층이란 소득인정액이 기준중위소득의 100분의 50 이하이면서 국민기초생활보

장제도의 수급자가 아닌 사람이다.

⑩ 생계급여 수급권자의 선정기준은 기준중위소득의 100분의 40 이상으로 한다.

⑪ 주거급여는 보건복지부가 주관한다.

⑫ 교육급여 수급권자의 선정기준은 기준 중위소득의 100분의 30 이상으로 한다.

⑬ 생계급여는 타인의 가정에 위탁하여 실시할 수 없다.

⑭ 북한이탈주민의 보호 및 정착지원에 관한 법률상의 북한이탈주민과 그 가족은 의료급여 2종 수급권자에 속한다.

⑮ 근로장려금의 신청 및 접수는 보건복지부에서 담당한다.

〈 정답 〉
• 빈곤 – ⑧⑨
• 공공부조 – ⑩⑪⑫⑬⑭⑮

제2편
사회복지행정론

제1장 사회복지행정의 이해

제1절 사회복지행정의 개요

1. 사회복지행정의 개념

(1) 사회복지행정의 의의
- 국가의 사회복지정책을 골고루 펼치기 위한 정부·지방자치단체의 공행정(公行政)과 사회복지법인 및 시설 등을 효율적으로 운영하기 위한 사행정(私行政)도 포함
- 사회복지행정의 대상은 협의의 사회복지대상인 빈곤층이나 사회적 약자와 광의의 사회복지대상인 일반국민 전체도 포함

(2) 사회복지행정의 주요 이념
○ **합법성**(legitimacy)
- 사회복지행정은 규정된 법령의 절차에 따라 적법하게 이루어져야 함
- 사회복지행정의 합목적성과 행정가의 재량권 혹은 자율성이 중요하게 다루어짐

○ **효과성**(effectiveness)
- 조직체의 목표 달성도, 서비스가 욕구의 충족 또는 해결에 어느 정도 유효한가의 의미
- 선택된 서비스가 그 목적달성을 위해 어느 정도 적합한가의 관점에서 판단

○ **효율성/ 능률성**(efficiency)
- 최소의 자원으로 최대의 효과를 거둘 것인가의 문제
- 투입(비용, 노력)에 대한 산출(목표달성)의 비율

○ **형평성/공평성**(equity)
- 동일한 욕구를 가진 대상자는 동일한 혜택을 받아야 함
- 서비스를 받는 기회와 내용, 그 비용 등을 모두 포함하여 판단함

○ **접근성/ 편의성**(convenience)
- 대상자가 서비스를 쉽게 이용할 수 있도록 제반 여건을 갖추어야 함
- 물리적인 접근편의성의 요소 외에도 절차나 심리적인 요소도 포함

○ **책임성**(accountability)
- 사회복지조직이 목표를 달성하고자 하는 노력을 의미함
- 사회복지서비스에 대한 사회적 책임과 전체적인 과정상의 정당성을 포괄하는 개념
- 책임성 이행을 위해 조직운영의 정당성과 투명성을 입증해야 함
- 조직인력의 전문성과 대표성, 그리고 외부 환경과의 원활한 소통능력 등도 중요함

○ **대응성**(Response)
조직이 외부집단의 욕구, 선호, 가치 등에 대해 얼마나 민감하게 반응하는가와 관련됨

2. 선별주의와 보편주의

(1) 보편주의
- 전 국민을 사회복지급여의 대상으로 함, 기본적 권리로서 사회복지서비스를 이용함
- <u>장점</u>: 사회적 통합효과의 증대, 낙인감의 해소, 운영효율성이 높음
- <u>단점</u>: 경제적 효율성 및 비용효과성이 낮음, 목표(대상)효율성이 낮음

(2) 선별주의(선택주의)
- 급여대상자들을 사회적 · 신체적 기준 등에 따라 구분하여 복지서비스를 제공함
- 자산조사 실시 등 행정과정의 복잡, 수혜조건에 대한 조사과정이 수반됨
- <u>장점</u>: 자원낭비의 감소, 목표(대상)효율성이 높음, 경제적 효율성이 높음
- <u>단점</u>: 낙인감의 발생, 도덕적 해이 현상 초래, 사회적 효과성과 운영효율성이 낮음

제2절 사회복지행정의 특성 및 과정

1. 사회복지행정의 특성

(1) 사회복지행정의 조직적 특성
- 사회복지조직의 목표는 구체화하기도, 측정하기도, 표준화하기도 어려움
- 사회복지조직의 기술은 사회적 이념에 따르면서 다양하고 동시에 불확실함
- 사회복지조직에는 다양한 전문가들이 조직구성원으로 활동, 서비스를 산출함
- 사회복지조직은 효과적인 서비스를 제공하기 위해 직원의 전문성에 크게 의존함
- 사회복지조직은 지역사회의 인적·물적 자원을 활용하여 욕구를 충족시키는 활동임

(2) 사회복지행정의 관리적 특성
- 사회복지행정은 제도화된 사회적 가치와 이념을 조직의 운영과 관리에 반영함
- 사회복지행정은 인간의 문제에 대해 전체적으로 접근하고 통합성을 추구함
- 클라이언트의 가치에 대해 도덕적 판단을 하며, 사회의 가치변화에 민감하게 반영함
- 클라이언트는 서비스생산의 전 과정에 개입하므로 순응과 협력을 최대한 이끌어내야 함
- 서비스기술도 완전하지 못하여 제공기법의 효과성·효율성 평가에 어려움이 발생함

2. 사회복지행정의 과정 - 귤릭(L. Gulick)과 어윅(Ll. Urwick), POSDCoRBE
- <u>기획</u>(Planning): 조직목표의 달성을 위한 과업과 활동, 업무수행 방법들을 결정
- <u>조직</u>(Organizing): 조직의 공식구조를 통해 과업을 할당하는 과정
- <u>인사</u>(Staffing): 직원의 채용과 훈련과 교육, 전직, 동기부여, 능력발전 등을 포함
- <u>지위감독</u>(Directing): 효과적인 목표달성을 위한 행정책임자의 관리·감독의 과정
- <u>조정</u>(Coordinating): 직원 간 효과적인 의사소통의 망을 만들어 유지 조정함
- <u>보고</u>(Reporting): 직원, 이사회, 지역사회, 후원자 등에게 상황을 알리는 과정
- <u>재정</u>(Budgeting): 예산의 편성과 집행 및 결산, 평가 등과 관련된 일을 수행하는 과정
- <u>평가</u>(Evaluating): 서비스의 효과성 평가와 자원의 투입과 산출에 관련된 효율성 평가

사회복지행정과 일반행정

구분	사회복지행정(시설)	일반 행정(국가, 자치단체)
대상	지역사회 내 인지된 욕구충족 (문제해결)	전체 국민, 지역사회의 일반적 욕구충족 (공공복리)
서비스의 종류	· 손상된 사회적 기능회복 · 사회적, 개인적 자원의 제공 · 사회적 통합기능	· 국가 혹은 지자체 유지업무 · 공공정책 입안 및 집행 · 대민업무 활동
구성 및 활동	· 시설장책임 하에 집행	· 기관장 책임하에 집행
조직 및 범위, 프로그램의 운영	· 법령에 위반하지 않는 한 원칙적으로 자유로운 활동	· 법령에 따라 조직되고, 법적인 제약이 큼
행정가의 책임	· 조직의 내부운영을 지역사회와 연계 책임(정당성, 자원확보 등)	· 전체 혹은 지역주민에 대한 책임 (선거를 통한 신임)
자원활용 선택	· 수시로 끊임없이 선택할 필요성	· 법령의 한도 내에서 활용
재정문제	· 정부보조금, 후원금, 이용료 등	· 정부예산으로 운영
서비스의 성격	· 전문 사회복지사업 적 성격 (노인, 장애인, 청소년 복지 등)	· 전문 관리적 성격(주택, 환경, 건설 등)
행정 참여도	· 사회복지사 등 모든 직원 참여	· 직위, 직급에 따른 참여

上·中·**下**

01) 사회복지행정의 개념에 관한 설명으로 옳지 않은 것은?   (18회 기출)

① 사회복지정책을 개별적이고 구체적인 서비스로 전환시키는 과정이다.

② 사회서비스 활동으로 민간조직을 제외한 공공조직이 수행한다.

③ 관리자가 조직목표를 달성하기 위해서 수행하는 과정, 기능 그리고 활동이다.

④ 사회복지 과업수행을 위해서 인적 · 물적 자원을 체계적으로 결합 · 운영하는 합리적 행동
이다.

⑤ 사회복지제도와 정책을 서비스 급여, 프로그램으로 전환시키기 위한 전달체계이다.

해설

② 사회서비스 활동은 공공조직 뿐만 아니라 사회복지기관이나 시설 및 기타 민간단체에서도 수행한다.

〈 정답 ② 〉

上·**中**·下

02) 사회복지행정의 특성으로 옳지 않은 것은?   (16회 기출)

① 인적 · 물적 자원을 활용하여 조직 목적과 목표를 달성한다.

② 지역사회의 욕구를 충족시키기 위한 활동이다.

③ 사회복지행정가는 대안선택 시 가치중립적이어야 한다.

④ 사회복지조직이 제공하는 서비스는 전문적인 성격을 가지고 있다.

⑤ 사회복지행정가는 조직운영에서 지역사회 협력의 중요성을 인식해야 한다.

해설

• 사회복지행정가는 조직운영에서 사회복지가 추구하는 가치를 구현해야 할 책임이 있다.

〈 정답 ③ 〉

사회복지행정의 이해

다음 문장에서 틀린 것을 모두 고르시오.

◆ **사회복지행정의 개념과 특성 등**

① 사회복지정책을 개별적이고 구체적인 서비스로 전환시키는 과정이다.

② 관리자가 조직목표를 달성하기 위해서 수행하는 과정, 기능 그리고 활동이다.

③ 사회복지과업수행을 위해 인적·물적자원을 체계적으로 결합·운영하는 합리적 행동이다.

④ 사회복지제도와 정책을 급여나 서비스, 프로그램으로 전환시키기 위한 전달체계이다.

⑤ 사회서비스 활동으로 민간조직을 제외한 공공조직이 수행한다.

⑥ 인적·물적 자원을 활용하여 조직 목적과 목표를 달성한다.

⑦ 지역사회의 욕구를 충족시키기 위한 활동이다.

⑧ 사회복지조직이 제공하는 서비스는 전문적인 성격을 가지고 있다.

⑨ 사회복지행정가는 조직운영에서 지역사회 협력의 중요성을 인식해야 한다.

⑩ 사회복지행정가는 대안선택 시 가치중립적이어야 한다.

⑪ 역동적 환경변화에 대응하는 조직관리를 실행해야 한다.

⑫ 대립적인 가치로 인한 갈등을 조정해야 한다.

⑬ 서비스 이용자와 제공자 간 공동생산(co-production)의 가치를 높여야 한다.

⑭ 조직 간 상호연계망을 구축해야 한다.

⑮ 가치중립적인 행정기술을 적용해야 한다.

⑯ 사회사업적 지식, 기술, 가치 등을 의도적으로 적용한다.

⑰ 사회복지정책을 서비스로 전환시키는 과정이다.

⑱ 목표달성을 위한 내부적 조정과 협력과정이다.

⑲ 클라이언트와 조직에 대한 변화를 초래한다.

⑳ 사회복지정책과 사회복지실천보다 상위의 개념이다.

㉑ 사회복지조직은 외부환경에 대한 의존성이 낮다.

㉒ 일선 사회복지사는 클라이언트에게 재량권을 행사할 수 있다.

㉓ 클라이언트가 서비스 생산과정에 참여하여 영향을 미친다.

㉔ 서비스 대상으로서 인간을 가치중립적 존재로 가정한다.

㉕ 사회복지실천에서 조직적 과정의 중요성이 커졌다.

㉖ 사회복지조직이 세분화되면서 조직 간 통합과 조정의 필요성이 커졌다.

㉗ 사회복지조직에 대한 외부의 책임성 이행요구가 증가하였다.

㉘ 한정된 사회복지자원에 대한 효과적 관리의 필요성이 커졌다.

〈 정답 〉
• 사회복지행정의 개념과 특성 등 - ⑤ ⑩ ⑮ ⑳ ㉑ ㉔

제2장 사회복지행정의 역사

제1절 미국의 사회복지행정

(1) 사회복지행정의 출현기(19세기 중반~1920년대 세계대공황 발생 전)

○ 남북전쟁 이후 민간 사회복지기관의 출현, 사회복지행정의 인식

• 남북전쟁(1861~1865)이후 산업화, 도시화, 이민 급증, 빈곤, 실업, 범죄, 공중위생, 아동 유기 등이 발생하면서 대도시의 기업인들은 사회적 불안과 사회주의 혁명의 위험성을 제거하고자 민간 복지사업을 확충함

• 대도시 지역에서 분출된 각종 사회문제들은 사회 불만요인으로 작용하게 되었으며, 이러한 문제들을 해결하기 위하여 민간의 자발적인 노력에 의한 사회서비스 기관들이 탄생함

○ 자선조직협회(COS, Charity Organization Society)의 등장

• 영국에서 시작된 자선조직협회(1869)는 미국 동부 버팔로(1877)에서 처음 조직되었고, 점차 미국 전역으로 확산됨

• 수많은 자선단체들 간의 조정과 협력을 도모하였으며, 민간사회복지의 체계적인 시작이라고 볼 수 있으며, 부유한 지역 기업가들에 의해 주도됨

• 기업경영의 경험을 사회복지기관에 접목시켜 비효율적인 것으로 인식되었던 구빈프로그램 운영의 효율성과 효과성을 제고시키고자 함

○ 기타 사회복지행정의 출현

• 20C초 지역사회공동모금회와 지역사회복지기관 협의회 창설로 행정가들의 역할이 증대됨

• 1914년 사회사업교과과정에 최초로 행정이 등장하고, 1923년 미국 사회사업대학협의회가 채택한 교과과정에 행정이 선택과목으로 포함됨

• 1929년 Milford 회의에서 사회복지행정이 개별사회사업, 집단사회사업, 지역사회복지론 등과 함께 기본적인 실천방법으로 인정됨

(2) 사회복지행정의 발전기(1930~1960년대)

○ 사실상의 인정단계(1930~1950년대)

- 1930년대 초 경제대공황에 따른 대량실업, 빈곤문제로 사회보장법(1935)이 탄생하여 사회보험, 공공부조, 사회복지서비스가 제도화됨
- 연방긴급구호청의 설립(1934), 공공복지행정의 대규모 확대 및 공공복지부문에서 사회복지사에 대한 수요가 증가하였고, 이에 따라 행정에 대한 교육이 확대됨
- 사회보장법의 제정(1935)에 따라 연방과 각 주(州)에서 공적부조가 생겨나면서 공공사회복지서비스 부문에서 공무를 담당할 인력수요가 급증함
- 1950년대 공동모금이 전국적인 범위로 확대되었고, 이후 미국 사회복지공동모금협의회로 발전됨

○ 정체의 단계(1960년대)

- 미국사회복지사협회(NASW)에서 사회복지행정에 대한 보고서가 출간(1960)되었고, 미국 사회복지사협회 산하에 사회복지행정위원회가 설립(1963)됨
- 1960년대 시작된 '빈곤과의 전쟁'에서 사회복지기관들이 빈곤과 사회문제를 적절히 해결하는 역할을 수행하지 못한 것에 대한 국민들의 불신과 비판을 받음
- 사회문제의 해결을 위해 사회복지조직들의 활동에 기대를 가졌다가 그러한 기대가 좌절된 사람들은 지역사회조직사업을 사회복지행정에 대한 대안으로 생각하였으며, 실제로 지역사회 조직사업은 행정에 대한 훌륭한 대안으로 나타나게 됨

(3) 사회복지행정의 성숙기(1970년대)

- 베트남전쟁, 사회복지비 지출의 증가, 인플레이션과 경제성장의 둔화(오일쇼크)등의 요인이 복합적으로 작용하여 사회복지프로그램의 재정적 부담이 어렵게 되었음
- 사회복지사업법(1970)이 제정되어 공공복지행정을 통해 민간 사회복지기관에 대한 지원과 감독을 할 수 있는 근거를 마련하였음
- 새로운 관리기법(PPBS, 비용편익분석, PERT)들이 사회복지행정에 도입되어 행정은 사회복지서비스의 계획, 유지, 관리, 평가의 주된 기술로서 전문사회사업의 고유한 방법으로 발전되었음(정부가 요구하는 패턴을 맞추기 위한 결과)

(4) 사회복지행정의 도전과 응전기(1980년대~ 현재)

- 레이건 행정부에 의해 연방정부의 사회복지부문의 역할 축소와 민영화가 추진되었으며, 민간의 사회복지행정에의 참여증대로 인해 복합적 복지조직이 등장하게 되었음
- 1990년대 이후 재정관리와 마케팅이 점차 강조되었고, 사회복지조직들의 합병과 연합 등 새로운 경영기법과 가치관이 사회복지분야에 확대 적용되는 추세임
- 민간과 공공의 엄격한 조직적 구분이 없어졌으며, 계약이나 서비스의 구입 등 방법을 통한 민간부문의 직접 서비스전달에서의 역할이 증대되었음

제2절 한국의 사회복지행정

(1) 사회복지활동의 태동기(1945년 이전)
- 인보관 성격의 반열방이 미국 감리교 선교사에 의해 원산에서 설립됨(1906)
- 태화여자관(태화종합사회복지관의 전신)의 설립(1921)
- 조선구호령이 제정(1944)되었으나 실질적인 급여는 형식적인 수준에 그침

(2) 사회복지행정의 기반 형성기(1946~ 1970년대)
○ 사회복지행정의 출발(1946년 이후 ~ 정부수립 이전)
- 미 군정청 설립과 함께 위생국이 설치되고, 곧이어 보건후생국으로 확대 개편됨
- 1946년 후생국보 3A호, 3C호 등 긴급구호에 관한 규정을 발표함

○ 외원기관의 활동 및 철수(정부수립 이후~1970년대)
- 6.25전쟁을 거치면서 전쟁고아, 월남피난민, 부랑인 등을 위한 긴급구호와 수용시설에 의한 보호사업이 활발히 전개되었는데, 주로 외국원조기관들의 지원을 받아 전개하였음
- 1970년대에는 외원기관의 원조 감소와 함께 철수하는 시기로 민간 사회복지시설에서는 운영에 필요한 재원이 부족하였으나 별다른 대책을 마련하지는 못하였음
- 생활보호법 제정(1961): 5.16 군사정부는 경제개발과 절대빈곤의 탈피에 주력함
- 사회복지사업법 제정(1970): 공공복지행정을 통해 민간 사회복지기관에 대한 지원과 지도 감독을 할 수 있는 근거를 마련함

(3) 사회복지행정의 발전기(1980~1990년대)

○ 1980**년대의 특징**

1980년대 이후는 산업화의 급속한 진전과 경제발전 위주의 국가정책추진의 결과 다양한 사회문제가 나타나기 시작하였음

- 사회복지사윤리강령(1982)채택: 전문직으로서의 사회복지사의 기본요소를 갖추고, 전문가의 책임과 역할을 크게 인식하기 시작하였음
- 사회복지전문요원제도(7급 별정직) 시행(1987): 공공부조업무를 담당하면서 공공복지행정의 체계가 마련되었음

○ 1990**년대의 특징**

- 1990년대 전반기에 일어난 중대한 정치질서의 변화였던 지방자치제도의 전면적 실시는 공공과 민간부문에 있어서 사회복지서비스 전달체계가 정비되는 계기가 되었음
- IMF 체제하에서는 산업화이후 경험하지 못한 경제위기와 대량실업, 빈곤의 문제에 직면하여 각종 사회복지대책이 강구되면서 사회복지행정의 역할이 절실히 요구되었음
- 민간 사회복지부분에서는 사회복지조직의 급증과 더불어 사회복지사업법이 개정(1997)되어 시·도 사회복지협의회의 독립법인화가 이루어졌음
- 사회복지공동모금법(1998)에 의한 공동모금제도의 도입이 이루어져 민간 사회복지조직과 재정의 자율성이 강화되는 방향으로 발전하였음
- 국민기초생활보장법이 제정(1999.9.7)되면서 제도의 시행을 위해 1,200명의 사회복지전문요원이 새로 채용되었고, 꾸준히 공공사회복지행정의 범위가 확대되었음

○ 1990**년대의 주요 변화**

- 사회복지의 민영화, 지방자치제의 전면적 실시
- 사회복지시설의 신고제 및 평가제 시행
- 사회복지시설 및 기관의 경쟁 심화

(4) 사회복지행정의 확립기(2000~현재)

- 국민기초생활보장법의 시행(2000년 10월 1일부터)
- 2003년 7월 사회복지사업법의 개정을 통해 지역사회복지계획을 수립토록 함
- 2005년 8월부터 시·군·구에 지역사회복지협의체 운영, 지역사회복지사업에 관한 중요 사항과 지역사회복지계획을 심의하게 함

- 2005년부터는 지방재정운영의 자율성을 높이기 위해 국고보조금이 분권교부세로 전환되었으며, 사회복지관운영은 지방자치단체의 일반재정에 의해 운영하게 되었음
- 2007년에 기초노령연금법과 노인장기요양보험법이 제정되었고, 전문적인 서비스의 제공을 위하여 요양보호사 자격제도가 신설되었음
- 2007년부터 장애인활동보조, 노인돌봄종합서비스, 지역사회서비스 투자사업을 시작으로 사회서비스 이용권(바우처)사업을 본격적으로 도입하기 시작하였음
- 2010년 1월부터 복지통합정보시스템으로 "사회복지통합관리망(행복e음)"이 개통되었음
- 2012년 5월부터 시·군·구에 "희망복지지원단"이 설치·운영되었으며, 지역별 통합사례관리가 활발하게 전개되었음
- 2013년 2월부터 정부 전 부처 복지사업정보를 연계하여 개인별, 가구별 복지서비스의 이력관리, 중복 또는 부정수급방지, 중앙부처 복지사업의 정보제공, 복지사업의 업무처리지원 등을 위한 "사회보장정보시스템"이 완전 개통되었음
- 2015년 7월부터 국민기초생활보장법 개정(2014)으로 맞춤형 기초생활보장제도가 시행되었음
- 2016년부터 읍·면·동 복지허브화사업을 시작하였고, 읍·면·동 주민센터의 복지기능 강화를 추진하면서 명칭도 "행정복지센터"로 변경하였음
- 2018년부터는 전국 읍·면·동에 맞춤형 복지팀을 신설하여 통합서비스를 비롯한 복지허브화를 전면적으로 실시하고 있음

────────────────── 〈 TEST 〉 ──────────────────

上·中·**下**

01) 1950년대 우리나라 사회복지행정 역사에 관한 설명으로 옳지 않은 것은?   (18회 기출)

① 외국민간원조기관협의회(KAVA, Korea Association of Voluntary Agencies)는 구호물자의 배분을 중심으로 사회복지행정 활동을 하였다.

② KAVA는 구호 활동과 관련된 조직관리 기술을 도입했다.

③ 사회복지기관들은 수용·보호에 바탕을 둔 행정관리 기술을 사용하였다.

④ KAVA는 서비스 중복, 누락, 서비스 제공자 간의 협력체계 구축에 초점을 두었다.

⑤ KAVA는 지역사회 조직화나 공동체 형성을 위한 조직관리 기술을 적극적으로 활용하였다.

해설

⑤ KAVA는 6.25전쟁이후 전쟁피해자인 고아, 미망인, 무의탁 노인, 빈민 등에 대한 긴급구호에 집중하였기 때문에 지역사회 조직화나 공동체 형성을 위한 조직관리 기술을 적극적으로 활용하지는 못했다.
〈 정답 ⑤ 〉

上·**中**·下

02) 우리나라 사회복지행정의 변화에 관한 설명으로 옳지 않은 것은?   (17회 기출)

① 1987년부터 사회복지전문요원이 배치되기 시작하였다.

② 1995년 분권교부세를 도입, 재정분권이 본격화되었다.

③ 1997년 사회복지시설의 설치가 허가제에서 신고제로 변경되었다.

④ 2000년대 사회서비스이용권(바우처)사업이 등장하였다.

⑤ 2000년대 중반 이후 지역사회복지계획이 수립되었다.

해설

② 2005년부터는 지방재정운영의 자율성을 높이기 위해 지역분권 재정정책에 의하여 국고보조금이 분권교부세로 전환되었으며, 사회복지관은 지방자치단체의 일반재정에 의해 운영하게 되었다.
〈 정답 ② 〉

———————— 〈 기출 등 주요 Key Word 〉 ————————

사회복지행정의 역사
다음 문장에서 틀린 것을 모두 고르시오.

◆ 미국 사회복지행정의 역사
① 사회복지행정 교육의 필요성이 주장되었다.
② 자선조직협회(COS)가 조직되었다.
③ 공공기관과 민간기관의 기능이 점차 구분되었다.
④ 지역사회정신건강센터(Community Mental Health Center)가 크게 늘었다.
⑤ 사회복지분야에서 민영화가 시작되었다.

◆ 한국 사회복지행정의 역사
① 외국민간원조기관협의회(KAVA)는 구호물자 배분을 중심으로 사회복지행정 활동을 수행하였다.
② KAVA는 구호 활동과 관련된 조직관리 기술을 도입했다.
③ 사회복지기관들은 수용 · 보호에 바탕을 둔 행정관리 기술을 사용하였다.
④ KAVA는 서비스 중복, 누락, 서비스 제공자 간의 협력체계 구축에 초점을 두었다.
⑤ KAVA는 지역사회 조직화나 공동체 형성을 위한 조직관리 기술을 적극적으로 활용하였다.
⑥ 1987년부터 사회복지전문요원이 배치되기 시작하였다.
⑦ 1997년 사회복지시설의 설치가 허가제에서 신고제로 변경되었다.
⑧ 2000년대 사회서비스이용권(바우처)사업이 등장하였다.
⑨ 2000년대 중반 이후 지역사회복지계획이 수립되었다.
⑩ 1995년 분권교부세를 도입, 재정분권이 본격화되었다.
⑪ 복지시설평가제 도입은 자원의 효율적 운영에 대한 관심을 확대시키는 계기가 되었다.
⑫ '읍 · 면 · 동 허브화' 전략은 맞춤형 통합서비스를 제공하기 위한 민관협력을 기반으로 한다.

⑬ 희망복지지원단은 공공영역에서의 사례관리 기능을 담당한다.

⑭ 국민기초생활보장제도는 복지가 국민의 권리로서 인정받기 시작했다는 의미를 갖는다.

⑮ 사회복지 전담공무원이 공공부문의 복지행정 업무를 맡기 시작하였다.

⑯ 사회복지시설의 설치가 허가제에서 신고제로 변경되었다.

⑰ 사회복지시설에 대한 평가제도가 법제화되었다.

⑱ 1970년대는 외원기관의 원조가 감소하면서 민간사회복지시설은 시설운영에 필요한 자원이 부족하였다.

⑲ 1980년대는 사회복지전담공무원제도가 도입되면서, 공적전달체계 내에 사회복지독립조직이 설치되었다.

⑳ 2000년대는 시·군·구에 배치된 사회복지통합서비스 전문요원의 사례관리 역할이 강조되었다.

〈 정답 〉
• 미국 사회복지행정의 역사 – ③
• 한국 사회복지행정의 역사 – ⑤⑩⑲

제3장 사회복지조직의 이론

제1절 폐쇄체계이론

1. 고전적 이론

(1) 과학적 관리론(F. W. Taylor)
- 테일러(Taylor)가 창안, 능률의 극대화에 초점을 두었으므로 조직의 최고 목표는 효과성과 효율성에 있음
- 작업의 효과성과 효율성을 향상시키기 위하여 노동의 분업, 작업형태 및 시간의 효율적인 사용을 강조함
- 개인이 1일 작업량을 감당할 수 있도록 필요한 모든 조건(작업형태 및 소요시간)을 표준화하여 분업을 확립하며 과업의 성과와 임금을 관련시킴
- 행정의 전문성을 강조하며, 과학화, 객관화, 분업화를 통한 행정의 능률성을 중시함
- 권한, 책임의 범위, 분담을 위한 계층제 등 공식적인 구조 및 조직 강조, 상의하달형 의사전달에 따른 경직성을 초래함
- 외부적 환경변수의 무시, 비공식적 요인을 고려하지 않는 폐쇄적 조직이론

> ※ 과학적 관리론의 관리원칙: 과학적 과업관리, 차별 성과급제, 직원의 과학적 선발, 분업 및 협동 등이 있다.

(2) 관료제이론(Max Weber)
- 기술적 지식을 바탕으로 하고, 최대한의 효율성을 목적으로 한 조직체계
- 전반적인 조직의 구조와 과정을 조정하기 위해 설정된 합리적 규칙에 기초한 통제체제
- 지배의 유형: 전통적 지배, 카리스마적 지배, 합법적 · 합리적 지배
- 근대관료제는 합법적 · 합리적 지배라는 이념형에 입각한 전형적인 형태라고 봄
- 근대관료제의 특징: 수직적 권위구조, 규칙과 규정, 분업과 전문화, 능률 강조, 사적 감정의 배제, 경력 지향성 등

- 관료제의 병리현상: 동조과잉과 수단의 목표화, 형식(문서)주의, 인간성의 상실, 전문화로 인한 무능, 무사안일주의 등

2. 인간관계 이론

(1) 메이요(E, Mayor)의 인간관계이론
- 메이요 교수 등이 서부전기회사 호손공장의 실험적 연구를 계기로 정립한 조직이론
- 조직의 목표달성에는 사회적 요인인 직원 사이의 인간관계가 중요한 요인임을 인식함
- 근로자의 작업능률은 물리적인 환경조건에 좌우되는 것이 아니라 집단내의 동료나 상사와의 인간관계에 의해 크게 좌우됨
- 집단 내 인간관계는 비합리적 · 정서적 요소에 따라 이루어지므로 근로자 개인으로서가 아니라 집단의 일원으로서 행동함
- 조직에는 친밀감을 느끼는 사람들이 만나는 비공식적인 집단이 별도로 있으며, 이 비공식적 집단이 개인의 태도와 생산성에 강한 영향을 미침
- 근로자는 경제적인 욕구나 동기에 의한 합리적 행동보다는 비경제적인 요인인 사회 · 심리적인 욕구나 동기에 입각한 행동을 중시함

(2) 맥그리거(D. McGregor)의 X 이론과 Y 이론
- 이론의 특징
  - 1920년대 과학적 관리론과 고전적 조직이론에서 강조함
  - 인간은 본래 일하는 것을 싫어하며, 가능하면 일을 하지 않으려고 함
  - 조직의 목표를 성취하기위해서는 통제와 지시는 필수적임
- Y이론의 특징
  - 1930년대 인간관계론, 신고전적 조직이론에서 중시함
  - 사람은 본래 일하기를 좋아하며 오락이나 휴식과 마찬가지로 자연스러운 것
  - 조직의 목표가 주어지면 스스로 자기통제와 자기지시를 할 수 있음
  - 자기만족, 자아실현 등 고급욕구의 충족에 의하여 일할 동기를 얻음

(3) 룬트슈테트(S. Lundstedt)의 Z 이론

- 맥그리그의 X · Y이론의 결함을 보완하기 위해 제시한 이론
- 과학자, 연구자와 같은 특수분야에 종사하는 사람들에 대한 관리이론
- 자율적으로 업무를 수행하고 성과를 도출하는 사람들이므로 통제하거나 지시적인 관리방법은 지양해야 한다고 봄

베버의 관료제와 후기관료제 조직

고전적 관료제	후기 관료제 조직
– 계층제 – 고정적 권위와 공식적 판단 – 비개인성(공사의 분리) – 전문화, 영속성, 비밀주의 – 조직내부만 중시	– flat 조직(구조화된 비계층제) – 상황에 적응하는 변증법적 조직 – 팀 중심의 문제해결, 집단적 의사결정 – 일시적 편재, 직업의 이동성 – 권위의 유동성, 개방적 의사전달 – 고객과의 협동적 관계중시

과학적 관리론과 인간관계이론

차이점		공통점
과학적 관리론	인간관계론	
직무중심	인간중심	· 외부환경의 무시 · 생산, 능률성이 궁극목적 · 관리층을 위한 연구 · 욕구의 단일성 강조 · 조직목표와 개인목표의 양립 및 조화가능성 인정
공식적 구조관	비공식적 구조관	
합리적 · 경제적 인간관	사회적 인간관	
기계적 능률 중시	사회적 능률 중시	
1930년대 이전부터 강조	1930년대 이후 강조	

제2절 개방체계이론

(1) 구조주의이론

- 과학적 관리론, 관료제이론 등 고전이론과 인간관계이론의 통합을 지향한 이론으로서 에치오니(A. Etzioni)가 주창함
- 조직과 환경간의 상호작용을 강조, 인간관계이론에 대한 비판에서 발생하였음
- 조직에서의 갈등은 불가피하다고 보며, 갈등을 순기능적인 것으로 인식함
- 조직에 대한 환경의 영향을 강조, 환경적 특성은 조직의 생존을 위해 중요한 부분임

(2) 체계이론(System theory)

- 고전이론, 인간관계이론, 구조주의이론 등 세 이론이 하나로 통합될 수 있다는 가정에 기초를 두고 있음
- 체계란 상호작용하는 부분들로 구성된 전체, 즉 '부분들 간에 관계를 맺고 있는 일련의 단위들'로 정의함
- 조직을 다양한 기능을 수행하는 많은 하위체계로 구성된 복합체로 구성되어 있다고 봄
- 하위체계 유형: 생산하위체계, 유지하위체계, 경계하위체계, 적응하위체계, 관리하위체계
  - 관리하위체계가 다른 4개의 하위체계들을 조정하는 기능을 수행한다고 봄

(3) 조직환경이론

○ 상황이론(Contingency theory)

- 조직의 환경적 요인을 강조하며 고도의 불확실성하에서 최선의 관리방법이란 있을 수 없고, 효과적인 방법만이 있을 뿐이라는 점을 강조함
- 조직이 환경에 적합해야 효과적이기 때문에 '상황적합이론'이라고 부르기도 하며, 상황이란 조직을 둘러싼 내·외적인 환경을 의미함
- 조직과 환경·기술·조직규모와의 관계를 중요시하며, 이러한 환경·기술·조직규모 등의 상황요인과 조직특성의 적합이 조직의 성과를 결정한다고 봄
- 중범위이론을 지향하며 원인보다는 결과를 중시하고, 조직 내 개인이나 집단이 아닌 조직 그 자체를 분석단위로 함

○ 조직군생태이론(Population ecology theory)

- 조직을 개방체계로 보아 환경과의 상호작용을 전제로 하고 있지만, 조직의 생존을 결정하는 것은 결국 환경이라는 결정론적인 입장
- 환경에 적응적인 조직은 다른 조직에 비해 강점을 보유하여 살아남을 수 있다고 봄
- 분석단위가 개별조직이 아닌 조직군(組織群)이라는 개념을 도입함으로써 조직의 거시적 분석에 기여함

○ 정치경제이론(Political economy theory)

- 조직과 환경과의 상호작용을 중시하며, 그러한 상호작용이 조직의 내부 역학관계에 미치는 영향을 강조한 이론

- 조직의 생존과 발전에는 2가지 기본적인 자원 즉, 정치적 자원(합법성, 권력 등)과 경제적 자원(물적 자원, 클라이언트, 인력 등)이 필수적이라고 봄

> ※ **자원의존이론(Resource dependence theory)**
> - 조직은 과업수행에 필요한 자원을 조직 내부적으로 마련할 수 없으므로 결국 환경에 의존할 수밖에 없다.
> - 조직은 환경에 의존하면서도 환경에 적응하고 조직에 유리하도록 능동적으로 관리하려 하기 때문에 이러한 특징으로 인해 정치경제이론에서 파생된 이론으로 보기도 한다.

(4) 제도이론(Institution theory)
- 개방체계적 관점에서 조직에 대한 환경의 영향력을 강조하는 이론
- 조직의 규범과 조직을 둘러싼 사회적·제도적 환경이 조직의 특성과 형태를 좌우한다는 점을 강조함
- 사회복지조직 등 휴먼서비스 조직들은 기술적 특성보다는 제도적·도덕적 규범이나 이념에 의해 그 존립의 정당성을 확보함

> ※ **폐쇄체계이론**
> 조직과 환경과의 관계는 고려하지 않고 조직내부만 연구대상이며, 개인의 목표와 조직의 목표가 일치할 수 있다고 전제한다.
> - 고전모형: 과학적관리론, 관료제모형, 공공행정이론
> - 인간관계모형: 인간관계론, X·Y이론, Z이론
>
> ※ **개방체계이론**
> 조직의 외부환경이나 조직들간 상호작용에 보다 많은 관심을 둔다.
> - 구조주의이론, 상황이론, 체계(체제)이론
> - 조직환경이론: 조직군생태이론, 정치경제이론, 제도이론
> - 최근의 조직이론: 목표관리(MBO), 총체적품질관리(TQM), 학습조직이론 등
>   단, 목표관리(MBO)는 폐쇄체계에 해당한다고 볼 수 있음

제3절 현대 조직이론

(1) 목표관리이론(MBO: Management by Objectives)

- 드러커(Drucker)에 의해 소개(1954)된 이론으로 총체적 관리체계
- 참여과정을 통해 조직단위와 구성원들이 실천해야 할 생산활동의 단기적 목표를 명확하게 체계적으로 설정
- 단기목표에 따라 생산활동을 수행하도록 하며, 활동의 결과를 평가하고 피드백(환류)시키는 관리체계
- 명확한 목표의 설정과 책임한계의 규정, 참여와 상하협조, 피드백의 개선을 통한 관리계획의 개선, 조직구성원의 동기유발, 업적평가 등을 통한 조직의 효율성을 증진시키려는 관리체계

(2) 총체적 품질관리(TQM: Total Quality Management)

- 일본기업의 품질보증 절차에 착안하여 1980년대 초반 미국기업에서 적용하기 시작한 조직관리 기법
- 조직이 산출하는 서비스의 질을 향상시켜 궁극적으로 소비자의 만족을 추구하기 위한 효과적인 방법을 통합적으로 운영하는 조직관리 기법
- 소비자가 만족할 수 있는 고품질과 경쟁력을 확보하기 위한 전 종업원의 총체적인 노력
- 조직을 지속적으로 개선하는 시스템을 구축하는 원리, 고객만족을 우선적 가치로 하는 경영 철학. 자원의 효율적 이용과 서비스의 질을 강조
- 모든 업무를 개선하기 위하여 통계자료를 활용, 조직의 문제점을 발견하고 시정함에 있어 지속적인 학습과정을 중요시함
- 서비스의 생산과정과 절차의 지속적인 개선을 강조, 기존의 경영방법 및 기술적인 방법들을 개선하고 통합 운영, 구성원의 참여와 활성화 전략을 중요시함

(3) 학습조직(LO: Learning Organization)

- 조직구성원들이 지속적으로 역량을 확대시키고 학습방법을 공유하며 배우는 조직형태
- 조직 학습행위의 일상화·습관화로 환경변화에 신속히 적응할 수 있는 조직형태
- 학습조직의 도입방안: 고객으로부터 지속적으로 학습, 우수경쟁사의 업무기술이나 과정을 벤치마킹하여 학습

(4) 애드호크러시(Adhocracy)

- 앨빈 토플러의 저서인 '미래의 충격'에서 등장하는 말로서 유기적·기능적·임시적·조직이라는 뜻을 가지고 있음
- 조직은 문제해결을 위한 다양한 전문적 지식이나 기술을 가진 이질적인 집단으로 조직의 변화가 심하고 적응력이 강한 임시적인 조직체계
- 각 분야의 전문가들로 구성되어 있어 사회 환경의 변화에도 적응력이 강함
- 조직구성원의 지위가 수평적으로 구성되어 있어 자율성과 창의력을 발휘하기 쉬움

(5) 벤치마킹(Benchmarking)

- 1970년대 후반 복사기 제조회사인 제록스가 경쟁사들을 분석하면서 도입된 개념
- 지속적인 경쟁우위를 확보하기 위하여 최고의 기업과 비교하여 창조적 모방을 통해 혁신을 찾는 관리 기법
- 사회복지조직도 다른 기관의 우수한 프로그램들을 창조적 모방을 통해 지역실정에 맞는 특화된 전문프로그램으로 재창조해야 될 것임

(6) 다운사이징(Downsizing)

- 해고와 합병 등을 통해 조직을 축소시키는 방법을 의미함
- 단기적인 비용절감 차원이 아닌 장기적인 차원에서 이루어지는 경영전략임

(7) 리엔지니어링(Re-engineering)

- 마이클 헤머(M. Hammer)가 제창한 기업 체질 및 구조의 근본적인 변혁을 지칭함
- 기업전략에 맞춰 조직구조와 업무방법을 혁신시키는 재설계 방법임
- 기업의 생산성 향상을 위한 조직관리기법의 하나로 인원축소, 권한이양, 직원의 재교육, 조직의 재편 등이 포함됨

(8) 리스트럭처링(Restructuring)

- 기존의 사업구조나 조직구조의 효율성을 기하기 위해 구조조정을 함
- 주력 사업외 수익성이 낮은 사업은 철수하고 중복사업은 통합을 통해 개혁을 함
- 지역특화프로그램의 개발 및 집중화도 일종의 리스트럭처링 사례라 할 수 있음

※ 위험관리(Risk Management)

- 위험상황을 확인, 분석, 평가하여 사고가 발생하지 않도록 최적의 위험예방 대책을 수립하는 것이다.
- 사고가 발생했을 때 피해가 최소화되도록 안전 매뉴얼에 따른 확실한 대처와 사고이 후 수습대책을 수립하는 것이다.
- 작업환경의 안전과 사고 예방, 서비스의 질 향상, 이용자의 선택과 결정의 중시, 이용 자 만족의 추구, 이용자의 권리옹호, 조직의 유지발전, 전문성의 확보 등이 중요하다.

上·中·下

01) 사회복지조직에서 활용되고 있는 관료제의 역기능으로 옳지 않은 것은?　　　(18회 기출)

① 조직 운영규정 자체가 목적으로 인식될 수 있다.

② 조직변화가 어렵다.

③ 부서이기주의가 나타날 수 있다.

④ 서비스가 최저수준에 머무를 수 있다.

⑤ 조직의 복잡한 규칙을 적용하면서 창조성이 향상된다.

해설

⑤ 조직의 복잡한 규칙을 적용하므로 창조성이 저해된다.

〈 정답 ⑤ 〉

上·中·下

02) 총체적 품질관리(TQM) 원칙에 관한 설명으로 옳은 것은?　　　(18회 기출)

① 조직구성원들의 집단적 노력을 강조한다.

② 현상 유지가 조직의 중요한 관점이다.

③ 의사결정은 전문가의 직관을 기반으로 한다.

④ 구성원들과 각 부서는 경쟁체제를 형성한다.

⑤ 품질결정은 전문가가 주도한다.

해설

② 조직의 중요한 관점은 장기적인 성장을 추구한다.

③ 의사결정과정은 조직 구성원의 적극적인 참여를 기반으로 한다.

④ 구성원들과 각 부서는 팀워크를 형성하여 조직의 변화를 추구하는 것이 중요하다.

⑤ 품질의 최종적인 결정은 고객 즉 클라이언트한다.

〈 정답 ① 〉

사회복지행정의 이론
다음 문장에서 틀린 것을 모두 고르시오.

◆ **폐쇄체계이론**

① 관료제는 조직운영에서 구성원 개인의 사적 감정은 배제된다.

② 관료제는 조직 내 권위는 수평적으로 구조화 된다.

③ 과학적 관리론은 생산의 극대화를 실현하기 위한 이론이다.

④ 과학적 관리론은 인간의 정서적인 측면과 사회적 관계를 중시한다.

⑤ 과학적 관리론은 효율성과 생산의 극대화를 실현하기 위한 이론이다.

⑥ 과학적 관리론은 정부의 법과 정책, 여론이 조직의 구조와 속성에 영향을 준다.

⑦ 과학적 관리론의 조직목적은 상하의 일치성에 기반을 두고 있다.

⑧ 인간관계론의 조직관리는 조직이 처한 상황에 의해서 결정된다.

⑨ 인간관계이론은 비공식적 조직에 대한 이해를 증진시켰다.

⑩ 인간관계이론은 인간의 심리사회적 욕구를 중시하는 이론이다.

⑪ X이론과 Y이론은 동일한 가정에 기초하고 있다.

◆ **개방체계이론**

① 정치경제이론은 이해집단의 중요성에 대한 인식을 증진시켰다.

② 정치경제이론은 자원을 소유하고 있는 이해관계집단이 조직에 영향력을 발휘한다.

③ 정치경제이론은 조직 환경에서 재원을 둘러싼 권력관계를 부각시킨다.

④ 정치경제이론 외부환경에 의존하는 사회복지조직의 현실을 설명할 수 있다.

⑤ 체계이론은 주체들 간의 상호의존성에 대한 이해를 증진시켰다.

⑥ 자원의존이론에 의하면 조직은 내부적으로 자원을 창출할 수 있다고 본다.

⑦ 조직군 생태이론은 개별 조직을 분석대상으로 삼고 있다.

⑧ 유지하위체계는 주요 목적은 개인의 욕구를 통합하고 조직의 영속성을 확보하는 것이다.

◆ 현대 조직이론

① TQM은 고객중심 관리를 강조하며, 지속적인 서비스 품질향상을 강조한다.

② TQM의 품질 향상은 모든 조직 구성원들의 헌신을 필요로 한다.

③ TQM은 구성원의 참여 활성화 전략을 중요시한다.

④ TQM은 조직의 문제점을 발견하고 시정함에 있어 지속적인 학습과정을 강조한다.

⑤ TQM은 초기 과정에서는 조직리더의 주도성이 중요하다.

⑥ TQM은 고객만족을 우선적 가치로 하며 서비스 질을 강조한다.

⑦ TQM은 투입과 산출에 관한 전반적인 과정을 포함한다.

⑧ TQM은 위계적 직무수행의 절차와 방법을 엄격히 규정한다.

⑨ TQM은 전체 조직 구성원의 사명감이 투철해야 한다.

⑩ TQM은 사회복지조직의 생존과 소멸 현상을 설명한다.

〈 정답 〉
• 폐쇄체계이론 – ②④⑥⑧⑪
• 개방체계이론 – ⑥⑦
• 현대 조직이론 – ⑧⑩

제4장 사회복지조직의 구조

제1절 조직구조의 이해

1. 조직화의 원리

(1) 계층제의 원리
- 조직구성원간 권한과 책임을 배분하고 명령·지휘·복종의 관계를 명시하고 있음
- 순기능: 의사소통의 경로(권한위임, 승진 등)를 통한 업무수행의 능률성 확보 등
- 역기능: 계층제의 심화·확대는 조직의 경직성 초래, 신중한 문제의 해결 곤란 등

(2) 명령통일의 원리
- 조직의 구성원은 한 사람의 직속상관으로부터만 명령을 받아야 함
- 순기능: 의사전달의 혼란을 방지하고 책임소재를 분명히 할 수 있음
- 역기능: 한 사람의 상관을 통해서 명령·감독을 하는 경우 업무의 효율이 저하되고 전문성의 발휘를 저해할 우려가 있음

(3) 통솔범위의 원리
- 상관이나 감독자가 통솔할 수 있는 대상자나 조직단위가 한정되어야 함
- 한 사람의 상급자가 통솔하는 하급자의 수가 <u>적으면</u> 신속·정확하게 통솔할 수 있음
- 한 사람의 상급자가 통솔하는 하급자의 수가 <u>많으면</u> 통솔의 효과성은 떨어질 수 있음

(4) 분업·전문성의 원리
- 조직의 단위는 분업과 전문성에 따라 나누어져야 함
- 순기능: 보다 능률적으로 행동할 수 있으므로 신속하게 업무를 처리할 수 있음
- 역기능: 개인의 업무수행에 대한 흥미상실 초래, 조직내 단위 간의 조정을 어렵게 하고 더 많은 비용을 들게 할 수도 있음

(5) 통합조정의 원리

- 전문화되거나 분업화된 조직단위의 업무가 조직의 목표달성이라는 관점에서 일관성이 유지되어야 함
- 전문화·영역별 분파주의 발생은 조직의 목표달성에 심각한 장애요인이 될 수 있음

(6) 책임의 원리

- 권한의 행사에는 반드시 그에 상응하는 책임이 수반되어야 함
- 조직 내 상급자에게 권한이 부여되지만 그와 동시에 권한에 따르는 책임도 수반됨

(7) 부문화의 원리

- 업무분화에 의해 부서와 직무의 증가로 업무의 효율성이 저해되고 갈등도 증가되므로 조직의 효율성을 위해 목적이나 기능에 따라 조직을 개편하는 방법임
- 부문화의 기준: 수(數)기준, 시간기준, 기능기준, 지리적 기준, 서비스기준, 고객기준, 서비스접근통로 기준 등

2. 사회복지조직의 특성

(1) 사회복지의 대상(클라이언트)

- 인간을 대상으로 하며 인간의 가치와 도덕성을 중시하고 전체적 접근 방식에 의한 개별화된 클라이언트의 욕구를 구현할 수 있어야 함
- 클라이언트는 투입과 동시에 산출이며, 사회복지서비스 기술이 사회적 가치에 제약을 받게 되므로 도덕적으로 정당화될 수 있어야 함

(2) 목표의 모호성

정부, 민간후원자, 서비스이용자와 가족, 전문가 등 이해관계자 사이의 타협으로 형성될 수 있으므로 목표가 모호하게 될 수 있음

(3) 기술의 불확실성

- 실천기술은 결정적이지 않으며 대상은 인간이며 복잡한 체계로서 상호 연관되어 있음

• 다양한 속성을 지니고 있어 가변적이고 불안정성이 존재임

(4) 직원과 클라이언트의 관계
• 핵심활동은 기관의 직원과 사용자(클라이언트)간 상호작용임
• 직원과 클라이언트의 관계가 조직의 성패를 좌우함

(5) 효과성 · 효율성 척도의 부족
대상이 인간이기 때문에 도덕적 모호성과 목표의 애매성으로 인해 효과성 · 효율성을 측정하는데 어려움이 있음

(6) 전문가의 중요성
주로 전문가에 의존하며 업무처리 과정에서 조직 관리자의 지시뿐만 아니라 전문적 교육의 내용, 전문적 활동에의 참여, 전문 지지집단의 이용가능성 등에 의해 실천방법이 결정됨

(7) 환경의 의존성
• 조직의 환경을 매우 불확실하게 하는 사회적 · 경제적 변화과정에 의해서 영향을 받음
• 업무환경은 변화시킬 수 있으므로 환경요소들의 욕구변화에 지속적인 관심을 두어야 함

3. 조직의 구조

(1) 전통적 조직
○ 공식조직과 비공식 조직

구분	공식조직	비공식조직
자발적 성격	주요 목적을 위하여 인위적 계획적으로 형성됨	구성원 상호간 욕구충족을 위한 것이며, 자연발생적인 성격이 강함
조직목표	공식적으로 설정되는 목표를 향해 조직전체가 통합	구성원의 욕구 또는 소망의 다양성에 따라서 목표가 달라짐
구성논리	목표달성을 위해 능률의 논리에 따라서 구성됨	감정의 논리에 따라 구성됨

○ 수직조직과 수평조직

수직조직	수평조직
· 계층적 성격(명령통일의 원리)	· 비계층적 성격(행정기관장의 인격확장)
· 조직목표달성에 직접적으로 기여	· 조직목표달성에 간접적으로 기여
· 명령권과 집행권 행사	· 명령과 집행권이 없음
· 수직적 복종관계	· 수평적 대등관계
· 일반사회복지행정가	· 전문사회복지행정가

(2) 동태적 조직

○ 프로젝트 조직(TF: Task Force)

- 특정한 과제를 수행하기 위해 관련 부서에서 인력을 파견하여 팀을 구성
- 구성원의 관계는 수평적 관계이며 전문성을 가진 직원으로 운영
- 프로젝트를 해결한 후 원래 자신의 부서로 복귀하는 임시적 조직

○ 행렬조직(Matrix Organization)

- 전통적인 기능조직과 프로젝트조직이 결합된 조직 형태
- 직무별 분업을 강조하면서 동시에 사업별 협력을 강조하는 조직 형태
- 수직적 구조와 수평적 구조를 합한 형태의 공식조직으로 전환됨
- 전문성을 기초로 조직이 구성되며 민주적인 의사결정에 의해 운영됨

○ 팀(Team)조직

- 과거의 전통적인 조직체계인 부·과·계의 조직을 업무재편을 통해 팀으로 통합·조정
- 팀장을 중심으로 환경에 신속히 대처하도록 만든 조직형태

○ 네트워크(Network)조직

- 환경변화에 보다 신속하고 적절하게 대응할 수 있도록 외부자원의 효과적 활용을 꾀하는 조직으로 지역복지에서 조직간 네트워크 조직화가 필요함
- 지역복지공동체를 지향하고 사회자본을 증대시키는 효과를 거둘 수 있고, 네트워크상의 참여자들 간의 호혜성과 상호의존성을 증진시킬 수 있으며 지역사회의 통합적 사회복지 수행체계 구축에도 유효함

○ 사업부제 조직

- 대규모조직에서 사업부단위로 조직을 편성하고 독자적인 생산과 마케팅, 관리권한을 부여

하는 조직구조

• 제품별 · 지역별 · 시장별로 이익 중심점을 설정하여 독립채산제를 실시하고 개별조직처럼 운영함

제2절 조직의 유형

1. 일반적 유형

(1) 권력과 관여형태에 따른 조직유형(A. Etzioni)

○ **권력의 형태**

• 강제적 조직: 조직구성원이 강제적으로 명령에 순응하도록 규정되어 있는 조직

• 보상적 조직: 산업현장의 조직처럼 보수가 조직구성원으로 하여금 조직의 명령에 순응하도록 하는 조직

• 규범적 조직: 이념이나 규범이 조직구성원으로 하여금 조직에 순응하도록 하는 조직

○ **관여의 형태**

• 소외적 관여: 권력행사에 대해 강하게 부정하므로 강제적 권력이 필요함

• 타산적 관여: 획득된 보상에 강한 긍정을 나타내므로 공리적 권력이 필요함

• 도덕적 관여: 권력 행사자에 대한 강한 긍정을 나타내므로 규범적 권력이 필요함

구분	소외적 관여	타산적 관여	도덕적 관여
강제적 권력	* 유형1 (수용소, 정신병원)	유형2	유형3
보상적 권력	유형4	* 유형5 (산업조직)	유형6
규범적 권력	유형7	유형8	* 유형9 (종교, 정치, 학교, 병원, 사회복지조직 등)

(2) 수혜자(클라이언트)의 유형에 따른 조직분류(P. Blau & W. Scott)

• 상호수혜조직: 조직의 주된 수혜자가 조직의 일반구성원이 되는 조직

• 사업조직: 조직의 주된 수혜자가 조직의 관리자나 소유자가 되는 조직

• 서비스조직: 조직의 주된 수혜자가 조직과 직접 접촉하고 있는 일반 대중이 되는 조직

• 공익조직: 조직의 주된 수혜자가 대중 전체가 되는 조직

구분	1차적 수혜자	2차적 수혜자
상호수혜조직	조직의 회원	정당, 종교단체, 노동조합
사업조직	사업체의 소유자 또는 관리자	주식회사, 은행, 보험회사
서비스조직	클라이언트	사회복지기관, 병원, 정신병원
공익조직	일반 대중	행정기관, 군대조직

(3) 조직의 규모와 관리의 복잡성에 따른 분류(Mintzberg)

- 단순조직: 소규모 조직, 조직 환경이 매우 동태적이며 조직기술은 정교하지 않은 조직
- 기계적 관료제조직: 규모가 크고 안정된 환경, 표준화된 절차에 따라 업무 수행되는 조직
- 전문관료조직: 전문적 기술적 훈련을 받은 조직구성원에 의하여 표준화된 업무 수행과 전문가 중심의 분권화된 조직
- 분립구조·사업부제조직: 독자적 구조를 가진 분립적 조직, 중간 관리층이 핵심적 역할을 하는 조직
- 애드호크러시(Adhocracy)조직: 고정된 계층구조를 갖지 않고 공식화된 규칙이나 표준화된 운영절차가 없는 조직

(4) 사회기여의 종류에 따른 분류(T. Parsons)

- 생산조직: 사회의 적응기능을 수행하는 경제적 생산과 분배에 종사하는 조직
- 정치조직: 사회자원을 동원하여 사회적 목적과 가치를 창조하는 조직
- 통합조직: 사회의 안정을 유지하고, 사회적 갈등의 조정과 일탈방지에 종사하는 조직
  예) 사법기관, 정신병원, 사회복지조직 등
- 유형유지조직: 사회체제의 독특한 문화와 가치를 보존하고, 문화형태의 전승이나 교육적 기능을 수행하는 조직
  예) 학교, 교회, 문화단체 등

> ※ 운영주체에 따른 분류(M. Gibelman)
> - 운영주체에 따라 공공조직, 준공공조직, 민간조직, 준민간조직으로 분류한다.
> - 공공조직과 민간조직은 운영주체, 설립근거, 운영체계 등에서 차이점이 있지만 오늘날 점점 그 경계가 모호해 지고 있다.
> - 공공조직과 민간조직의 특성이 상호 융합된 중간형태의 조직인 하이브리드(hybrid)조직이 출현하고 있다. (예, 준공공기관, 준민간조직 등)

2. 사회복지조직의 유형

(1) 클라이언트의 상태와 조직기술에 따른 분류(Y. Hansenfeld)
클라이언트를 변화시키기 위해 사용하는 기술과 클라이언트가 정상기능인지 비정상기능인지에 따라 6가지로 분류함

○ **클라이언트를 변화시키기 위해 사용하는 기술**
- 인간식별기술: 인간의 문제 혹은 욕구 등의 지위를 판단하는 기술로서 분류하고 배치하는 활동으로 구성
- 인간유지기술: 인간의 안정화를 가져오기 위한 기술로서 문제의 상태를 악화시키지 않고 그들의 존엄성과 가능성을 유지하고 보호하는 활동으로 구성
- 인간변화기술: 인간의 문제 상태에 대한 개입을 통해 지위의 완전한 변화를 가져오기 위한 기술로서 계획된 바람직한 변화를 만드는 활동으로 구성

○ **클라이언트의 상태**
- 정상기능: 정상기능을 가진 클라이언트
- 비정상기능: 통제해야 할 클라이언트, 문제가 완화되어야 할 클라이언트, 치유되어야 할 클라이언트 등

○ **조합에 의한 조직유형**

구 분		사용기술 유형		
		인간식별기술	인간유지기술	인간변화기술
클라이언트 상태	정상기능	유형1	유형3	유형5
		대학신입생선발, 신용카드회사	사회보장청, 휴양시설	국공립학교, YMCA
	비정상기능	유형2	유형4	유형6
		소년법원, 진료소	공공부조사무소, 요양시설	공공병원, 수용치료센터

(2) 업무의 통제성에 따른 조직분류(G. Smith)
- 관료조직: 공식적인 조정과 규정, 위계적 구조, 전문적 분업, 문서에 의한 업무처리, 기술

적 자격에 기초한 신분보장 등을 특성으로 하는 합리적인 통제체제의 조직
- 일선조직: 조직의 주도권이 일선업무 단위에 있으면서, 고객과 가까이에서 복지서비스를 전달하며, 각 업무단위가 상호 독립적으로 수행하며 직접적인 통제가 어려운 조직
- 전면적 통제조직: 클라이언트를 강제로 혹은 자의적으로 시설에 수용했을 때, 관리자가 수용자에 대한 강한 통제권을 가지는 조직
  예) 정신병원, 기숙사, 교도소, 요양시설 등
- 투과성 조직: 조직의 구성원 또는 참여자가 자발적으로 참여하며, 개인의 가정과 사생활에 침해받지 않고 조직의 문화나 규정에 의한 통제성이 약하고 조직의 활동이 거의 노출되는 조직
  예) 자원봉사활동조직 등

☞ 조직용어 참고하기

- 레드테이프(red tape, 번문욕례): 불필요한 형식이나 절차를 강조하는 현상을 말하며, 행정절차에서 목적이나 목표보다 규정이나 절차를 중시하는 현상이다.
- 서비스과 활용(over-utilization): 욕구에 부합되지 않는 사람이 서비스를 이용하는 경우를 말한다.
- 매몰비용(sunk cost): 이미 사업에 투입된 비용을 말하며, 이로 인해 효과가 낮은 사업이라도 중단하기 어려운 경우에 직면하게 된다.
- 크리밍(creaming)현상: 서비스조직들이 보다 유순하고 성공가능성이 높은 클라이언트를 선발하기 위해 비협조적이거나 어려울 것으로 예상되는 클라이언트를 배척(떠넘기기)하는 현상이다.
- 다운사이징(downsizing): 해고에 의한 감원, 원가절감을 위한 기구 통폐합 등 조직을 축소하는 것이다.
- 기회비용(opportunity): 어떤 기회를 포기하거나 상실함으로써 발생하는 비용이다.
- 사례관리(care management): 복합적 욕구를 가진 개인이 기능을 회복하고 증진할 수 있도록 개인과 주변환경을 변화시키기 위해 지속적이고 통합적으로 개입하는 서비스 모델이다.
- 의뢰: 비협조적이거나 어려울 것으로 예상되는 클라이언트를 타 기관에 보내는 것을 말한다.

- 스태핑(staffing): 고용관리를 말하며 현재 또는 미래의 결원에 대비하여 잠재력 있는 지원자들의 선발과 배치를 결정하기 위한 기업의 한 직능이다. 대상자의 취업 성공률을 높이기 위해 전담직원을 채용해서 맞춤형 프로그램을 기획하고 담당하도록 하는 것도 한 사례에 해당 된다.
- 아웃소싱(outsourcing): 기업의 내부 프로젝트나 제품의 생산, 유통, 용역 등을 외부의 제3자에게 위탁, 처리하는 것을 말한다. 원래 미국기업이 제조업 분야에서 활용하기 시작했으며, 핵심 사업에만 집중하고 나머지 부수적인 부문은 외주에 의존함으로써 생산성 향상을 극대화하려는 경영기법이다.

〔 上 · 中 · 下 〕

01) 행렬조직(Matrix Organization)에 관한 설명으로 옳은 것은?　　　(17회 기출)

① 직무배치가 위계와 부서별 구분에 따라 이루어지는 전형적 조직이다.

② 조직운영을 지원하는 비공식 조직을 의미한다.

③ 합리성을 강조하기 때문에 조직 유연성을 저하시킬 수 있다.

④ 직무별 분업을 인정하면서 동시에 사업별 협력을 강조한다.

⑤ 현실에서 작동하지 않는 가상의 사업조직을 일컫는다.

〔 해설 〕

행렬조직(Matrix Organization) 특징

• 전통적인 기능조직과 프로젝트조직이 결합된 행렬조직 형태이다.

• 직무별 분업을 강조하면서 동시에 사업별 협력을 강조하는 조직 형태이다.

• 수직적 구조와 수평적 구조를 합한 형태의 공식조직으로 전환된다.

• 전문성을 기초로 조직이 구성되며 민주적인 의사결정에 의해 운영된다.　　　〈 정답 ④ 〉

〔 上 · 中 · 下 〕

02) 다음에서 나타나지 않은 현상은?　　　(17회 기출)

A지역자활센터는 대상자의 취업 성공률을 높이기 위해 전담직원을 채용해서 맞춤형 프로그램 기획을 담당하도록 하였다. 또한 대상자를 개별적으로 사정, 상담하여 취업에 취업방해요인을 분석하였다. 몇몇 대상자들은 A센터의 취업성공률을 낮출 것이라고 보고 타 기관으로 보낼 방안을 검토하고 이를 요청하였다.

① 서비스 과 활용　　② 크리밍　　③ 의뢰　　④ 사례관리　　⑤ 스태핑(staffing)

〔 해설 〕

① 서비스 과 활용(over-utilization): 욕구에 부합되지 않는 사람이 서비스를 이용하는 경우를 말한다.
〈 정답 ① 〉

사회복지조직의 구조

다음 문장에서 틀린 것을 모두 고르시오.

◆ **조직의 구성원리와 구조**

① 행렬조직은 직무배치가 위계와 부서별 구분에 따라 이루어지는 전형적 조직이다.

② 행렬조직은 조직운영을 지원하는 비공식 조직을 의미한다.

③ 행렬조직은 합리성을 강조하기 때문에 조직 유연성을 저하시킬 수 있다.

④ 행렬조직은 직무별 분업을 인정하면서 동시에 사업별 협력을 강조한다.

⑤ 행렬조직은 현실에서 작동하지 않는 가상의 사업조직을 일컫는다.

⑥ 통제범위가 넓으면 상대적으로 수직적 조직구조를 갖는다.

⑦ 행렬조직은 분권화와 대칭되는 개념이며, 조직활동의 효율성과 예측성을 높여준다.

⑧ 예산, 구성원 수 등으로 조직의 규모를 나타낼 수 있다.

⑨ 직무표준화 정도가 지나치게 높으면 구성원의 재량권은 낮아진다.

⑩ 사업의 종류가 많을수록 조직의 복잡성이 증가한다.

⑪ 집권화는 구성원의 자발적 참여와 재량권을 확대시킨다.

⑫ 분권화는 책임과 권한을 조직 내에 분산하는 전략이다.

⑬ 수직적 분화에서는 조정과 의사소통의 수준을 고려하여 설계한다.

⑭ 업무의 표준화는 조직운영의 경제성과 예측성을 높이기 위한 활동이다.

⑮ 정보가 과다하게 집중되어 있는 상황에서 의사결정의 집권화는 실패 가능성을 줄일 수 있다.

⑯ 공식적 권한의 집중·분산은 조직관리의 효과성·효율성과 연관되어 있다.

⑰ 공식화는 구성원들의 업무 편차를 줄이는 데 효과적이다.

◆ **조직구조의 유형**

① 에치오니(A. Etzioni)의 권력 형태에 따른 분류중 사회복지조직은 규범적 조직에 속한다.

② 블라우와 스콧(P. Blau & W. Scott)이 제시한 호혜적 조직은 조직 구성원들이 주요 수혜

자인 조직을 말한다.

③ 스미스(G. Smith)는 업무통제에 따라 사회적 경제조직, 사업조직, 공공조직으로 분류하였다.

④ 비벨만(M. Gibelman)은 운영주체에 따라 공공조직, 준공공조직, 민간조직, 준민간조직으로 분류하였다.

⑤ 하센필드(Y. Hansenfeld)는 사회복지조직의 조직기술을 인간식별기술, 인간유지기술, 인간변화기술로 구분하였다.

〈 정답 〉
• 조직의 구성원리와 구조 - ①②③⑤⑦⑪⑬⑮
• 조직구조의 유형 - ③

제5장 사회복지서비스 전달체계

제1절 서비스 전달체계의 개념

(1) 협의 및 광의의 전달체계
• 협의의 전달체계(집행체계): 서비스 전달자인 사회복지사와 서비스를 받는 고객인 클라이언트사이의 대면적 상호관계를 통하여 일정한 장(setting)에서 서비스를 전달하는 체계
• 광의의 전달체계(행정체계+집행체계): 상부의 행정체계로부터 규제, 지원 및 감독을 받으며 서비스를 전달하는 서비스 전달체계로 행정체계와 집행체계를 포함하는 개념

(2) 서비스전달체계의 주요원칙
○ 전문성의 원칙
• 사회복지서비스의 핵심적 주요 업무는 반드시 전문가가 담당해야 함
• 전문가란 자격이 객관적으로 인정된 사람으로 자신의 전문적 업무에 대한 권위와 자율적 결정권 및 책임성을 지닌 사람
  예) 사회복지사, 간호사, 물리치료사 등, 그 중에서 가장 보편적인 전문가는 사회복지사임

○ 적절성(충분성)의 원칙
• 사회복지서비스는 그 양 및 질과 제공하는 기간이 서비스의 목표달성에 충분해야 함
• 공공부조제도가 최저생계비 수준에 미치지 못하거나 실질적인 자활을 이끌어내지 못한다면 그것은 적절하지 못한 제도라고 할 수 있음

○ 포괄성의 원칙
인간의 욕구는 다양하고 복잡하기 때문에 이러한 다양한 욕구나 문제를 동시에 또는 순차적으로 해결하기 위해서는 다양한 서비스가 필요함
• 일반화 접근방법: 한 사람의 전문가가 여러 문제를 다루는 방법
• 전문화 접근방법: 각각 다른 전문가가 한 사람의 여러 문제를 다루는 방법
• 집단 접근방법: 여러 전문가들이 한 팀이 되어 문제를 해결하는 방법

- 사례관리 접근방법: 한 전문가가 책임을 지고 계속적으로 필요한 서비스와 전문가를 찾아 연결시켜 주고 적절한 서비스를 받을 수 있도록 하는 방법

○ **지속성(연속성)의 원칙**
- 개인의 문제나 욕구를 해결하는 동안 필요한 서비스는 일정기간 계속적으로 제공되어야 함
- 한 개인이 필요로 하는 서로 다른 서비스들을 지역사회 내에서 지속적으로 받을 수 있도록 서비스들이 상호연계되어야 함

○ **통합성의 원칙**
- 클라이언트의 문제는 대부분의 경우 복합적이고 상호 연관되어 있기 때문에 이러한 문제의 해결을 위한 서비스들도 서로 연관시켜 제공함
- 서비스가 통합적으로 제공되기 위해서는 한 책임자 아래 서비스들이 제공되고, 제공 장소들이 지리적으로 상호 근접되고 서비스프로그램 간 또는 서비스를 전달하는 조직간 유기적 연계와 협조체제를 갖추어야 함

○ **평등성의 원칙**
특별한 경우 소득수준이나 연령으로 제한을 하는 경우를 제외하고는 기본적으로 성별, 연령, 소득, 지역, 종교, 지위와 관계없이 모든 국민에게 사회복지서비스를 제공하여야 함

○ **책임성의 원칙**
- 서비스 제공자로서의 책임을 말하는 것으로서 사회에 대한 책임, 복지대상자에 대한 책임, 전문가에 대한 책임 등
- 책임성에 대한 문제는 서비스의 효과성과 밀접한 관련을 가지고 있음
- 책임을 져야 할 주요 내용: 서비스가 클라이언트의 욕구에 적절히 대응하는 것인가, 전달 절차가 적합한가, 서비스가 효과적이고 효율적인가, 서비스 전달과정에서의 불평과 불만의 수렴장치는 적합한가 등

○ **접근성의 원칙**
- 사회복지서비스는 그것을 필요로 하는 사람들이면 누구나 쉽게 받을 수 있어야 하기 때문

에 클라이언트가 접근하기에 용이하여야 함
- 클라이언트가 서비스를 제공받는 데 장애가 되는 다양한 요인들을 제거하는 것도 포함됨
- 사회복지서비스의 접근성을 방해하는 요인
  - 정보의 장애: 서비스에 대한 정보의 결여 또는 부족
  - 지리적 시간적 장애: 원거리, 교통 불편, 서비스제공 시간 등
  - 심리적 장애: 수치심, 부정적 사실을 표출하는 것에 대한 두려움 등
  - 선정절차상의 장애: 대상자선정 기준의 복잡성, 긴 처리기간 등
  - 자원의 부족: 서비스제공인력 또는 물적 자원의 부족 등

(3) 전달체계의 통합방법

- 종합서비스센터: 한 분야의 서비스를 두고서 그와 관련된 복수의 서비스들을 모두 한 곳에 모아 제공될 수 있게 함
  예) 종합사회복지관, One Stop Service 등
- 단일화된 인테이크(in-take): 전달체계 내의 조직들이 인테이크를 전담하는 공동창구를 두고, 그 결과에 따라 적절한 서비스계획을 개발하는 것을 의미함
- 종합적인 정보와 의뢰: 조직들은 각자의 독립성을 유지한 상태에서 단지 클라이언트의 교환이나 서비스간의 연결을 목적으로 정보와 의뢰시스템을 강화하는 방법
- 사례관리: 다양하고 복합적인 문제를 가진 개인이나 가족이 기능을 회복하고 증진할 수 있도록 개인과 주변 환경을 변화시키기 위해 지속적이고 통합적으로 개입하는 서비스모델
- 트레킹(tracking): 클라이언트가 받은 서비스의 경로와 행적을 추적해서 정보를 서로 공유할 수 있도록 하는 시스템을 의미함

제2절 서비스전달체계의 구분 및 유형 .

1. 전달체계의 구분

(1) 구조 · 기능적 구분
- 행정체계: 서비스전달을 기획 · 지원 · 관리하는 체계, 간접적인 서비스 전달체계
  예) 기초생활보장제도: 보건복지부, 시 · 도, 시 · 군 · 구

- 집행체계: 수혜자들과 직접적인 대면관계를 통해 서비스를 전달하는 체계, 복합적인 인간 문제를 다루며, 가치 지향적이고 자율적이며 신축적인 운영이 필요함

  예) 기초생활보장제도: 읍 · 면 · 동

(2) 운영주체별 구분

- 공공 전달체계: 정부 및 지방자치단체, 공공기관 등이 직접 관리 · 운영을 담당함

  예) 보건복지부, 지방자치단체, 연금공단, 건강보험공단 등
- 민간전달체계: 사회복지기관이나 시설, 단체 및 개인이 직접 관리 · 운영을 담당함

  예) 사회복지법인, 비영리 사단법인 및 재단법인, 종교단체, 기타 비영리 민간단체 등

2. 전달체계의 유형

(1) 중앙정부 전달체계

○ 중앙정부의 필요성

- 사회복지재화나 서비스 가운데 의료나 교육서비스와 같은 것은 그 속성상 공공재적인 성격이 강하여 모든 국민들을 대상으로 하는 것이 전체사회 이득의 관점에서 유리함
- 사회복지정책이 추구하는 가장 중요한 목표인 평등(소득 재분배)과 사회적 적절성(형평성)의 두 가치를 구현하는 데 유리함
- 다양한 사회복지에 대한 욕구를 체계화하고 다양한 프로그램을 통합 · 조정하거나 지속적이고 안정적으로 유지하는데 유리함

○ 중앙정부의 문제점

- 중앙정부에서 제공하는 서비스나 재화들은 그것들의 공급량이나 형태에 관한 수급자의 선택이 반영되기 어렵기 때문에 효용을 극대화하는데 한계가 있음
- 중앙정부의 서비스나 재화는 공급자가 독점적이기 때문에 경쟁적인 체계에 비하여 가격과 질에 있어 불리할 수 있음
- 중앙정부를 통하여 제공되는 재화나 서비스는 정부조직의 관료성으로 인하여 수급자의 욕구에 대한 대응이 빠르지 못하고, 지역의 특수한 욕구에 대응하는데 융통성이 적음

(2) 지방정부 전달체계

○ **지방정부의 필요성**

- 지역주민의 욕구를 중앙정부보다 더 효율적으로 해결할 수 있으며, 지방자치단체간 경쟁 논리에 의해 질 높은 서비스개발이 용이함
- 실험적인 서비스 개발이 용이하여 수급자들의 변화되는 욕구에 적극적인 대처가 가능하고, 수급자들이 정책결정에 참여할 기회가 많아져 수급자의 입장이 반영될 가능성이 높음

○ **지방정부의 문제점**

- 지역 간의 불평등을 야기하거나 사회통합을 저해(재정자립도의 차이)할 수 있음
- 중앙정부에 비하여 상대적으로 프로그램의 안정성과 지속성이 취약함

(3) 민간부문 전달체계

- 정부가 제공하는 서비스에서 배제되는 클라이언트에 대한 서비스 제공이 가능할 뿐만 아니라 정부가 제공할 수 없는 서비스의 제공도 가능함
- 다양한 제공주체에 의한 동일한 종류의 서비스를 선택할 수 있는 기회를 제공함으로써 제공 주체간의 경쟁을 유발하여 서비스의 질을 높일 수 있음
- 민간에서 발생하는 사회복지적 참여욕구를 수렴할 수 있으며 정부의 사회복지활동에 대한 압력단체로서 역할을 수행할 수 있음
- 국가의 사회복지비용을 절감시킬 뿐만 아니라 사회복지 서비스의 선도적 개발 및 보급하는 역할을 담당할 수 있음

(4) 민·관 혼합전달체계

- 사회복지 재화나 서비스들 가운데 어떤 것들은 정부와 민간부문의 혼합체계를 통하여 제공되기도 하지만 이러한 전달체계는 특히 오늘날의 '복지국가의 위기'의 시대에서 민영화(民營化)의 이름하에 강조되고 있는 경향이 있음
- 정부와 민간부문 혼합체계의 세부적 형태들은 다양한데, 사회복지프로그램의 운영은 민간부문이 맡도록 하되 정부가 민간부문에 재정적 지원을 하면서 일정한 조건을 붙여 여러 가지 규제를 한다는 점에서는 유사함

○ **정부와 민간부문과의 계약(위탁운영): 국·공립시설**

172

- 정부와 민간부문의 혼합체계 가운데 대표적인 형태는 정부가 제공할 재화나 서비스를 민간부문이 제공하도록 하는 대신 그것에 소요되는 비용을 정부가 부담하는 형태
- 정부는 일정한 재원 내에서 특정의 서비스를 지정만 할 뿐 그 서비스를 받기 위한 자격, 서비스의 형태, 세부적인 전달방법 등에 관한 규제 없이 민간부문이 독자적으로 운영하도록 하는 유형

○ **정부의 민간부문 재정보조: 민간법인·시설 등**
- 정부와 민간부문의 혼합체계는 정부가 민간 사회복지기관에 단순히 재정보조만 해주고 어떠한 규제도 하지 않는 형태로써 상기의 계약은 최소한 특정서비스를 지정함
- 민간부문의 독립성을 크게 높여 민간부문의 장점들을 부각시킬 수 있으므로 재화의 속성상 국가에 의하여 제공될 필요가 약하다면, 이 형태가 정부와 민간부문의 혼합체계 가운데 바람직한 형태라 할 수 있음

(5) 통합사례관리
- 탈시설화의 영향으로 그 필요성이 대두된 사례관리는 복지선진국에서는 1970년대 이후부터 지역사회를 기반으로 대상자에게 필요한 서비스를 지속적으로 사정하고, 이에 맞추어 사회자원을 조정하고 개발·활용하는 것에 초점을 두고 있음
- 지역사회의 중심성과 통합성에 초점을 둔 지역사회실천방법의 일종임
- 시·군·구에 "희망복지지원단"이 설치·운영(2012년 7월)되었으며, 통합사례관리를 적극지원하고 있음

(6) 민영화(privatization)
○ **민영화의 장점**
- 서비스경쟁체계를 유도함으로써 효율성을 높일 수 있음, 소비자의 입장에서 서비스선택의 폭을 넓일 수 있음
- 관료제의 비효율성 축소가능, 서비스제공의 융통성·창의성·신속성을 기할 수 있음

○ **민영화의 단점**
- 지역간 서비스의 차별·불평등의 문제 발생, 운영비 증가로 인한 이용료 인상, 클라이언트에 대한 차별의 문제 발생

• 영리기관의 참여로 서비스에 대한 산업화의 경향 등 이 나타날 우려가 있음

※ 정리하기

〈 사회복지급여 및 서비스의 전달체계 형태〉

• 사회보험

① 중앙정부(보건복지부, 고용노동부) → 공단(국민연금공단, 건강보험공단, 근로복지공단) → 각 공단지사 → 고객(클라이언트)

• 공공부조

① 중앙정부(보건복지부 등) → 광역자치단체(시 · 도) → 기초자치단체(시 · 군 · 구) → 읍 · 면 · 동 → 고객(클라이언트)

• 사회복지서비스

① 중앙정부(보건복지부 등) → 광역자치단체(시 · 도) → 기초자치단체(시 · 군 · 구) → 읍 · 면 · 동 → 고객(클라이언트)

② 사회복지기관(시설) 등 → 고객(클라이언트)

上·中·下

01) 사회복지서비스 전달체계의 도입을 시대 순으로 나열한 것은? (18회 기출)

> ㄱ. 사회복지사무소 시범사업   ㄴ. 희망복지지원단   ㄷ. 사회복지전문요원
> ㄹ. 보건복지사무소 시범사업   ㅁ. 지역사회보장협의체

① ㄹ - ㄷ - ㄴ - ㄱ - ㅁ   ② ㄷ - ㄹ - ㄱ - ㄴ - ㅁ   ③ ㄹ - ㄱ - ㄷ - ㄴ - ㅁ
④ ㄱ - ㄷ - ㄹ - ㅁ - ㄴ   ⑤ ㄷ - ㄹ - ㅁ - ㄴ - ㄱ

해설

ㄷ. 사회복지전문요원(1987)
ㄹ. 보건복지사무소 시범사업(1995)
ㄱ. 사회복지사무소 시범사업(2004)
ㄴ. 희망복지지원단(2012)
ㅁ. 지역사회보장협의체(2015) 〈 정답 ② 〉

上·中·下

02) 독거노인을 위한 복지서비스 전달체계 구축의 원칙과 내용이 옳지 않은 것은?

(17회 기출)

① 충분성: 치매예방서비스 양을 증가시킴
② 연속성: 치매예방 및 관리서비스를 중단 없이 이용하게 함
③ 접근성: 치매예방서비스 비용을 낮춤
④ 책임성: 치매예방서비스 불만사항 파악절차를 마련함
⑤ 통합성: 치매예방서비스를 적극적으로 홍보함

해설

⑤ 통합성은 클라이언트에게 복합적인 문제가 있을 경우 이러한 문제를 효율적으로 해결하기위하여 관련
된 부문들을 상호 연계되어야 한다는 원칙이다. 〈 정답 ⑤ 〉

사회복지서비스 전달체계
다음 문장에서 틀린 것을 모두 고르시오.

◆ **전달체계의 구조 및 원칙**

① 책임성은 충분한 양과 질 높은 서비스가 제공되어야 한다.

② 접근성은 제약 없이 서비스를 쉽게 받을 수 있어야 한다.

③ 연속성은 필요한 서비스가 일정기간 동안 지속적으로 제공되어야 한다.

④ 전문성은 종합적으로 서비스가 제공되어야 한다.

⑤ 통합성 원칙 구현을 위해서는 조직 간 유기적 연계가 중요하다.

⑤ 서비스 편중이나 누락이 없도록 하는 것은 비파편성 원칙에서 강조된다.

⑥ 충분성의 원칙은 서비스의 양과 기간을 설정하는 것과 관련된다.

⑦ 서비스공급이 연속적으로 이루어지기 위해서는 개별성 원칙을 견지하여야 한다.

⑧ 책임성 원칙은 전달체계 자체의 효과성이나 효율성과 관련된다.

⑨ 최근 민관 통합사례관리의 중요성이 높아지고 있다.

⑩ 희망복지지원단을 시·군·구에 설치하였다.

⑪ 2016년에 맞춤형 통합서비스를 목적으로 읍·면·동에 복지허브화 사업을 실시하였다.

⑫ 국민기초생활보장법상 생계급여이 집행체계는 읍·면·동이다.

⑬ 희망복지지원단설치 후 사회복지통합관리망(행복e음)을 구축하였다.

⑭ 구조·기능적 차원에서는 행정체계와 집행체계로 구분된다.

⑮ 서비스 종류에 따라 공적 전달체계와 사적 전달체계로 구분된다.

⑯ 행정체계에는 서비스를 기획, 지시, 지원, 관리하는 것을 말한다.

⑰ 집행체계에는 서비스 전달기능을 주로 수행하면서 행정기능도 수행한다.

⑱ 읍·면·동은 사회복지서비스와 급여를 제공하는 집행체계에 해당한다.

⑲ 전문성, 통합성과 같은 전달체계 구축의 원칙들은 상호 영향을 줄 수 있다.

⑳ 거리뿐만 아니라 서비스 이용비용도 접근성에 영향을 준다.

㉑ 책임성을 높이는 전략이 접근성을 높이기도 한다.

㉒ 서비스 지속성을 높이려면 서비스 간 연계도 강화되어야 한다.

㉓ 비전문적 업무를 전문가가 담당하면 조직운영의 효율성을 높일 수 있다.

◆ 전달체계의 개선전략

① 종합적인 서비스를 제공하는 별도의 기관을 설치한다.

② 지역사회 수준에서 사례관리체계를 도입한다.

③ 클라이언트의 서비스 이력 정보를 공유한다.

④ 서비스별로 인테이크 창구를 마련한다.

⑤ 통합정보망을 구축하여 서비스 연계를 강화한다.

〈 정답 〉
• 전달체계의 구조 및 원칙 – ①④⑦⑬⑮㉓
• 전달체계의 개선전략 – ④

제6장 기획과 의사결정

제1절 기획

1. 기획의 개념

(1) 기획의 특성
- 미래지향적인 과정이며, 미래 활동에 대한 계속적인 준비과정으로 다양한 아이디어의 창출과 수용과정에서 유연성을 가지며 개방성을 띠고 있음
- 목표달성을 위한 수단적 과정이고, 조직과 프로그램의 의사결정과 연관이 있으며, 의도했던 방향으로 추진되도록 통제하는 과정으로 국민의 동의나 지지획득의 수단이 됨

> ※ **기획의 그레샴법칙(Gresham's law of planning)**
> 기획담당자가 무형적·창조적·쇄신적·비정형적인 문제는 무시하고 구조화되고 정형화된 일상적인 기획에 더 치중하는 현상이 발생하는 것을 말한다.

(2) 기획의 과정(Skidmore)
목표의 설정 → 기관자원의 고려 → 대안의 모색 → 대안의 검토와 평가(결과예측) → 최선의 계획결정 → 구체적인 실행프로그램의 수립 → 변화를 위한 개방성 유지

(3) 기획의 필요성
효율성 증진, 효과성 향상, 책임성 강화, 조직의 사기진작, 조직목표의 모호성 감소, 문제해결을 위한 합리성의 증진 등

2. 기획관련 기법

(1) 간트 차트(Gantt Chart, 시간별 활동계획도표)

- 간트(Gantt)에 의해 1910년경 고안된 기법, 프로그램의 목표를 성취하기 위하여 일정기간 동안 수행하야여 할 과업과 활동을 나열한 도표
- 가로축에는 월별 또는 일별 시간을 기입하고, 세로축에는 프로그램의 세부목표와 관련활동을 기입하며, 시간적 순서에 따라 막대 도표를 사용하여 나타내는 방법임
- 장점: 상대적으로 복잡하지 않은 사업을 계획할 때 주로 사용되며 단순 명료함
- 단점: 세부적인 활동내역이 포함되지 않아 과업들 간 연관성의 파악이 어려움

(2) 프로그램평가 검토기법(PERT)
- 1950년대 미국의 핵잠수함의 건조과정에서 고안된 방법, 시간계획을 논리적 흐름에 따라 연결시켜 도표화함, 주어진 일정 내에서 완수해야할 과업을 규정하고 통제하는데 유용함
- 목표달성을 위하여 설정된 주요목표와 프로그램의 상호관계 및 시간계획을 연결시켜 도표화하였으며, 기본적인 원칙은 특정 프로그램의 목표에 따라 이와 관련된 과업활동, 세부활동 간의 관계를 논리적으로 시간순서에 따라 도식화함
- 장점: 개별 활동들을 앞당기거나 늦추는 것이 전체 프로젝트에 미칠 영향력을 파악할 수 있음, 전체 프로젝트를 완수하는데 걸리는 시간을 추정할 수 있음, 프로젝트 완수를 위해 필요한 과업들을 전체 그림을 통해 보여줄 수 있음
- 단점: 기획된 활동의 실행과정에서 불확실성이 많은 경우에는 활용하기 어려움, 도식화가 지나치게 복잡하면 오히려 파악하기가 어려울 수도 있음

> ※ **임계경로(임계통로, critical path)**
> 최초의 과업에서 최종과업에 이르는 경로가운데, 가장 오랜 시간이 소요되는 경로를 말하며, 과업을 달성하기 위해 최소한 확보해야 할 소요시간을 의미하기도 한다.

(3) 월별 활동계획카드(Shed-U graph)
- 미국의 Remingtom-Rand회사에서 고안해 낸 것으로 간트차트와 비슷한 성격을 가짐
- 카드의 위쪽 가로에는 월별이 기록되고, 해당 월 아래에 과업을 적은 작은 카드를 꽂음
- 시간에 따라 변경하고 이동하는 것은 편리, 업무간 상관관계를 파악하는 데는 어려움

(4) 조직의 환경분석(SWOT)

- 어떤 프로젝트를 수행하기 위해 조직의 내부와 외부의 환경을 분석함
- 내부 환경의 분석은 그 프로젝트를 추진하는데 조직의 강점과 약점을 파악함
- 외부환경의 분석은 기회와 위기를 분석하여 활용하는 기법

(5) 마일스톤(milestone, 프로젝트관리)
- 프로젝트 진행 과정에서 특기할 만한 사건이나 이정표를 말함
- 프로젝트 성공을 위해 필수적인 사항들을 각 단계별로 체크함으로써 전체적인 일정이 늦춰지지 않고 제 시간 안에 과업이 종료될 수 있도록 관리하는데 도움을 줌
- 프로젝트 계약, 착수, 인력투입, 선금 수령, 중간보고, 감리, 종료, 잔금 수령 등 프로젝트 성공을 위해 반드시 거쳐야 하는 중요한 지점을 말함
- 중요한 핵심적인 사항들만 체크하기 때문에, 그다지 중요하지는 않더라도 프로젝트 진행에 꼭 필요한 다양한 요소들을 상세하게 파악하기 힘들다는 단점이 있음

(6) 책임행렬표
- 프로젝트 내 활동별로 각 구성원에게 부여된 역할, 책임, 권한을 나타낸 것
- 표에는 프로젝트의 목표, 활동, 책임유형을 구성원별로 제시하고 있음
- 책임유형에는 업무수행자, 업무책임자, 조언제공자, 보고대상자 등이 있음

제2절 의사결정

1. 의사결정의 개요

(1) 의사결정의 개념
- 조직의 목표를 달성하기 위한 여러 대안 중에서 최선의 대안을 선택하는 행동
- 협의의 의사결정은 여러 대안 가운데 하나를 선택하는 과정이고, 광의의 의사결정은 최종 대안이 있기까지 취해지는 모든 과정을 포함함

(2) 의사결정의 방법
○ 정형적 의사결정과 비정형적 의사결정

- 정형적(programmed)의사결정: 절차, 규정, 방침 등에 따라 규칙적인 의사결정행위가 전 개되는 결정형태
- 비정형적(non-programmed) 의사결정: 사전에 결정된 기준 없이 이루어지며 보통 단발적 이고 예상하지 못한 상황에 대한 결정형태

○ **직관적 결정, 판단적 결정, 문제해결 결정**

- 직관적 결정: 합리성보다는 감정이나 유감에 근거하여 이루어지는 의사결정이며, 가장 옳다거나 최선이라고 느끼는 것으로 의사를 결정함
- 판단적 결정: 개인이 가지고 있는 지식과 경험에 의존하는 방법이며, 사회복지기관에서 사회복지행정가는 판단적 결정을 통해 대다수의 의사결정을 함
- 문제해결 결정: 합리적인 절차를 통해서 이루어지는 결정이며, 정보의 수집 · 연구 · 분석의 과학적이고 객관적인 과정을 포함함

2. 개인적 의사결정기법

(1) 의사결정나무분석(decision tree analysis)
- 개인이 가능한 여러 대안을 발견하여 나열하고 각각의 대안을 선택했을 경우와 그렇지 않은 경우의 결과를 연속적으로 그려가면서 최종의 결과를 생각하는 방법
- 그림의 모양이 나무와 비슷하다는 의미에서 의사결정나무분석이라고 부름

(2) 대안선택흐름도표(alternative choice flow chart)
- 목표가 분명하고 예상 가능한 사항의 선택에 적용될 수 있음
- Yes와 No로 답할 수 있는 질문을 연속적으로 작성해 예상되는 결과를 결정하도록 하는 도표

3. 집단적 의사결정기법

(1) 브레인스토밍(brainstorming)

- 오스본(Osborm)에 의해 제시된 방법, 다수의 사람들이 모여 각자 의견을 발표한 후 최선의 방법을 찾아내는 방법
- 의사결정에 대한 아이디어를 구성원들이 자유롭게 개진하여 창의적인 대안을 선택하기 위한 방법
- 다른 사람의 아이디어에 대해 비판을 해서는 안 되며, 아이디어의 질보다 양을 중요시 하는 의사결정 기법으로 능동적인 참여가 중요하다고 할 수 있음

(2) 명목집단기법(NGT: Nominal Group Technique): 소집단투표제
- 전문가들을 한 장소에 모아놓고 각자의 의견을 적어내게 한 후 그 것을 정리하여 집단이 각각의 의견을 검토하는 절차를 합의가 이루어질 때가지 계속하는 방법
- 보통 6~9명 정도의 소집단을 이용하여 의사결정을 하는 기법이며, 참여의식을 높이고 동기부여에 기여할 수 있으나 시간이 많이 걸리는 단점이 있음

(3) 델파이기법(Delphi)기법
- 1950년대 미국의 Rand Corporation의 Dalkey와 동료들에 의해 개발된 기법
- 전문가, 관련자들로부터 우편(메일)으로 의견이나 정보를 수집하여 분석한 결과를 다시 응답자들에게 보내 의견을 묻는 방식
- 특정한 관심사에 대한 올바른 판단을 체계적으로 집계하는 방법으로서 몇 단계의 설문을 사용함
- 집단의 판단을 체계적으로 유도해 나가기 위해서 설문에 대한 응답은 무기명, 반복 또는 통제된 환류를 통한 정보수집과정, 집단의 반응을 통계 · 분석해서 집약하는 방법을 사용
- 장점: 익명성으로 특정인의 영향력 감소, 집단의 의견에 개인을 순종시키려는 집단의 압력 감소, 응답자의 시간을 효율적으로 이용할 수 있는 점 등
- 단점: 반복적인 과정을 거치므로 시간이 많이 걸리고, 소수의 의견은 판단의 합의를 얻기 위해 제거되는 점 등

(4) 변증법적 토의
- '정(正) – 반(反) – 합(合)' 이라는 헤겔의 변증법적 사고방식에 기초한 토의방법
- 토의가 진행되기 전에 미리 참여자들에게 쟁점 및 관련 정보를 알리면 참여자들은 각자 정

보를 검토하여 찬성 혹은 반대를 미리 선택함

- 찬성과 반대로 나누어진 두 집단은 각각 자신들의 입장을 정리하여 발표함으로써 쟁점에 대한 장점과 단점이 모두 드러나게 됨
- 양 집단의 토론을 통해 장점을 극대화하고, 단점을 최소화하는 대안을 모색하게 함

上·中·下

01) 시간별 활동계획도표(Gantt Chart)의 설명으로 옳은 것을 모두 고른 것은? (18회 기출)

> ㄱ. 시간별 활동계획의 설계는 확인-조정-계획-실행의 순환적 과정으로 이루어진다.
> ㄴ. 헨리 간트(H. Gantt)에 의해 최초로 개발되었다.
> ㄷ. 목표달성 기한을 정해놓고 목표달성을 위해 설정된 주요활동과 시간계획을 연결시켜 도표로 나타낸 것이다.
> ㄹ. 활동과 활동 사이의 상관관계를 파악하기 힘들다.

① ㄱ, ㄴ   ② ㄱ, ㄷ   ③ ㄴ, ㄷ   ④ ㄴ, ㄹ   ⑤ ㄷ, ㄹ

해설

ㄱ. 시간별 활동계획의 설계는 계획 - 실행 - 점검 - 수정의 순환적 과정으로 이루어진다.
ㄷ. 목표달성 기한을 정해놓고 목표달성을 위해 설정된 주요활동과 시간계획을 연결시켜 도표로 나타낸 것은 프로그램 평가검토기법(PERT)이다. 〈 정답 ④ 〉

上·中·下

02) 사회복지기획과 관리기법에 관한 설명으로 옳은 것은? (17회 기출)
① PERT는 최초로 시도되는 프로그램 관리에는 유용치 않다.
② 간트 차트는 임계통로에 대한 정확한 정보파악에 유용하다.
③ 책임행렬표는 목표, 활동, 책임유형을 구성원별로 제시한다.
④ 사례모델링이란 클라이언트의 서비스 이용경로를 제시하는 것이다.
⑤ 마일스톤은 월별 활동내용을 파악하는 주된 기법이다.

해설

① PERT는 최초로 시도되는 장기적인 프로그램 관리에는 유용한 기법이다.
② 임계통로에 대한 정확한 정보파악에 유용한 것은 PERT이다.
④ 클라이언트의 서비스 이용경로를 제시하는 것은 PERT이다.
⑤ 월별 활동내용을 파악하는 주된 기법은 칸트차트이다. 〈 정답 ③ 〉

기획과 의사결정

다음 문장에서 틀린 것을 모두 고르시오.

◆ **기획**

① 기획은 연속적이며 동태적인 과업이다.

② 기획은 효율성 및 효과성 모두 관련이 있다.

③ 기획은 미래의 환경변화에 대응하기 위한 의사결정과정이다.

④ 기획은 목표지향 적이거나 과정지향 적이지는 않다.

⑤ 기획은 사회복지조직의 불확실성을 감소시킨다.

⑥ 기획은 사업에 대한 연속적인 의사결정으로서 정적인 개념이다.

⑦ 기획은 미래에 일어날 일을 예측하며 과거 오류의 재발을 방지한다.

⑧ 기획은 프로그램 수행의 책임성을 높이는 데 도움이 된다.

⑨ 기획은 프로그램의 효율성, 효과성 및 합리성을 증진시킨다.

⑩ 기획은 프로그램 수행과정에서의 불확실성이 증가된다.

⑪ 기획은 목표 달성을 위한 미래 활동을 준비하는 과정이다.

⑫ PERT에서 임계경로(critical path)는 프로그램 시작부터 모든 활동의 종료까지 소요되는 최소한의 시간 경로를 찾는 방법이다.

⑬ 칸트 차트는 임계통로에 대한 정확한 정보파악에 유용하다.

⑭ 책임행렬표는 목표, 활동, 책임유형을 구성원별로 제시한다.

⑮ 마일스톤은 월별 활동내용을 파악하는 주된 기법이다.

◆ **의사결정**

① 대안선택흐름도표는 개인적 의사결정기법에 해당한다.

② 브레인스토밍은 지도자만 주제를 알고 그 집단에는 문제를 제시하지 않은 상태에서 장기간 자유롭게 토론하는 방법이다.

③ 판단적 결정은 정보수집, 연구, 분석과 같은 합리적 과학적인 절차를 통해 이루어진다.

④ 직관적 결정은 개인의 지식과 경험에 의해 이루어진다.

⑤ 비정형적 의사결정은 의사결정자의 직관과 판단에 의해 이루어진다.

⑥ 브레인스토밍은 아이디어의 양보다 질이 중요하며 능동적 참여가 중요하다.

⑦ 변증법적 토의는 사안의 찬성과 반대를 이해함을 기본으로 한다.

⑧ 델파이기법은 전문가로부터 정보를 수집하여 합의를 얻으려 할 때 적용할 수 있다.

⑨ 대안선택 흐름도표는 '예'와 '아니오'로 답할 수 있는 연속적 질문을 통해 예상되는 결과를 결정한다.

⑩ 명목집단기법은 감정이나 분위기상의 왜곡현상을 피할 수 있다.

⑪ 직관적(intuitive)방법은 합리성보다는 감정이나 육감에 근거하여 결정된다.

⑫ 문제해결적(problem-solving)방법은 정보수집, 연구, 분석과 같은 합리적인 절차를 통해 이루어진다.

〈 정답 〉
• 기획 – ④⑥⑩⑬⑮
• 의사결정 – ②③④⑥

제7장 리더십이론과 조직문화

제1절 리더십이론

1. 리더십(Leadship)의 개념

(1) 리더십의 특징 및 필요성
- 조직 목적달성을 위해 사람에 의해 만들어지는 활동이며 과정(역동적인 행위)을 말함
- 사람에게 영향력을 주기 위한 활동, 특정한 목적의 달성을 위한 의도적인 노력임
- 지역사회의 환경과 압력에 적절히 대응하기 위해 필요하며, 새로운 기술이나 구조의 도입과 같은 내부적 변화가 조직에 통합될 수 있게 하기 위함
- 전문가의 자율적 욕구와 조직의 통제적 욕구를 매개하여 구성원들이 조직의 규칙과 규정을 준수하고, 구성원의 목표와 조직목표 사이에 가능한 많은 일치를 가져오기 위함

리더십과 헤드십

리더십(Leadership)	헤드십(Headship)
상호작용적, 자발적, 비일상적 발동	일방적, 계속적, 규칙적 발동
법적 구속력 없음	법적 구속력 있음
인간적 차원의 유인	계층적 지위에 의존한 공식적 권한 행사
전문능력, 인간적 자질과 특성에 유래	공식적 법적 지위에 유래
쌍방적 의사소통	일방적 의사소통
심리적 유대감에 의한 추종	강제력을 전제로 강압적 분위기
신뢰와 인정	물질적 보상과 처벌에 의존

2. 리더십이론의 유형

(1) 특성(자질)이론(Trait Theories): 리더의 특성과 자질 중시
- 1940~1950년대 주장된 이론, 스톡딜(Stogdill)은 리더는 고유한 개인적인 특성만 가지고

있으면 그가 처해 있는 상황이나 환경에 관계없이 리더가 될 수 있다고 함
- 성공적인 리더의 특성을 신체적 특성, 사회적 배경, 지능 · 성격 · 과업과 관련된 특성, 사회적 특성 등 6가지 범주로 구분하여 제시함
- 리더의 특성: 비전 · 전문성 · 동기부여 · 정서적 안정 · 신뢰도와 자신감 · 생동감, 카리스마 · 외모 등

(2) 행위(행동)이론(Behavior Theory): 리더의 행동 중시
- 1950~1960년대 주장된 이론, 특성이론에 대한 비판으로 등장, 리더십을 특성이 아니라 행위로 보기 시작함
- 특성은 타고나는 측면이 강한 반면, 행위(형태)는 후천적으로 교육과 개발이 가능하다는 이유 때문에 리더의 중요한 측면은 리더의 특성이 아니라 다양한 생활에서 리더가 어떻게 행동하는가에 있음
- 구성원의 업적과 만족에 긍정적인 영향을 미치는 효과적인 관리자행동에 초점을 두며, 효과적인 행동을 밝혀냄으로써 리더십을 전수할 수 있고, 훈련을 통해 누구나 리더십을 개발할 수 있다고 봄

○ 오하이오(Ohio)연구: 구조적 · 배려적 리더십
- 구조적 리더십(구조화 행동요인): 리더가 과업을 조직화하고 정의하며, 업무를 할당하고 의사소통망을 확립하여 업무를 완수하도록 이끌어 주는 행위
- 배려적 리더십(배려 행동요인): 구성원의 복지를 위한 관심을 나타내며 구성원들의 어려움과 특별한 상황들을 고려해서 지지해 주고 반응하는 행위

○ 미시간(Michigan) 연구: 직무중심적/ 직원중심적 리더십
- 직무중심 리더십(과업중심적 행동): 오하이오 연구의 '구조화 행동'과 유사하며, 세밀한 감독과 합법적인 강제력을 활용한 업무성과에 더 관심을 둠
- 직원중심 리더십(구성원 중심적 행동): 오하이오 연구의 '배려 행동'과 유사하며, 책임의 위임과 인간지향적인 구성원의 복지욕구 · 승진 · 개인적인 성장에 더 관심을 둠

○ 관리격자 모형(R. Blake & J. Mouton)
- 어떤 방향에서 리더의 행동유형을 개발하는 것이 가장 효과적인가를 제시한 이론

- 리더의 인간에 대한 관심과 생산에 대한 관심을 두 개의 축으로 하여 상호작용에 초점을 두는 분류방식
- 관리망은 횡축과 종축을 따라 각각 9개의 위치로 설정, 81개의 합성적 리더십형 도출
- 네 모퉁이와 중앙 등 기본적인 5개의 주요 리더십유형: 방임형(1.1), 인간중심형(1.9), 생산지향형(9.1), 중도형(5.5), 통합형(9.9)
- 연구결과: 통합형인 팀형(9.9) 리더 밑에 있는 집단들에서 가장 높은 성과가 나타남

> ※ 리더십의 4P: 다른 사람(People)이나 조직에 영향을 끼쳐(Power) 그들이 자신의 능력을 최대한 발휘함으로써 어떤 임무·목적을 달성(Performance)하는 지속적인 상호작용(Process)을 말한다.

(3) 상황이론(Situational Theory): 리더가 처한 상황의 중시

- 특정한 상황(리더의 권한, 리더가 수행하는 과제의 성격, 부하의 능력과 동기, 외부환경 속성 등)에 따라 리더십의 효과성은 다르게 나타남
- 성공적 리더십도 조직이나 집단의 상황에 따라 상이할 수 있음을 전제로 한 이론
- 주어진 상황에 따라 리더의 능력이나 가치가 다르게 평가되는 동시에 요구되는 리더의 형태와 자질이 달라진다고 주장함
- 대표적 이론: 상황적합이론, 권력영향력 이론, 리더십 대체물 이론, 경로-목표이론, 허시와 블랜차드의 상황이론 등
- 상황이론에 대한 비판: 상황변수가 복잡하고 측정이 어려우며, 리더나 부하직원의 기술적 능력·변화를 간과함, 상황요소와 리더유형의 명확한 상관관계에 대한 규명 실패, 연구에 사용한 측정도구의 불명확성 등

○ **피들러**(F. E. Fiedler)**의 상황적합이론**
- 상황적 요소와 리더유형의 상관성에 초점, 모든 상황에 한 가지 형태의 행동이 지속적으로 효과를 가질 수는 없다고 봄
- 리더의 유형: 관계지향적 리더(조직원과의 관계에 중심을 둠)와 과업지향형 리더(업무성과 측면에 역점을 둠)
- 조직에 대한 리더의 영향력: 3가지 상황적 변수에 의해 결정됨
  - 리더와 부하의 관계: 리더가 구성원들로부터 받는 존경과 신뢰의 정도

- 과업이 구조화되어 있는 정도: 과업의 할당과 평가방식의 구조화
- 관리자의 지위권력 정도: 리더에게 부여된 공식적 구성원 평가와 인사권의 영향정도

○ 하우스(R. J. House)의 경로 – 목표이론
- 브룸의 기대이론에 뿌리, 1970년대 에반스와 하우스에 의해 개발된 이론, 조직의 목표성취를 위해 가장 중요한 요인은 부하직원의 동기라 보고, 리더의 핵심역할은 부하직원의 동기를 높이는 것이라고 주장함
- 리더는 부하로 하여금 조직목표를 달성할 수 있다고 기대하는 행동경로를 명확하게 밝혀주고, 원하는 보상은 더 쉽게 많이 받을 수 있다고 믿게 해야만 동기부여가 이루어져 성과를 높일 수 있다고 봄
- 2가지 상황적 요인
  - 부하의 상황: 부하의 능력 · 성격 · 동기와 작업집단의 특성, 작업의 구조화 정도 등
  - 업무의 상황: 조직의 규칙 · 절차 등
- 4가지 리더십 유형
  - 지시적 리더십: 종업원들이 해야 할 사항들을 정확하게 언급하면서 이끄는 것
  - 지지적 리더십: 종업원들의 욕구와 복지를 위해 노력하면서 이끄는 것
  - 성취지향적 리더십: 종업원들에 대한 믿음, 도전적인 목표들을 제시함을 통해 이끄는 것
  - 참여적 리더십: 종업원들의 견해를 존중하며 참여유도와 격려를 통해 이끄는 것

○ 허시와 블랜차드(P. Hersey & K. H. Blanchard)의 상황이론
- 다양한 상황 중에서 부하직원의 상황에 주목하여 부하가 없으면 리더도 존재하지 않는다는 가정에 기반, 부하의 성숙도를 준비능력의 차원과 의지의 차원으로 나누어 2차원에 따라 4가지 형태의 성숙도 상황을 제시함
- 준비능력 차원: 부하의 지식, 경험, 기술보유 등
- 의지의 차원: 부하의 믿음, 헌신, 동기 등

○ 4가지 형태의 성숙도 상황
- 지시형 리더십: 부하가 능력과 의지가 모두 없는 경우
- 제시형 리더십: 부하가 능력은 없지만 의지는 있은 경우
- 참여형 리더십: 부하가 능력은 있는데 의지가 없는 경우

- 위임형 리더십: 부하가 능력과 의지가 모두 있는 경우

(4) 번즈(Burns)의 거래적-변혁적 리더십이론

○ 거래적 리더십

업무를 할당하고 업무결과에 대한 평가와 의사결정 등 일상적 역할에 주력하고, 교환관계에서는 부하의 이해관계에 초점을 두고 이해관계를 자극함으로써 동기를 부여함

○ 변혁적 리더십

- 조직의 합병을 주도, 신규부서를 만들고 새로운 조직문화를 창달하며 변화를 주도하고 관리해야 함
- 조직 구성원들이 조직변화의 필요성을 감지하고 그러한 변화를 이끌어 낼 수 있는 새로운 비전을 제시하는 능력이 있어야 함
- 변혁적 리더십의 형태: 환경의 변화에 민감하게 대처, 신념과 이상에 대한 확신, 관습과 관행을 거부하고 스스로 모험과 도전 수행, 조직성원에 대한 신뢰감 제시

○ 거래적 리더십과 변혁적 리더십의 차이

- 변혁적 리더십은 조직구성원을 추종자가 아닌 리더로서 개발시키고, 조직구성원이 개인의 이해관계를 초월하여 조직이 공공의 선을 지향할 수 있게 함
- 변혁적 리더십은 조직구성원들의 비전을 이루기 위해 어려움을 극복하면서 높은 수준의 헌신을 실천할 수 있게 함

구분	거래적 리더십	변혁적 리더십
목적	조직의 안정과 현상 유지	조직의 변화와 혁신
활동	규정 또는 규칙에 기반	규정 또는 규칙의 변화
보상	개인적	비개인적
리더와 추종자와의 관계	상호 의존적	상호 독립적
과업	일상적	비일상적

(5) 퀸(R. Quinn)의 경쟁적 가치리더십이론

- 기존의 과업중심과 관계중심이란 2가지 차원으로 리더의 역할을 규정하는 것에서 벗어나 통합적 관점에서 리더십을 연구한 이론

- 내부지향 – 외부지향의 가로축과 유연성(분권화) – 통제성(집권화)의 세로축으로 구분하여 4가지 영역에 대한 리더십을 연구한 이론
- 경쟁적 가치의 의미는 환경적응(비전제시형 리더), 목적달성(목표달성형 리더), 형태유지(분석형 리더), 통합(동기부여형 리더)이라는 4가지 활동이 서로 상반된 가치를 추구한다고 봄

(6) 하우스(House)의 카리스마 리더십

- 카리스마 리더십은 Max Weber의 카리스마적 권위에서 출발, 카리스마는 부하들이 리더를 지원하고 수용하도록 만드는 대인적 매력, 이는 부하들의 행동에 대한 지대한 영향력을 준다고 강조함
- 카리스마 리더의 특성: 높은 수준의 자기 확신, 분명한 비전과 비전에 대한 강한 신뢰, 개혁적이고 변화 지향적이며, 조직 환경에 대한 민감성, 원활한 의사소통, 높은 수준의 에너지 및 행동 지향적인 태도 등을 보임, 구성원의 높은 기대와 신뢰를 바탕으로 조직을 이끌며, 높은 성과를 이룩할 수 있음
- 리더의 카리스마를 제고하는 부하의 특성: 부하들은 리더의 신념과 유사한 신념을 갖고 리더의 신념이 옳았다고 믿음, 부하들은 근무성과의 목표를 높게 설정하고, 임무에 몰입하며, 성공적인 임무수행에 자신들이 공헌할 수 있다고 믿음

(7) 칼리슬(Carlisle)의 리더십유형

○ 지시형 리더십: 전제적 리더십
- 명령과 복종을 강조하는 독선적 리더십으로 지도자는 상급자 중심으로 의사결정을 하며 하급자들에게 지시적임
- 통제와 조정이 쉽고 정책해석과 집행에 일관성이 있고, 조직원을 보상과 처벌의 연속선에서 통제와 관리를 함
- 신속한 결정이 가능하므로 위기시에 기여할 수 있으나 조직원의 사기를 저하시키고 창의성을 살리는 것은 어려움

장점	단점
· 통제와 조정의 용이	· 과도한 통제로 사기 저하
· 정책의 해석과 수행의 일관성	· 잠재력 개발의 기회 감소
· 신속한 의사결정	· 일방적 의사소통
· 변화와 위기 시에 기여	· 적대감, 소외감, 비 융통성 초래

○ 참여형 리더십: 민주적 리더십

- 조직구성원들을 조직의 의사결정과정에 보다 적극적으로 참여시키고, 새로운 정보의 교환이 활발하게 이루어지며 업무수행능력도 높아짐
- 의사결정에 많은 시간이 소요, 긴급한 의사결정을 할 때에는 어려움이 발생할 수도 있음

장점	단점
· 조직목표에 대한 참여동기의 증대 · 집단의 지식과 기술활용의 용이 · 개인의 가치, 신념 등의 고취 · 참여를 통해 경영의 사고와 기술습득 · 자유로운 의사소통의 장려	· 참여에 따른 의사결정시간의 많은 소요 · 긴급한 의사결정시 부적합 · 타협에 의한 중간적 결정경향 · 책임분산으로 활동성이 떨어질 우려

○ 자율형 리더십: 위임적 리더십, 방임적 리더십

- 대부분의 의사결정권은 조직원들에게 위임하는 형태로서 조직원 스스로 목표를 세우고 실행하는 계획을 수립함
- 특정 과업해결을 위한 전문가 중심조직에 적합한 리더십이며, 조직원들은 조직의 규칙이나 정책을 위반하지 않는 범위 내에서 자유재량권을 행사함
- 자문기관의 역할을 할 뿐 부하들에게 지시나 감독 등 리더의 명확한 역할에 대한 설명이 어렵고, 조직원들이 요구하지 않는 한 조언을 하지 못하며 내부적 갈등이 생겨도 이를 해결하지 못하는 경우가 발생할 수 있음

제2절 조직문화

1. 조직문화의 개념

(1) 조직문화의 기능

- 조직의 통합: 조직원들의 통합 또는 단결을 촉진하는 기능을 함
- 조직의 정체성 제고: 조직체의 기본가치와 전통을 인식시킴으로써 조직원들로 하여금 정체성을 느끼고 주장할 수 있게 함
- 조직의 안정성과 유지: 조직에게 안정성과 계속성을 주는 요인으로 작용을 함
- 조직인의 일탈행위에 대한 통제: 조직원들이 공유된 이상이나 규범을 일탈할 때 통제기능

을 함

(2) 조직문화의 발전

- 조직문화의 형성: 조직문화의 형성과 관련 가장 많이 주목하는 것은 바로 조직설립자나 최고경영자의 경영이념과 철학이 대표적임
- 조직문화의 유지와 전파: 조직문화에 적합한 사람의 선발, 오리엔테이션 및 훈련, 교육을 통한 사회화, 최고경영자의 언행과 조직 내에서의 각종 행사 등을 통해 유지 전파됨
- 조직문화의 변화: 조직의 믿음과 가치들이 더 넓게 더 깊게 공유되었을 때, 조직의 믿음과 가치들이 분명하게 위계되었을 때 강도는 더 커짐

2. 조직문화의 개발과 관리

(1) 우수한 기업들의 공통적 조직문화

- 조직구성원들이 성과지향적인 문화가치를 갖고 있음
- 창업주, 최고경영자 등 기업 내 중심인물들의 역할이 중요한 요인이 되었음
- 조직구성원들이 기업체의 문화망을 형성하면서 기업문화개발의 역할을 함
- 변화담당자들의 개입역할도 기업문화 개발에 중요한 역할을 함

(2) 사회복지조직의 조직문화 구축

- 사회복지이론과 실천기술을 학습할 수 있는 환경조성과 촉진
- 의사결정의 신속화, 정보공유로 팀워크 촉진
- 통제를 경감시키고 권한 위임에 의한 민주적 조직분위기 조성
- 구성원에 대한 평가기준의 명확화, 적절한 보상체계의 확립

上·**中**·下

01) 리더십이론에 관한 설명으로 옳지 않은 것은? (18회 기출)

① 관리격자이론은 조직원의 특성과 같은 상황적 요소를 고려하고 있다.

② 특성이론의 비판적 대안으로 행동이론이 등장하였다.

③ 섬김의 리더십(servant leadership)은 힘과 권력에 의한 조직지배를 지양한다.

④ 거래적 리더십은 교환관계를 기반으로 하여 조직성과를 높이고자 한다.

⑤ 상황이론은 과업환경에 따라 적합하게 대응하는 리더십이 효과적이라고 가정한다.

해설

① 관리격자이론은 리더의 생산에 대한 관심과 인간에 대한 관심이라는 두 가지 차원을 기준으로 총 81 개의 리더십유형을 나타낸다. 상황적 요소를 고려하는 것은 상황이론이다. 〈 정답 ① 〉

上·**中**·下

02) 사회복지조직의 조직문화에 관한 설명으로 옳은 것을 모두 고른 것은? (18회 기출)

ㄱ. 사회복지서비스 체계의 규범과 가치로서 역할을 한다.

ㄴ. 사회복지서비스 제공자의 상황인식에 중요한 역할을 한다.

ㄷ. 조직구성원의 행태와 인식 그리고 태도를 통해서 조직효과성과 연결하는 역할을 한다.

① ㄱ   ② ㄷ   ③ ㄱ, ㄴ   ④ ㄴ, ㄷ   ⑤ ㄱ, ㄴ, ㄷ

해설

조직문화의 기능

• 조직의 통합: 조직원들의 통합 또는 단결을 촉진하는 기능을 한다.

• 조직의 정체성 제고: 조직체의 기본가치와 전통을 인식시킴으로써 조직원들로 하여금 정체성을 느끼고 주장할 수 있게 한다.

• 안정성과 유지: 조직에게 안정성과 계속성을 주는 요인으로 작용을 한다.

• 일탈행위에 대한 통제: 조직원들이 공유된 이상이나 규범을 일탈할 때 통제기능을 한다.   〈 정답 ⑤ 〉

리더십이론과 조직문화
다음 문장에서 틀린 것을 모두 고르시오.

◆ **리더십이론**

① 관리격자이론은 조직원의 특성과 같은 상황적 요소를 고려하고 있다.

② 특성이론의 비판적 대안으로 행동이론이 등장하였다.

③ 섬김의 리더십(servant leadership)은 힘과 권력에 의한 조직지배를 지양한다.

④ 거래적 리더십은 교환관계를 기반으로 하여 조직성과를 높이고자 한다.

⑤ 상황이론은 과업환경에 따라 적합하게 대응하는 리더십이 효과적이라고 가정한다.

⑥ 블레이크와 머튼(Blake & Mouton)의 관리격자이론에 의하면 과업형(1,9)이 가장 이상적 인 리더십이다.

⑦ 피들러(F.E. Fiedler)의 상황적합이론에 의하면 상황의 호의성이 모두 불리하면 리더가 인 간중심의 행동을 해야 효과적이다.

⑧ 허시와 블랜차드(P. Hersey & K. H. Blanchard)의 상황이론에 의하면 구성원의 성숙도 가 낮을 경우 위임형 리더십이 적합하다.

⑨ 퀸(R. Quinn)의 경쟁적 가치리더십이론에 의하면 동기부여형 리더십은 목표달성가 리더 십과 상반된 가치를 추구한다.

⑩ 배스(B.M Bass)의 변혁적 리더십에 의하면 변혁적 리더는 구성원의 욕구와 보상에 주된 관심을 갖는다.

⑪ 경쟁가치 리더십이론은 조직구성원의 성숙에 따라서 리더는 관리행동을 맞추어 나가야 한다.

⑫ 변혁적 리더십이론은 리더의 개혁적·변화지향적인 모습과 비전 제시는 조직구성원에게 높은 수준의 동기를 부여한다.

⑬ 특성이론은 구성원 성장에 대한 헌신과 공동체 의식 형성에 초점을 둔다.

⑭ 상황이론은 주어진 상황에 따라 요구되는 지도자의 행태와 자질이 달라진다고 본다.

⑮ 참여적 리더십은 집단지식과 기술 활용이 용이하다.

⑯ 참여적 리더십은 소요시간과 책임소재 문제 등이 단점이다.

⑰ 참여적 리더십은 기술수준이 높고 동기부여 된 직원들이 있을 때 효과적이다.

⑱ 참여적 리더십은 직원들을 의사결정에 참여시켜 일에 대한 적극적 동기부여가 가능하다.

◆ **조직문화**

① 조직구성원의 행태와 인식 그리고 태도를 통해서 조직효과성과 연결하는 역할을 한다.

② 조직문화가 조직의 핵심가치를 공유하는 조직 구성원이 많을수록 조직성과가 향상된다.

③ 조직문화는 변화가 쉬운 조직성과에 긍정적 영향을 준다.

④ 환경적응적 조직문화는 조직외부의 이해당사자들의 기대실현과 적절한 수준으로 고려하여 조직성과를 향상시킨다.

⑤ 조직문화는 조직 내 의사결정방식과 과업수행 방식에 영향을 준다.

⑥ 강한 조직문화는 조직의 변화와 혁신에 기여한다.

〈 정답 〉
• 리더십이론 – ①⑥⑦⑧⑩⑪⑬
• 조직문화 – ③⑥

제8장 인적자원관리

제1절 인적자원관리의 개요

1. 인적자원관리의 개념

(1) 인적자원관리의 의의
- 기관의 운영목적을 달성하기 위하여 인적 자원을 최대로 활용하기 위한 관리 활동
- 조직의 목적을 달성시키고, 조직 내 이해관계를 조정하는 관리 활동
- 인력계획, 경력관리, 보수 및 퇴직금, 안전 및 복무후생, 사기와 인간관계관리, 복무와 근무규율, 노사협조, 인사관리 정보체계 등

(2) 인적자원관리의 변화 방향
- 전통적 인사관리: 승진 중심의 수직적 이동, 낮은 조직간 이동성, 지시통제위주의 관리, 직급중심의 인사체계 등
- 현대적 인사관리: 전문성 위주의 수평 및 수직적 이동, 높은 조직간 이동성, 임파워먼트형 관리방식, 직무와 역량 중심의 인사체계 등

(3) 공직의 임용방법
○ 엽관주의와 실적주의
- 엽관주의: 임용기준을 임용권자의 혈연 · 지연 · 학연 · 정당관계 등 귀속성에 중점을 두는 임용방법
- 실적주의: 개인의 객관적인 능력 · 자격 · 실적 등에 중점을 두는 임용방법

○ 계급제와 직위분류제
- 계급제: 인적 요소를 기준으로 직위를 분류하는 제도이며, 일반행정가를 양성하기에는 용이하지만 전문행정가의 양성에는 어려움
- 직위분류제: 직무의 종류와 전문성, 난이도와 책임도 등에 따라 직위를 분류하는 제도로

전문성이 강조되는 분류형태이며 객관적인 실적평가가 가능한 제도

2. 인적자원관리의 과정

(1) 충원계획

- 조직에 필요한 유능한 인재를 채용하기 위해 장기적인 관점에서 계획을 수립하여야 함
- 충원할 직위에 대한 직무분석, 직무기술서와 직무명세서의 작성을 통해 인원수 및 자격 등을 확정함
- 직무기술서와 직무명세서는 직무분석이 이루어진 이후에 작성되어야 함

> ※ 직무분석: 한 사람이 수행하는 단위업무를 직무라 하며, 인적자원관리의 기초를 세우기 위하여 직무내용을 분석하는 것이다.
> ※ 직무기술서: 직무자체에 대한 기술서이며, 직무명칭 · 직무개요 · 작업환경 등이 포함되며, 직무의 성격 · 내용 · 수행방법 · 직무에서 기대되는 결과 등을 간략히 정리해 놓은 문서이다.
> ※ 직무명세서: 특정한 직무를 수행하는 데 필요한 지식 · 기능 · 능력 등 자격요건을 명시해 놓은 문서이다.
> 예) 사회복지사 1급 자격증 소지자, 운전면허증 1종 소지자 등

(2) 모집

유능하고 우수한 사람들이 관심을 가지고 지원하도록 하는 적극적인 모집활동이 필요함

(3) 선발

조직문화에 적합하고 전문성과 능력을 겸비한 사람을 뽑는 과정이며, 서류심사 · 필기시험 · 실기시험 · 면접시험 등으로 이루어짐

(4) 임용

선발된 인원 중에서 필요한 사람을 고용하겠다는 공식적 계약과정을 의미함

(5) 오리엔테이션

신규채용자를 대상으로 실시하는 교육·훈련으로 기관과 서비스 내용 및 지역사회 등을 소개하는 과정

(6) 배치 및 평가

- 배치: 조직이 필요로 하는 직위에 가장 적합한 사람을 근무토록 하는 것임
- 평가: 업무수행 평가를 통해 연봉, 훈련, 승진 등에 활용하기 위함

(7) 승진

- 조직구성원의 입장에서는 자아발전의 욕구를 충족시키며, 조직의 입장에서는 효율적인 인력개발의 토대가 됨
- 방법에는 능력에 따른 합리적 기준에 의해 승진을 결정하는 능력주의 승진과 선임권을 위주로 하는 연공서열주의 승진이 있음

(8) 이직 및 퇴직

정년 등 여러 가지 사유로 인력이 근무하는 기관을 떠나는 것을 의미함

제2절 슈퍼비전과 슈퍼바이저

1. 슈퍼비전(Supervision)

(1) 슈퍼비전의 개념

- 사회복지조직에서 활동하고 있는 직원들이 전문성과 능력을 발휘할 수 있도록 교육 및 지도하고 원조하는 과정
- 사회복지기관의 서비스제공자인 사회복지사의 기술력을 향상시키고 이를 통해 서비스의 질을 높이기 위한 교육적·관리적 활동을 의미함

(2) 슈퍼비전의 기능

- <u>교육적 기능</u>: 사회복지사의 지식과 기술의 향상이며, 슈퍼바이저는 교육을 통해 사회복지

사의 문제해결능력과 실천기술의 향상을 도모함
- 행정적 기능: 사회복지사에게 업무를 질적·양적으로 잘 분배하여 기관의 행정규정에 대한 정확한 이해를 돕도록 함
- 지지적 기능: 사회복지사가 자신의 업무에 대해 편안하고 좋은 감정을 가지도록 돕고 스스로 업무처리를 할 수 있도록 용기를 주고 지지해 줌

(3) 슈퍼비전의 모형
개별 및 집단 슈퍼비전, 직접 및 간접 슈퍼비전, 공식적 및 비공식적 슈퍼비전 등

2. 슈퍼바이저(Supervisior)

(1) 슈퍼바이저의 지위
- 일선 사회복지사와 행정가 양쪽에 대해 책임을 지며 중간관리자에 해당됨
- 사회복지사를 통하여 클라이언트와 간접적으로 접촉하며, 일선사회복지사가 클라이언트를 보다 잘 도울 수 있도록 원조함
- 카두신(Kadushin)의 슈퍼바이저의 역할: 행정적인 상급자로서의 역할, 교육자로서의 역할, 상담자로서의 역할 등

(2) 슈퍼바이저의 조건
- 지식구비: 슈퍼바이저는 전문직에 대한 지식과 기관에 대한 종합적인 지식을 갖추어야 함
- 실천기술과 경험구비: 슈퍼바이저는 자신이 클라이언트에 대한 문제를 해결해 본 실천경험과 기술을 갖추고 있어야 함
- 개방적 접근의 허용: 응급 시 및 필요시에 하급자가 쉽게 접근하여 질문하고 어떠한 지도라도 받을 수 있도록 기회를 마련해야 함
- 헌신적인 사명감: 기관, 하급자 및 자신간의 역동적 관계에 대하여 진실하고 지속적인 관심을 가지면 하급자에게 크게 도움을 줄 수 있어야 함
- 솔직한 태도: 하급자가 제기한 질문이나 문제해결에 대한 해답을 제시할 수 없을 때에는 자신의 입장을 솔직히 인정할 수 있어야 함
- 감사와 칭찬의 태도: 감사와 칭찬의 태도를 가지고 하급자의 동기를 유발하고 전문직의 발

전을 도모하여야 함

제3절 동기부여이론과 소진관리

1. 동기부여이론

(1) 매슬로우(A. H. Maslow)의 욕구단계이론
○ 욕구단계 이론의 개념
- 인간의 욕구는 가장 낮은 것으로부터 가장 높은 것으로 올라가는 계층이 있음
- 어떤 욕구가 충족되면 그 욕구는 더 이상 동기요인이 되지는 않음
- 하위욕구가 충족되어야 상위욕구가 나타나게 됨

○ 인간의 기본적 욕구(피라미드형)
- 생리적 욕구, 안전의 욕구, 소속(애정)의 욕구, 존경의 욕구, 자아실현 욕구

(2) 알더퍼(C. Alderfer)의 ERG 이론
- 상위욕구를 충족시키기 전에 하위 욕구가 먼저 충족되어야 한다는 매슬로우(Maslow)의 가정을 배제함
- ERG 이론은 매슬로우의 5가지 욕구를 존재의 욕구, 관계의 욕구, 성장의 욕구 등 3가지 범주로 나누어 설명함
- ERG 이론에서는 존재의 욕구, 관계의 욕구, 성장의 욕구는 동시에 추구될 수 있다고 봄

(3) 허즈버그(F. Herzberg)의 동기- 위생이론(2요인이론)
- 동기요인(만족요인): 맥그리그의 Y이론과 관련되며, 직무 그 자체 · 직무상의 성취 · 직무 성취에 대한 인정 · 승진 · 보람 있는 일 · 책임 · 성장 · 발전 등
- 위생요인(불만요인): 일하고 있는 환경과 관련되며 개선이 되면 불만을 감소시키는 역할을 하며 충족되어도 근무의욕을 향상시키지는 않음

(4) 맥클랜드(D. McCelland)의 성취동기이론

- 권력욕구: 구성원들에게 통제력을 행사하거나 행동에 영향을 미치려는 욕구 등
- 친화욕구: 다른 사람과 친근하고 밀접한 관계를 맺으려는 욕구 등
- 성취욕구: 어려운 일을 달성하려는 욕구, 다른 사람들과 경쟁하여 이기고 싶은 욕구, 자신의 능력을 최대한 발휘하고 싶은 욕구 등

(5) 브룸((V. H. Vroom)의 기대이론(VIE이론)

- 어떤 일을 하게 되는 동기는 자신이 가장 중요시 하는 결과를 가져올 수 있다고 믿고 기대하는 대안을 선택하는 과정임
- 자신의 노력이 목표를 성취하는데 실질적으로 도움을 줄 것이란 확신을 갖게 될 때 더욱 크게 동기가 부여됨
- 주요 개념: 유인성(V: Valence), 수단성(I: Instrumentality), 기대감(E: Expectancy)

(6) 아담스(J. S. Adams)의 형평성(공평성)이론

- 개인의 행위는 타인과의 관계에서 공평성을 유지하는 방향으로 동기가 부여되며, 업무에서 공평하게 취급받으려고 하는 욕망은 개인으로 하여금 동기를 갖게 함
- 자신이 직무를 수행하는데 투입한 노력 등과 조직으로부터 받는 산출을 계량화함
- 주요 개념: 투입, 산출, 보상, 준거인물, 형평성 등

동기부여의 내용이론과 과정이론

※ 내용이론: 어떠한 요인이 조직구성원의 동기를 유발시키는가에 관심을 갖는다.
　예) 매슬로우의 요구단계이론, 허즈버거의 동기-위생이론, 알더퍼의 ERG이론, 맥클랜드의 성취동기이론, 맥그리거의 X · Y이론 등
※ 과정이론: 어떠한 방법으로 조직구성원의 욕구를 충족시키는가에 관심을 갖는다.
　예) 아담스의 형평성이론, 브룸의 기대이론, 로크의 목표설정이론 등

2. 소진(Burnout)관리

(1) 소진의 의의

- 헌신적이었던 전문직업인이 직업에서 경험하는 스트레스와 고통으로 인해 직무에서부터 멀어져 가는 과정임
- 주로 밀접한 인간관계와 관련된 직종의 종사자들에게 나타나는 부정적 현상이며, 사회복지사는 소진의 위험이 다른 집단에 비해 높은 직업군에 속한다고 할 수 있음

(2) 소진의 단계

- 열성의 단계: 일에 대해 희망과 정열, 때로는 비현실적인 기대를 가지고 많은 시간과 정력을 투자하는 단계
- 침체의 단계: 보수·근무시간과 근무환경 등에 신경을 쓰고 개인적인 욕구충족을 더 중요하게 여기게 되는 단계
- 좌절의 단계: 자신의 직무수행능력과 일 자체의 가치에 대한 의문을 갖게 되고, 직무환경 내 여러 제한점을 자신이 하는 일에 대한 위협으로 보는 단계
- 무관심의 단계: 정서적·신체적 포기상태에서 무관심하게 그 직무를 수행하는 자포자기상태 또는 직장을 아주 떠나려고 하는 단계

(3) 소진의 영향

- 사회복지사 자신
  - 육체적으로 허탈해지면서 쉽게 피로를 느끼고 자주 아프다는 느낌을 호소하게 됨
  - 일하러 가기 싫어지고 일에 집중력이 떨어지며 흥미를 잃게 됨
  - 정서적인 고갈 상태를 경험하며 부정적인 자아개념을 갖게 됨
- 조직의 측면
  - 직무태만과 직무생산성의 저하로 인해 업무처리 시간이 연장되거나 지연됨
  - 직무불만족으로 인해 조직의 서비스 질이 저하됨
  - 장기적으로 행정비용의 지출을 증가시킴
- 전문직의 측면
  - 전문직으로서의 공감, 진실성 등 요소를 발휘하지 못함
  - 클라이언트와의 관계가 단절되고 동료를 향한 비판적 태도를 가짐
- 클라이언트의 입장
  - 클라이언트에 대해 무관심하거나 냉소적인 반응을 보임
  - 클라이언트가 말하는 내용에 대해 집중하지 못함

– 클라이언트에 대한 비난·정형화시킴 등 비인간적 태도를 갖게 됨

(4) 소진의 예방전략

• 소진을 유발하는 조직의 구조적인 요인에 대응하여 자율성과 통제권을 확대하고, 중요한 결정에 참여기회를 보장하고, 수직적 의사소통의 경로를 마련함

• 적절한 교육훈련의 기회를 정기적으로 제공하고, 일터의 물리적 환경을 개선하며 개별 사회복지사의 장점을 살릴 수 있도록 조직에 융통성을 부여함

上·**中**·下

01) 다음 사례에서 설명하는 동기이론은? (18회 기출)

A는 자신보다 승진이 빠른 입사 동기인 사회복지사 B와의 비교로, 보충해야 할 업무역량을 분석하였다. A는 B가 가진 프로그램 기획력과 사례관리 역량의 필요성을 알게 되었고, 직무 향상과 승진을 위해 대학원 진학을 결정하였다.

① 욕구위계이론(A. Maslow) ② 동기위생이론(F. Herzberg) ③ ERG이론(C. Alderfer)
④ 형평성이론(J. S. Adams) ⑤ 기대이론(V. H. Vroom)

해설

아담스(J.S. Adams)의 형평성(공평성)이론

• 개인의 행위는 타인과의 관계에서 공평성을 유지하는 방향으로 동기가 부여되며, 업무에서 공평하게 취급받으려고 하는 욕망은 개인으로 하여금 동기를 갖게 한다.
• 자신이 직무를 수행하는데 투입한 노력 등과 조직으로부터 받는 산출을 계량화한다.
• 주요 개념: 투입, 산출, 준거인물 〈 정답 ④ 〉

上·**中**·下

02) 직무소진(burnout)에 관한 설명으로 옳은 것을 모두 고른 것은? (18회 기출)

ㄱ. 직무에서 비롯되는 스트레스에 대한 반응이다.
ㄴ. 목적의식이나 관심을 점차적으로 상실하는 과정이다.
ㄷ. 감정이입이 업무의 주요 기술인 직무현장에서 발생하는 현상이다.

① ㄱ   ② ㄴ   ③ ㄱ, ㄷ   ④ ㄴ, ㄷ   ⑤ ㄱ, ㄴ, ㄷ

해설

• 헌신적이었던 전문직업인이 직업에서 경험하는 스트레스와 고통으로 인해 직무에서부터 멀어져 가는 과정이다.
• 주로 밀접한 인간관계와 관련된 직종의 종사자들에게 나타나는 부정적 현상이며, 사회복지사는 소진의 위험이 다른 집단에 비해 높은 직업군에 속한다고 할 수 있다. 〈 정답 ⑤ 〉

인적자원관리

다음 문장에서 틀린 것을 모두 고르시오.

◆ **인적자원관리**

① 직원모집에는 단기·중기·장기의 충원계획수립이 필요하다.

② 직무분석 이전에 직무명세서와 직무기술서를 작성한다.

③ 직무명세서는 직무수행자의 요건에 대한 기술이다.

④ OJT(현장훈련)는 일상적인 업무를 수행하면서 훈련을 실시한다.

⑤ 인적자원 확보와 조직구성원에 대한 훈련, 교육, 보상관리 등을 의미한다.

⑥ 카두신(A. Kadushin)은 슈퍼비전을 행정적, 지지적, 교육적 기능으로 설명한다.

⑦ 긍정적 슈퍼비전은 사회복지사의 소진 예방에 도움을 준다.

⑧ 슈퍼바이지(supervisee)간 동료 슈퍼비전은 인정되지 않는다.

⑨ 직무기술서(job description)는 직무명칭과 개요 등 직무 자체에 관한 내용이다.

⑩ 선발시험 방법은 크게 필기시험, 실기시험, 면접시험 등으로 구분된다.

⑪ 슈퍼바이저는 개별 사례에 대한 목표 및 과업을 결정한다.

⑫ 슈퍼바이저는 일선 사회복지사가 제공하는 서비스를 감독한다.

⑬ 슈퍼바이저는 업무에 대한 조정과 통제의 임무를 수행한다.

⑭ 슈퍼바이저는 일선 사회복지사의 동기와 사기를 진작시킨다.

◆ **동기부여와 소진관리**

① 직무만족은 조직몰입에 부정적인 영향을 미친다.

② 소진은 일반적으로 열성-침체-좌절-무관심의 단계로 진행된다.

③ 소진은 목적의식이나 관심을 점차적으로 상실하는 과정이다.

④ 소진은 감정이입이 업무의 주요 기술인 직무현장에서 발생하는 현상이다.

⑤ 매슬로우(A.H. Maslow)의 욕구단계이론에서 최상위의 단계는 자아실현이다.

⑥ 알더퍼(C. Alderfer)의 ERG 이론은 인간의 욕구를 세 가지 범주로 나누었다.

⑦ 허즈버그(F. Herzberg)의 동기-위생이론에 의하면 감독, 안전은 위생요인에 해당한다.

⑧ 맥클랜드(D. McCelland)의 성취동기이론에 의하면 성장욕구는 관계욕구보다 상위의 단계이다.

⑨ 아담스(J.S. Adams) 공평성이론에서 조직이 공평성을 실천함으로써 구성원을 동기부여할 수 있다고 하였다.

⑩ 동기-위생이론은 책임성이나 성취에 대한 인정은 동기유발요인에 해당된다.

⑪ 성취동기이론은 인간의 동기부여 욕구를 권력욕구, 친화욕구, 성취욕구로 구분하였다.

⑫ X이론의 인간관은 생리적 수준에서 동기가 부여되므로 하위욕구 관리전략이 필요하다.

⑬ 공평성 이론은 개인의 투입·산출에 대해 형평에 맞게 보상하는 동기부여를 강조한다.

⑭ 허즈버그(Herzberg)의 이론에서 봉급과 작업조건은 위생요인에 해당된다.

〈 정답 〉
• 인적자원관리 - ②⑧⑪
• 동기부여와 소진관리 - ①⑧

제9장 재정관리와 정보관리

제1절 재정관리

1. 재정관리의 개념

(1) 예산의 의의
- 일반적으로 예산(Budget)은 1년간의 조직운영 내역을 숫자로 표시하는 것임
- 사회복지법인 및 사회복지시설의 회계연도는 정부 회계연도(1.1~12.31)에 따름
- 사회복지조직은 "사회복지법인 및 사회복지시설 재무 · 회계규칙"의 적용을 받음
- 1회계연도의 모든 수입은 세입으로, 모든 지출은 세출로 표시함

> ※ **예산의 적용법령**
> - 중앙정부: 예산회계법 / · 지방자치단체: 지방재정법
> - 사회복지법인, 사회복지시설: 사회복지법인 및 사회복지시설 재무 · 회계규칙

(2) 예산편성의 과정: 스키드모어(Skidmore)의 사회복지기관 예산편성의 6단계
조직의 목표설정 → 기관운영에 관한 사실의 확인 → 운영대안의 검토 → 우선순위의 결정 → 예산에 관한 최종적인 결정 → 적절한 해석과 홍보

(3) 예산의 성격상 분류
○ **예산의 구분**
- 본예산: 일반적인 예산편성 및 심의과정을 거쳐 최초로 확정된 예산
- 수정예산: 정부가 익년도 예산안을 국회에 제출한 이후 본회에서 의결하기 전에 불가피한 사유로 다시 수정하여 제출한 예산
- 추가경정예산: 예산이 국회의 의결을 거쳐 확정된 이후에 발생한 사회경제적인 변화에 따른 불가피한 사유로 정부가 본예산을 변경하여 제출한 예산

○ 임시예산 제도
- 잠정예산: 법정기한 내 본예산이 확정되지 않을 때 일정 예산의 지출을 사전에 허가하는 제도
- 가예산: 잠정예산과 유사한 제도이지만 차이점은 1개월 이내라는 제한이 있음
- 준예산: 정부가 본예산이 확정될 때 까지 인건비 등 필수경비, 법령상 지급의무가 있는 경비 등은 전년도 예산에 준하여 집행하는 제도(우리나라에서 사용하는 제도)

※ 재정관리의 과정
예산편성(정부) → 심의 · 의결(국회) → 집행(정부) → 회계감사(감사원) → 결산승인(국회)

2. 예산모형의 유형

(1) 품목별 예산(LIB: Line-Item Budget)
- 품목별 예산의 의의 및 특징
  - 지출대상 품목 및 서비스 별로 세분화하여 그 한계를 명확히 규정하는 예산체계
  - 지출대상별로 편성하는 투입중심 예산이며 가장 오래되고 일반화된 예산편성방법
  - 전년도 예산을 근거로 일정한 금액만큼 증가시키는 점증주의적 예산방식을 취하게 됨
- 품목별 예산의 장점
  - 예산의 편성이 간편하고 비용을 조절하기기 쉬움
  - 예산의 지출근거가 명확하여 목별로 통제하기가 용이함
  - 예산의 지출이 항목별로 정리되므로 회계처리가 쉬움
- 품목별 예산의 단점
  - 점진적 특성으로 인해 예산증감을 신축성 있게 할 수가 없으며, 예산편성에 대한 충분한 근거자료의 제시에 어려움이 있음
  - 예산기능의 중복이 발생되며 특정 세부목표를 성취하기 위해 어떻게 공급될 것인지를 명백히 보여주지 못함
  - 예산증대의 근거가 프로그램의 특성과 평가에서 나오지 못하고 전반적인 물가인상률 등을 적용하는 것이 되어 효과성이나 효율성 등을 평가하는 타당한 근거가 되지 못함

(2) 성과주의 예산(PB: Performance Budget)

- 성과주의 예산의 의의 및 특징
  - 품목별 예산의 단점을 보완하기 위한 방법으로 제시된 예산체계
  - 조직의 활동을 기능별 또는 사업별로 나누고, 다시 세부사업별로 나누어 세부사업 단위
    의 원가를 계산하고, 여기에 업무량을 곱하여 예산액을 산출함
    예) 예산액 = 단위원가 × 업무량
  - 성과평가를 예산에 반영하는 방식, 성과가 좋은 사업에 대하여 인센티브를 주는 방식
  - 우리나라도 1990년대에 정부예산부터 성과주의예산을 도입하였음
- 성과주의 예산의 장점
  - 일반인들도 기관의 목표와 사업을 분명히 이해할 수 있음
  - 단위 원가를 계산해 자금을 배분함으로써 합리성을 도모함
  - 사업별로 통제하기 쉽고 사업의 효율성을 기할 수 있음
  - 예산집행에 있어서 신축성을 부여함
  - 예산편성에 있어 자금배정을 합리화할 수 있음
  - 정부의 정책이나 계획수립을 용이하게 함
  - 입법부의 예산심사를 간편하게 함
- 성과주의예산의 단점
  - 업무 측정단위와 단위원가의 산출이 어려움
  - 회계의 책임이 명백하지 못함
  - 기능통합을 지나치게 확대시킬 우려가 있음
  - 엄격한 예산집행의 통제가 곤란함

(3) 기획 예산(PPBS: Planning-Programming Budget)

- 기획예산의 의의
  - 장기적인 사업계획(Planning)을 세우고, 그것을 실천하기 위한 당해 연도의 프로그램계
    획과 이를 뒷받침하는 예산을 통합하여 수립하는 산출중심의 예산체계
  - 기획예산제도의 기본원리: 절약과 능률, 효과성, 과학적 합리성, 조정 등
- 기획예산의 특징
  - 조직의 장기적이고 일반적인 목표의 확인·개발이 가능함
  - 목표를 달성하기 위하여 구체적이고 시간제한 적이며 계량적인 목표를 수립할 수 있음

- 구체적 목표달성에 관련된 사실에 대한 정보를 수집할 수 있음
- 수집된 자료를 근거로 구체적인 목표를 설정하고 우선순위를 정할 수 있음
- 목표달성을 위한 수단으로 기존 프로그램을 포함한 제반 대안들을 개발·분석하여 최적의 대안을 검토할 수 있음
- 프로그램별 예산을 통해 예상 수입원천과 실행 가능성을 검토할 수 있음
- 현실성 있게 예산안을 수정하고 최종적인 예산안을 선택할 수 있음
- 기획예산의 장점
  - 조직목표를 보다 정확하게 파악할 수 있음
  - 합리적인 의사결정이 가능함
  - 여러 목표 가운데 가장 시급한 것을 선택할 수 있음
  - 목표달성을 위한 효율적인 수단의 분석이 가능함
  - 장기적인 사업계획에 대한 객관적 신뢰도가 높음
  - 조직의 통합적 운영이 편리함
- 기획예산의 단점
  - 중앙집권화의 초래, 계량화의 어려움
  - 간접비 배분의 어려움
  - 결과에만 치중하여 사업과정을 소홀히 할 수 있음

(4) 영기준 예산(ZBB: Zero-Based Budget)

- 영기준 예산의 의의
  - 과거의 우선순위나 관행에 구애받지 않고 영(zero)에서 출발, 채택된 프로그램에 관해서만 예산을 편성하는 예산체계
  - 전년도 예산을 전혀 고려하지 않고, 영기준을 적용하여 체계적으로 비용-편익분석 혹은 비용-효과분석에 의거 사업우선순위를 결정하고 예산을 편성하는 제도
- 영기준예산의 수립절차: 의사결정 단위의 확인, 의사결정 단위의 분석, 각 대안의 비교 및 우선순위 부여, 대안에 대한 예산배정 수준의 결정
- 영기준예산의 특징
  - 예산의 효율성 제고, 정책결정이 상향적으로 이루어짐
  - 기존의 프로그램이라고 해서 높게 평가하지는 않음
  - 목표의 효율적인 성과(결과)에 중점을 둠

- 영기준예산의 장점
  - 예산절약과 사업의 쇄신에 기여함, 재정운영, 자금배정의 탄력성을 유지할 수 있음
  - 사업의 효과성과 효율성을 향상시킴, 자원배분에 합리성을 기할 수 있음
  - 담당자나 하급관리자의 참여 등 하의상달의 촉진
- 영기준예산의 단점
  - 사업의 축소나 폐지가 쉽지 않음, 목표설정이나 계획 기능이 위축됨
  - 심리적, 정치적 요인이 무시됨, 업무부담의 과중 및 분석기법의 적용한계 등

3. 예산의 집행

(1) 예산집행의 의의

- 수입과 지출에 관한 관리나 통제뿐만 아니라 회계통제, 산출통제, 관리행위에 대한 통제의 의미가 있음
- 조직목표의 효율적 · 효과적 달성과 조직의 존속까지 영향을 미침
- 예산집행을 통제하는 기제: 분기별 할당, 지출의 사전 승인, 예산현황의 정기보고, 예산의 대체, 지출의 연기, 지출의 취소, 예산의 차용 등

4. 사회복지법인 및 사회복지시설 재무 · 회계 규칙(보건복지부령)

(1) 총칙

- 회계연도: 법인 및 시설의 회계연도는 정부의 회계연도에 따른다.
- 출납기한: 1회계연도에 속하는 법인 및 시설의 세입 · 세출의 출납은 회계 연도가 끝나는 날까지 완결하여야 한다.
- 세입세출의 정의: 1회계연도의 모든 수입을 세입으로 하고, 모든 지출을 세출로 한다.
- 예산총계주의: 세입과 세출은 모두 예산에 계상하여야 한다.

(2) 예산편성지침

- 법인의 대표이사는 매 회계연도 개시 1월전까지 그 법인과 해당 법인이 설치 · 운영하는

시설의 예산편성 지침을 정하여야 한다.

- 시장·군수·구청장은 특히 필요하다고 인정되는 사항에 관하여는 예산편성지침을 정하여 매 회계연도 개시 2월전까지 법인 및 시설에 통보할 수 있다.

(3) 예산의 편성 및 결정

- 법인의 대표이사 및 시설의 장은 예산을 편성하여 각각 법인 이사회의 의결 및 운영위원회에의 보고를 거쳐 확정한다.
- 법인의 대표이사 및 시설의 장은 확정한 예산을 매 회계연도 개시 5일전까지 관할 시장·군수·구청장에게 제출(정보시스템 제출포함)하여야 한다.
- 시장·군수·구청장은 예산을 제출받은 때에는 20일 이내에 법인과 시설의 회계별 세입·세출명세서를 시·군·구의 게시판과 인터넷 홈페이지에 20일 이상 공고하고 법인의 대표이사 및 시설의 장으로 하여금 해당 법인 및 시설의 게시판과 인터넷 홈페이지에 20일 이상 공고하도록 하여야 한다.

(4) 기타 예산제도

○ 준예산

- 회계연도 개시 전까지 법인 및 시설의 예산이 성립되지 아니한 때에는 법인의 대표이사 및 시설의 장은 시장·군수·구청장에게 그 사유를 보고하고 예산이 성립될 때까지 경비를 전년도 예산에 준하여 집행할 수 있다.
- 임·직원의 보수, 법인 및 시설운영에 직접 사용되는 필수적인 경비, 법령상 지급의무가 있는 경비

○ 추가경정예산

- 법인의 대표이사 및 시설의 장은 예산 성립후에 생긴 사유로 인하여 이미 성립된 예산에 변경을 가할 필요가 있을 때에는 규정에 의한 절차에 준하여 추가경정예산을 편성·확정할 수 있다.
- 법인의 대표이사 및 시설의 장은 추가경정예산이 확정된 날로부터 7일 이내에 이를 시장·군수·구청장에게 제출하여야 한다.

○ 예비비

- 법인의 대표이사 및 시설의 장은 예측할 수 없는 예산외의 지출 또는 예산의 초과지출에 충당하기 위하여 예비비를 세출예산에 계상할 수 있다.

(5) 예산의 전용 및 이월

- 예산의 전용: 법인의 대표이사 및 시설의 장은 관·항·목간의 예산을 전용할 수 있다. 다만, 법인 및 시설(소규모 제외)의 관간 전용 또는 동일 관내의 항간 전용을 하려면 이사회의 의결 또는 시설운영위원회에의 보고를 거쳐야 하되, 법인이 설치·운영하는 시설인 경우에는 시설운영위원회에 보고한 후 법인 이사회의 의결을 거쳐야 한다.
- 예산의 이월: 법인의 대표이사 및 시설의 장은 법인회계와 시설회계의 세출예산중 경비의 성질상 당해 회계연도안에 지출을 마치지 못할 것으로 예측되는 경비와 연도내에 지출원인 행위를 하고 불가피한 사유로 인하여 연도내에 지출하지 못한 경비를 각각 이사회의 의결 및 시설운영위원회에의 보고를 거쳐 다음 연도에 이월하여 사용할 수 있다.

(6) 결산 및 감사

○ 결산서의 작성제출

- 법인의 대표이사 및 시설의 장은 법인회계와 시설회계의 세입·세출 결산보고서를 작성하여 각각 이사회의 의결 및 시설운영위원회에의 보고를 거친 후 다음 연도 3월 31일까지 시장·군수·구청장에게 제출(정보시스템을 활용한 제출을 포함)하여야 한다. 다만, 법인이 설치·운영하는 시설인 경우에는 시설운영위원회에 보고한 후 법인 이사회의 의결을 거쳐 제출하여야 한다.
- 시장·군수·구청장은 결산보고서를 제출받은 때에는 20일 이내에 법인 및 시설의 세입·세출결산서를 시·군·구의 게시판과 인터넷 홈페이지에 20일 이상 공고하고, 법인의 대표이사 및 시설의 장으로 하여금 해당 법인 및 시설의 게시판과 인터넷 홈페이지에 20일 이상 공고하도록 하여야 한다.

○ 결산보고서 첨부서류(사회복지법인 및 사회복지시설 재무회계 규칙 제20조)

- 세입·세출결산서, 과목전용조서, 예비비 사용조서, 대차대조표, 수지계산서, 현금 및 예금명세서, 유가증권명세서, 미수금명세서, 재고자산명세서 외 14

○ 감사

- 법인의 감사는 당해법인과 시설에 대하여 매년 1회 이상 감사를 실시하여야 한다.
- 법인의 대표이사는 시설의 장과 수입원 및 지출원이 사망하거나 경질된 때에는 그 관장에 속하는 수입, 지출, 재산, 물품 및 현금 등의 관리상황을 감사하게 하여야 한다.
- 감사보고서에는 감사가 서명 또는 날인하여야 한다.

(7) 후원금의 관리

- 후원금의 범위 등: 법인의 대표이사와 시설의 장은 후원금의 수입·지출 내용과 관리에 명확성이 확보되도록 하여야 한다.
- 후원금의 영수증 발급 등: 법인의 대표이사와 시설의 장은 후원금을 받은 때에는 기부금영수증 서식에 따라 후원금 영수증을 발급하여야 하며, 영수증 발급목록을 별도의 장부로 작성·비치하여야 한다.
- 법인의 대표이사와 시설의 장은 금융기관 또는 체신관서의 계좌입금을 통하여 후원금을 받은 때에는 법인명의의 후원금전용계좌나 시설의 명칭이 부기된 시설장 명의의 계좌를 사용하여야 한다.
- 모든 후원금의 수입 및 지출은 후원금전용계좌 등을 통하여 처리하여야 한다. 다만, 물품 형태의 후원금은 그러하지 아니하다.
- 법인의 대표이사와 시설의 장은 후원금을 후원자가 지정한 사용용도외의 용도로 사용하지 못한다.

제2절 정보관리

1. 정보관리의 개념

(1) 정보관리의 필요성
- 정보자체의 요인, 합리적인 정책결정, 복지서비스 욕구의 증가, 국민의 삶의 질 향상
- 복지서비스 전달체계의 효율성 향상, 복지서비스의 참여기회 확대

(2) 정보관리시 고려할 사항
비밀보장의 어려움, 정보의 소외현상, 잘못된 정보의 획득과 과잉일반화, 기준행동의 유발 등

2. 사회복지시설 정보시스템

(1) 정보시스템의 목적(보건복지부)
○ **사회복지시설 업무의 표준화**
- 아동, 노인, 장애인, 부랑인, 정신요양 및 한 부모가족복지시설 등의 내부 관리업무를 분석하고 단일표준화를 위한 것
- 모든 생활시설 및 이용시설에서 공통으로 사용이 가능함

○ **업무처리의 간소화와 효율화**
- 복지시설 내에 수기문서를 효율적으로 관리하고, 복잡한 업무처리를 간소화하기 위한 것
- 시스템 내 모든 업무가 연결성을 갖고 처리되어 업무의 중복성을 방지할 있음
- 과거 자료의 간편한 제공 및 필요한 통계자료 산출 등을 자동적으로 수행할 수 있음

○ **외부제출 자료작성의 편의성**
- 외부에 제출하는 자료 작성에 편의를 증진하고, 기본적이고 다양한 감사자료를 제공함
- 사용자의 목적에 맞게 세입 · 세출 명세서, 현금 및 예금명세서 등 다양한 별지서식을 활용하여 제출할 수 있음

○ **웹기반시스템의 구축**
- 인터넷에 접속하여 시설 코드, 아이디 와 비밀번호를 입력하여 사용할 수 있음
- 출장지나 퇴근 후에도 시스템에 접근하여 사용이 가능함
- 데이터 유실에 대비하기 위해 매일 1회 자체 백업을 진행하여 시설에서 자체 백업자료를 보유하길 원할 경우 시설 PC에 백업한 자료를 보관할 수 있음

(2) 정보시스템의 주요 기능
- 회계관리, 세무관리, 인사 · 급여관리, 후원금관리, 이력관리, 시 · 군 · 구 보고, 시스템관리 등이 신속 정확하게 이루어질 수 있음
- 사회복지시설이 사용하는 국가복지정보시스템과 시 · 군 · 구에서 사용하고 있는 새올행정시스템간 연계시스템이 구축됨에 따라 사회복지법인 및 시설은 기존 종이문서로 처리하던 보조금 교부 · 정산 등 업무 관련 문서를 국가복지정보시스템을 활용하여 시 · 군 · 구로 온

라인 보고할 수 있음

(3) 사회보장 정보시스템(행복e음): 2010. 1월 개통

- 지방자치단체에서 수행하는 복지사업을 수행하기 위한 통합정보시스템을 말함
- 신속하고 정확한 소득 및 재산조사와 업무처리 간소화를 통해 행정효율화를 도모함
- 급여의 부정 및 중복수급의 차단으로 복지재정의 효율화를 도모함
- 복지서비스의 통합신청과 찾아가는 복지서비스의 확대에 기여함
- 보편적 사회복지서비스 확대로 인해 정부와 지방자치단체, 민간부문 정보도 통합운영됨

上・中・下

01) 사회복지법인 및 사회복지시설 재무·회계규칙상 사회복지관의 결산보고서에 첨부해야 하는 서류가 아닌 것은? (18회 기출)

① 과목 전용조서   ② 사업수입명세서   ③ 사업비명세서

④ 세입·세출명세서   ⑤ 인건비명세서

해설

④ 세입·세출명세서는 예산서에 포함되는 서류이다.
- 결산보고서 첨부서류(사회복지법인 및 사회복지시설 재무회계 규칙 제20조)
  - 세입·세출결산서, 과목전용조서, 예비비 사용조서, 대차대조표, 수지계산서, 현금 및 예금명세서, 유가증권명세서, 미수금명세서, 재고자산명세서 외 14종이 있다. 〈 정답 ④ 〉

上・中・**下**

02) 품목별 예산에 관한 설명으로 옳지 않은 것은? (17회 기출)

① 예산의 남용을 방지할 수 있다.

② 회계책임을 명백히 할 수 있다.

③ 신축성 있게 예산을 집행할 수 있다.

④ 급여와 재화 및 서비스 구매에 효과적이다.

⑤ 정책 및 사업의 우선순위를 소홀히 할 수 있다.

해설

③ 신축성 있게 예산을 집행할 수 있는 예산은 성과주의예산이다.
- 품목별 예산의 장점: 예산의 편성이 간편하고 비용을 조절하기기 쉬움, 예산의 지출근거 명확하여 목별로 통제하기가 용이함, 예산의 지출이 항목별로 정리되므로 회계처리가 쉬움
- 품목별 예산의 단점: 점진적 특성으로 인해 예산증감을 신축성 있게 할 수가 없으며, 예산편성에 대한 충분한 근거자료의 제시에 어려움 있음, 예산기능의 중복이 발생되며 특정 세부목표를 성취하기 위해 어떻게 공급될 것인지를 명백히 보여주지 못함, 예산증대의 근거가 프로그램의 특성과 평가에서 나오지 못하고 전반적인 물가인상률 등을 적용하는 것이 되어 효과성이나 효율성 등을 평가하는 타당한 근거보가 되지 못함 〈 정답 ③ 〉

재정관리와 정보관리
다음 문장에서 틀린 것을 모두 고르시오.

◆ 재정관리

① 세입과 세출은 모두 예산에 계상하여야 한다.

② 품목별예산은 예산의 남용을 방지할 수 있다.

③ 품목별예산은 회계책임을 명백히 할 수 있다.

④ 품목별예산은 신축성 있게 예산을 집행할 수 있다.

⑤ 품목별예산은 급여와 재화 및 서비스 구매에 효과적이다.

⑥ 품목별예산은 정책 및 사업의 우선순위를 소홀히 할 수 있다.

⑦ 성과주의예산은 사업별 예산통제가 가능하다.

⑧ 성과주의예산은 예산배정에 있어서 직관적 성격이 강하다.

⑨ 성과주의예산은 목표수행에 중점을 두는 관리지향 예산제도이다.

⑩ 성과주의예산은 예산집행에 있어 신축성을 부여한다.

⑪ 성과주의예산은 실적의 평가를 용이하게 한다.

⑫ 기획예산은 목표개발에서부터 시작된다.

⑬ 기획예산은 조직의 통합적 운영이 편리하다.

⑭ 기획예산은 조직품목과 예산이 직접 연결되지 않아 환산작업에 어려움이 있다.

⑮ 기획예산은 단위원가계산이 쉬워 단기적 예산변경이 유리하다.

⑯ 기획예산은 의사결정에 있어서 과학적이고 합리적인 기법을 활용한다.

⑰ 영기준예산은 전년도 예산과 무관하게 매년 프로그램 우선순위에 따라 예산을 편성한다.

⑱ 영기준예산은 사업의 우선순위에 따라 합리적으로 재원을 배분한다.

⑲ 영기준예산은 효율적이고 탄력적인 재정운영이 가능하다.

⑳ 영기준예산은 여러 개의 독자적인 목표를 가지고 활동하는 예산결정 단위를 설정한다.

◆ 정보관리

① 정보관리체계는 포괄적인 의미에서 정보관리체계는 사람·절차·기술의 집합체이다.

② 정보관리체계는 운영정보시스템(OIS)은 하위관리자의 업무에 필요한 정보를 제공한다.

③ 정보관리체계는 관리정보체계(MIS)는 지식기반체계(KBS)를 보완하기 위해 개발되었다.

④ 정보관리체계는 업무수행지원체계(PSS)는 1990년대 정보기술발달에 힘입어 개발되었다.

⑤ 정보관리체계는 우리나라의 경우 2010년 1월부터 사회복지통합관리망이 개통·운영되고 있다.

⑥ 정보관리의 용도가 의사결정의 질을 높이는 방행으로 확장되고 있다.

⑦ 정보관리를 위해서는 전산화가 필수조건이다.

⑧ 정보관리 시스템 설계에 현장 서비스 인력의 참여가 중요하다.

⑨ 정보관리에서 조직 간 수준의 개방성이 강조되고 있다.

⑩ 클라이언트정보의 통합시스템을 대표하는 예가 트래킹 시스템(tracking system)이다.

〈 정답 〉
• 재정관리 - ④⑧⑮
• 정보관리 - ③⑦

제10장 프로그램 개발과 평가

제1절 프로그램의 개발

1. 욕구사정

(1) 욕구조사의 관점: 브래드쇼(Bradshaw)의 욕구유형
- 규범적 욕구: 전문가, 행정가, 사회과학자 등이 욕구의 상태를 규정하는 것으로, 상황이나 환경이 질적·양적으로 측정되어 문제로서 인정되기 위한 어떤 기준이나 규범에 부합하는 욕구
- 감촉적 욕구: 욕구상태에 있는 당사자의 느낌에 의하여 인식되는 욕구로서 사람들이 욕구로 생각하는 것 또는 욕구되어야 한다고 느끼는 것을 의미하며 어떤 욕구의 상태에 있는지 또한 어떤 서비스를 필요로 하는지를 물어보아서 파악하는 욕구
- 표현적 욕구: 의료 및 건강의 욕구파악에 많이 이용되며 주로 대기자 명단에 의하여 파악되고 있음
- 비교적 욕구: 어떤 서비스를 받고 있는 사람들과 비슷한 특성을 갖고 있으면서도 서비스를 받지 못하고 있는 사람들을 욕구의 상태에 있는 것으로 규정함

(2) 욕구조사의 방법
- 사회지표분석: 일정한 행정지역 또는 지역사회의 상태를 파악하기 위해서 기존 공식자료를 이용하며, 사회조사에 사회지표를 포함해서 얻는 자료를 사용할 수도 있으며, 해당지역의 사정을 파악하는 데 매우 적절한 방법임
- 주요 정보제공자 조사(핵심정보제공자 조사): 조직의 서비스제공자, 인접한 직종의 전문직 종사자, 지역 내의 사회복지조직의 대표자, 공직자 등을 포함하는 지역사회 전반의 문제에 대하여 잘 알고 있는 것으로 인정되는 사람들을 통한 조사방법
- 지역사회서베이 조사: 지역사회의 일반인구 또는 특정 표적인구의 욕구를 조사하기 위하여 이들 전체 인구를 대표할 수 있는 표본을 선정하여 이들이 생각하거나 느끼는 욕구를 조사하면서 조사 대상 전체의 욕구를 추정하는 방법

- 지역사회 공개토론회(지역사회포럼): 지역사회에 거주하거나 활동하는 사람들이 그들의 생활경험이나 관찰 또는 정보를 통하여 지역의 사회적 욕구나 문제 등을 잘 알고 있다는 전제하에 조사자가 모든 사람들이 참여할 수 있는 공개적인 모임을 주선하여 이 모임에서 논의되는 지역사회의 욕구나 문제들을 파악하는 방법
- 초점집단조사(포커스그룹 인터뷰): 소수의 응답자(12~15명)와 집중적인 대화와 토론 등을 통해 정보를 찾아내는 면접조사방법

2. 프로그램의 목표설정 및 대상자선정

(1) 목표설정기준(에간의 SMART 원칙)
- 구체적(Specific)으로 명료하게 작성
- 측정가능(Measurable)한 형태로 작성
- 실현가능(Attainable, Achievable)한 형태로 작성
- 결과지향(Result-oriented)적으로 작성
- 시간제한(Time-boundary)적으로 작성

(2) 프로그램대상자의 선정
- 일반집단: 어려움을 겪고 있거나 욕구가가 있는 지역 내 전체 인구집단
- 위기집단: 일반집단 중 문제에 노출되어 있거나 취약한 인구집단
- 표적집단: 위기집단 중 프로그램 수급자격을 갖춘 인구집단
- 클라이언트집단: 표적집단 중 실제 프로그램에 참여하는 인구집단

제2절 프로그램의 평가

(1) 프로그램평가의 기준
- 노력성(Effort): 사회복지사업을 위한 투입(인력, 비용 등)의 양과 질을 말하며, 측정방법으로는 서비스 단위당 클라이언트 수 및 사회복지사 혹은 자원봉사자의 수, 클라이언트 대비 사회복지사의 수 등으로 나타 낼 수 있음

- 수행성(Performance): 사업의 산출을 의미하는 것으로 노력의 결과를 측정하는 것을 말하며, 프로그램전달체계에 직결된 단기적 · 장기적 목적들을 분명히 할 필요가 있음
- 적절성(Adequacy): 클라이언트의 욕구, 기관요원의 기술 및 기관이 소유한 자원에 알맞게 그 크기와 범위를 적정하게 운용하는 것을 말함
- 효율성(Efficiency): 일반적으로 '최소의 비용으로 최대의 효과'를 내는 것이며, 투입된 비용에 대해 산출된 서비스의 양을 비교 · 평가하는 것을 말함
- 효과성(Effectiveness): 사회복지서비스의 목표달성 정도를 측정하는 것을 말하며, 효과성을 평가할 때에는 의도된 결과와 아울러 예기치 않았던 결과도 고려해야 함
- 과정(Process): 노력이 산출(Output)로 옮겨지는 중간과정 또는 절차를 말하며, 프로그램의 결과를 산출하는 방법을 분석하는 것임
- 서비스의 질(Quality): 서비스를 통해 클라이언트(개인, 가족, 지역사회 등)의 변화 등을 평가하는 것을 말하며, 서비스의 목적을 달성하기 위해 필요한 방법과 기술을 얼마나 적절하게 사용하였는가와 관련된 것임
- 만족도(Satisfaction): 일반적으로 프로그램을 종결하면서 프로그램과 서비스에 대한 만족 상태를 조사하는 것을 말하며, 전체적인 내용을 조사할 때나 과정평가시 프로그램의 방향을 수정할 때 사용되기도 함
- 영향성(Impact): York가 제시한 프로그램 평가의 기준에 해당하며, 프로그램의 개별성과 구분되는 개념으로 의도했던 사회문제 해결에 어느 정도 기여했는지 파악하는 것임

(2) 프로그램평가의 유형

○ 목적에 따른 분류

- 형성평가(과정 중심적): 프로그램의 진행 중 문제점을 찾아내고 수정 · 보완할 목적으로 실시하는 평가이며, 바람직한 운영전략을 수립함
- 총괄평가(목표 지향적): 프로그램 종결 후 결과를 평가대상으로 효과를 파악하는 것이며, 프로그램이 달성하고자 했던 목표를 얼마나 잘 성취했는가의 여부를 평가함
- 통합평가(혼합평가): 형성평가와 총괄평가의 장점을 통합한 평가방법
- 메타평가: 프로그램평가를 차후에 종합적으로 검토해 보는 평가로서, 평가활동의 영향 또는 평가결과의 활용도를 파악하는 평가이며, 평가계획서나 평가결과를 다른 평가자에 의해 점검 받는 평가

○ **평가규범에 따른 분류**

• 효과성평가: 프로그램의 목적달성 정도의 평가

• 효율성평가: 투입과 산출의 비교평가, 즉 비용최소화와 산출극대화의 평가

• 공평성평가: 프로그램의 효과와 비용이 사회집단 간 공평하게 배분되었는지 여부 평가

○ **계량화에 따른 분류**

• 양적평가: 설문조사와 구조화된 질문지를 이용하여 숫자·비율 등 자료를 수집하며, 객관적인 자료가 연역적 방법으로 분석되는 것을 강조함

• 질적평가: 수량화되지 않은 자료를 수집하여 귀납적으로 자료를 분석하는데 의미를 두며, 인터뷰·관찰·문헌연구 등을 통하여 수집되는 수량화할 수 없는 연성자료(soft data)에 기초하여 분석함

○ **평가범위에 따른 분류**

• 단일평가: 표적문제의 개념화 및 개입의 설계와 관련된 평가이며, 프로그램 효용성에 대한 평가를 각각 분리하여 어느 하나에 대해 행하는 평가

• 포괄평가: 표적문제의 개념화 및 개입의 설계와 관련된 평가이며, 프로그램 효용성에 대해 모두를 행하는 평가

○ **평가시점에 따른 분류**

• 사전평가: 적극적 평가, 프로그램을 실행하기 전에 수행하는 평가

• 과정평가: 프로그램이 실행되는 과정에서 이루어지는 평가

• 사후평가: 소극적 평가, 프로그램이 종료된 후에 수행하는 평가

○ **평가주체에 따른 분류**

• 자체평가: 프로그램 담당자가 행하는 평가로서 많은 정보를 얻을 수 있고, 비용을 절약할 수 있으나 공정성확보에 문제가 있음

• 내부평가: 프로그램의 직접 담당자외 조직 내 다른 직원에 의해 이루어지는 평가

• 외부평가: 프로그램을 수행하는 조직외부의 전문가나 기관에 의해 이루어지는 평가

○ **프로그램의 단계에 따른 분류**

- 표적문제평가: 문제의 내용 · 해결 정도, 문제해결에 대한 사람들의 태도 등 평가
- 의제평가: 아젠다 형성과정의 영향력을 발휘하는 세력과 고통 받는 사람의 욕구반영 정도에 대한 평가
- 프로그램결정평가: 문제의 반영여부와 형평성 · 능률성 · 공정성 · 기술성 등에 대한 평가
- 프로그램설계평가: 문제에 의해 영향을 받는자 · 해결대책 · 필요한 비용 · 비용조달 방법 등에 대한 평가
- 프로그램집행평가: 프로그램의 수행능력, 서비스 전달체계 등에 대한 평가
- 프로그램영향평가: 프로그램 이후의 효과 · 목표성취 정도 등에 대한 평가
- 평가가능성평가: 프로그램이 이루어 질수 있는지에 대한 종합적인 평가, 평가의 필요성 · 평가비용 · 평가이익간의 비교, 평가실현가능성 등에 대한 평가

> **※ 기준행동(Oritenion Behavior)**
> 업무담당자들이 평가기준으로 제시된 측정 가능한 양적 지표들에 대해서만 관심을 가짐으로서, 중요한 서비스의 효과성에는 무관심하게 되는 현상을 말한다.

제3절 논리모델(Logic Model)

(1) 논리모델의 의의
- 체제이론을 기반, 프로그램의 목표와 결과사이의 인과관계를 설명하기 위한 모델
- 프로그램의 이론적 구조에서 핵심은 프로그램 활동이 성과에 미치는 영향에 있음
- 어떤 활동요소들이 제시되면 어떤 성과가 나타나는지를 구체화하여 논리적으로 연결

> **※ 프로그램의 활동요소:** 목적(목표), 투입, 전환(활동), 산출, 성과, 영향, 환류 등

(2) 논리모델의 단계
- 목적 및 목표(goal / objective): 특정상황을 변화시키려는 의도, 즉 프로그램의 목적부분을 말함, 욕구사정 등을 통한 의사결정 과정을 거쳐 도출됨
- 투입(inputs): 프로그램 활동에 소요되는 인적 물적 자원을 의미함
  예) 사회복지사, 외부강사, 자원봉사자, 재원, 시설 및 장비, 소요비용 등

- <u>전환/활동</u>(Process/Activities): 프로그램이 진행되는 동안 제공되는 구체적인 서비스 활동을 의미함

  예) 직업훈련, 상담서비스, 교육, 식사 및 쉼터 제공 등
- <u>산출</u>(outputs): 프로그램 활동 후 얻은 양적인 최종 실적(서비스, 생산물 등)을 의미함

  예) <u>프로</u>그램참여 인원수, 서비스 제공시간, 서비스 이용자 수, 참여율, 제공자와 이용자 간 접촉건수, 이용자가 서비스를 활용한 총 시간 등
- <u>성과</u>(outcomes): 프로그램 활동과정과 종료 후 참여자에게 주어진 혜택이나 변화를 의미함

  예) 참여자의 행동 변화, 태도와 가치변화, 의사소통의 기능향상, 새로운 지식습득, 재취업 및 기술습득, 생활만족도 등
- <u>영향</u>(impact): 프로그램이 의도했던 문제해결에 미친 전체적인 영향력을 의미함

  예) 지역사회의 취업률 증가, 실업률의 감소 등
- <u>환류</u>(feed-back): 프로그램투입에 대한 재검토 및 사회복지 프로그램수행 전반에 관련된 정보를 의미함

上 · 中 · **下**

01) 사회복지 프로그램 목표에서 성과목표로 옳은 것은? (18회 기출)

① 1시간씩 학습지도를 제공한다.

② 월 1회 요리교실을 진행한다.

③ 자아존중감을 10% 이상 향상한다.

④ 10분씩 명상훈련을 실시한다.

⑤ 주 2회 물리치료를 제공한다.

해설

① 1시간씩 학습지도를 제공하는 것은 활동목표이다.

② 월 1회 요리교실을 진행하는 것은 활동목표이다.

④ 10분씩 명상훈련을 실시하는 것은 활동목표이다.

⑤ 주 2회 물리치료를 제공하는 것은 활동목표이다.

〈 정답 ③ 〉

上 · **中** · 下

02) 중 · 장년 고독사 예방프로그램을 기획하기 위해 사회복지관에서 근무하는 사회복지사, 사회복지전담공무원, 보건소 간호사 등이 모여 상호간 질의와 응답을 통해 자료를 수집하는 방법은? (18회 기출)

① 패널 조사   ② 초점집단 조사   ③ 델파이 기법

④ 사회지표 조사   ⑤ 서베이 조사

해설

② 초점집단조사(포커스그룹 인터뷰)는 소수의 응답자(12~15명)와 집중적인 대화와 토론 등을 통해 정보를 찾아내는 면접조사방법이다.

〈 정답 ② 〉

프로그램개발과 평가

다음 문장에서 틀린 것을 모두 고르시오.

◆ **프로그램의 개발**

① 규범적(normative) 욕구는 지역 주민의 원함(wants)에서 파악된 문화적 규준을 따른다.

② 비교적(comparative) 욕구는 집단 간 상대적 수준의 차이를 고려한다.

③ 느껴진(felt) 욕구는 잠재적 대상자들이 스스로 인지하는 것을 기준으로 삼는다.

④ 표현된(expressed) 욕구는 대기자 명단 등에 나타난 사람들의 요구 행위를 근거로 한다.

⑤ 지역사회포럼은 주민의 가치나 태도 의견을 직접 파악하면서도 비용이 적게 든다.

⑥ 초점집단조사는 소수의 이해관계자를 모아 자유롭게 의견을 개진하고 토론을 통한 욕구 조사방법이다.

⑦ 위험인구란 프로그램 수급자격을 갖춘 사람을 말한다.

⑧ 클라이언트인구란 프로그램에 실제 참여하는 사람을 말한다.

⑨ 일반인구란 프로그램이 해결하려는 문제에 취약성이 있는 사람을 말한다.

⑩ 일반적으로 표적인구가 일반인구보다 많다.

⑪ 자원이 부족하면 클라이언트인구가 표적인구보다 많아진다.

◆ **프로그램의 평가**

① 총괄평가는 주로 프로그램 개발을 목적으로 한다.

② 형성평가는 목표달성도에 주된 관심을 갖는다.

③ 총괄평가는 성과와 비용에 관심이 크다.

④ 형성평가는 프로그램의 수정 · 변경 · 중단에 대한 여부를 결정한다.

⑤ 정성평가는 프로그램운영을 목표에 비추어 감시하고 운영과정에 피드백한다.

⑥ 영향성은 사회집단 간 얼마나 공평하게 배분되었는가를 의미한다.

⑦ 메타평가는 프로그램 종료 후 목표달성 정도를 평가한다.

⑧ 형성평가는 프로그램 운영 과정 중 개선이나 변화 필요성에 대한 결정을 도운다.

⑨ 평가의 목적 중 하나는 사회적 요구를 파악하는 것이다.

⑩ 평가는 서비스에 대한 책임성을 향상시킬 수 있다.

⑪ 노력성은 프로그램을 위해 동원한 자원 정도를 의미한다.

⑫ 서비스 질은 이용자의 욕구충족 수준과 전문가의 서비스 제공여부 등을 의미한다.

⑬ 비용–편익(cost-benefit)분석은 효과성을 측정하며 타 프로그램과의 비교를 포함한다.

⑭ 논리모델에서 투입이란 사회복지프로그램에 필요한 인적 · 물적 자원이다.

⑮ 논리모델에서 성과란 프로그램의 이용이후 클라이언트에게 나타난 긍정적 변화이다.

〈 정답 〉
• 프로그램의 개발 – ①⑦⑨⑩⑪
• 프로그램의 평가 – ①②⑤⑥⑦⑬

제11장 사회복지조직의 환경관리

제1절 사회복지마케팅

1. 마케팅의 개념

(1) 마케팅의 의의
마케팅(Marketing)이란 시장(Market)과 진행(ing)이 결합된 용어로 계속적으로 시장을 창조(creating)하고, 시장이 경직되지 않고 유연성을 갖도록 순환(circulating)시키는 노력과 활동을 의미함

(2) 마케팅의 과정 ★★
○ **시장기회의 분석**

• **마케팅환경**: 사회복지조직이 서비스를 계획하고 제공하는 등의 관리활동에 영향을 미칠 수 있는 모든 환경으로 직접적으로 영향을 미치는 정부, 관련 사회복지시설, 고객 등 정치적 · 경제적 환경, 기술변화 등도 분석 대상이 됨

• **마케팅조사(시장욕구분석)**: 복지조직이 관심을 갖고 있는 특정한 사회문제를 분석하는 것과 이 문제에 대하여 지역사회의 인식과 태도가 어떠한 것인지를 파악해야 함

SWOT기법

경쟁이 심한 산업에서 활용하면 성공확률이 높은 기법 중 하나로 강점, 약점, 기회, 위기 등의 분석을 통하여 생존, 유지, 성장, 발전의 전략을 수립하는 방향을 제시할 때 사용한다.

구분	Strength(강점)	Weakness(약점)
Opportunity(기회)	OS 기회가 왔을 때 살리자! 공격적으로 활용한다.	OW 기회는 왔는데 준비가 안 됨, 보완해서 기회를 활용한다.
Threat(위기)	TS 위협을 감소시킬 강점을 활용하여 이용한다.	TW 위협은 왔는데, 방어할 힘도 없다

○ 시장분석(기부시장분석)

• 시장세분화: 잠재고객들로 이루어진 전체 시장을 비슷한 특성을 가진 동질적인 여러 개의
하위집단으로 나누는 과정

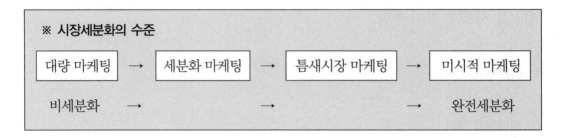

※ 시장세분화의 수준

| 대량 마케팅 | → | 세분화 마케팅 | → | 틈새시장 마케팅 | → | 미시적 마케팅 |

비세분화 → → 완전세분화

• 표적시장 선정(Target Marketing): 시장세분화를 통한 표적시장의 선정으로 고객을 세분
화하고 표적고객을 선택한다는 것은 마케팅활동의 필수과정에 해당됨

• 시장포지셔닝: 표적시장의 고객들에게 자사제품이 경쟁제품에 비해 어떤 차별성을 갖고
있고, 고객의 욕구를 제대로 만족시켜 주고 있음을 확신시켜 주는 전략

2. 사회복지마케팅의 필요성 및 기법

(1) 사회복마케팅의 필요성

• 책임성의 측면: 사회복지조직은 정부의 보조금이나 기타 단체의 기부금으로 운영이 되기
때문에 서비스 제공에 있어서 효율성과 효과성을 달성할 책임을 가지고 있음

• 대상자관리의 측면: 클라이언트, 기관의 이용자, 기부자, 지역사회를 고객으로 인식하여
욕구를 세분화하고 궁극적으로 고객만족을 이끌어내는 마케팅접근이 필요함

• 서비스개발의 측면: 사회복지조직은 특성상 외부환경의 강한 영향을 받게 되는데 급변하
는 정치적·경제적·사회적·법적·문화적 환경(시장)을 세분화하고 분석하여 프로그램
의 개발에 있어 서비스의 가치를 높여야 함

• 재정확보의 측면: 사회복지조직의 목표를 달성하기 위해 필요한 재정자원의 계획과 동원,
배분, 효율적인 사용과 책임성 있는 관리는 필수적임

(2) 사회복지마케팅의 기법

• 다이렉트마케팅(DM: Direct Marketing, Direct Mail): 우편을 이용하여 고객에게 상품과

조직의 정보를 전달하는 마케팅 방법

- 고객관계관리마케팅(CRM: Customer Relationship Management Marketing): 신규 후원자의 개발, 기존 후원자의 관리, 잠재적 후원자의 개발을 위해 그들의 욕구를 파악하여 이른바 '맞춤서비스'를 지속적으로 제공함으로써 모금효과를 극대화하는 마케팅 방법
- 공익(기업)연계마케팅(CRM: Cause-Related Marketing): 기업이 사회복지조직에 기부함으로써 이윤을 사회에 환원한다는 철학을 달성, 사회복지조직에 기부함으로써 기업의 이미지를 제고하여 상품의 판매를 촉진시킬 수 있는 하나의 마케팅 방법
- 데이터베이스마케팅(DM: Database Marketing): 고객의 지리적 · 인구통계적 · 심리적 특성, 생활양식 및 행동양식이나 구매기록 같은 개인적인 정보를 데이터베이스화하여 구축함으로써 수익 공헌도가 높은 고객에게 마일리지와 같은 차별적인 서비스를 제공하는 마케팅 방법
- 인터넷마케팅(IM: Internet Marketing): 인터넷을 통해 고객에게 정보를 전달하고 전자우편이나 홈페이지 등을 통해 이익을 극대화하는 마케팅 방법
- 사회마케팅(SM: Social Marketing): 공익을 실현하기 위한 집단적이고 조직적인 노력을 의미하며 대중의 행동변화를 위한 마케팅 기법
- ARS모금(자동응답시스템): 방송시청자들이 ARS시스템을 통해 전화를 걸면 통화당 일정금액의 후원금이 자동적으로 전화요금에 부과되어 전화요금과 함께 기부금이 납부되는 방식
- 기타 다양한 모금활동: 인터넷모금, 캠페인모금, 이벤트모금 등

제2절 사회복지조직의 책임성

1. 책임성의 개념

(1) 책임성의 의의
- 사회복지조직이 국가나 사회로부터 사회복지서비스 전달에 대해 위임받은 바를 충실하게 수행했는지를 판단할 수 있는 하나의 원칙임
- 사회복지조직은 책임성을 확보하기 위해 기관 · 클라이언트 · 사회복지사와의 관계와 같은 조직내부에서의 상호작용뿐만 아니라 조직과 외부 지역사회와의 관계에서도 정당성을 획득해야 함

- 사회복지조직이 책임성을 증진하기 위한 노력으로는 이해관계자들의 조직운영에 대한 참여 증대, 전문적이고 체계적인 평가제도의 운용, 재정집행의 투명성 증대, 환경변화에 능동적으로 대처하기 위한 조직혁신 강화 등이 있음

(2) 책임성에 영향을 미치는 요인

○ 내부적 요인

- 서비스의 다양성: 단일한 서비스만 제공하는 사회복지조직은 드물며 현실적으로 다양한 서비스를 제공하게 되는데, 이 때 사회복지조직의 책임성추구는 쉽지 않게 됨
- 기술의 복잡성: 제공하는 기술도 복잡해지고 다양해지고 있으므로 투입과 성과에 대한 효과성과 효율성을 측정하여 책임을 다했는지를 확인할 방법이 더욱 어려워지게 됨
- 목표의 불확실성: 사회복지조직에서 투입과 산출 간의 인과관계는 불확실하게 진행되는데, 이는 사회복지조직의 특성상 인간이 조직의 원료이며 산출물이기 때문임

○ 외부적 요인

- 공급주체의 다원화: 사회복지 공급기관의 책임성의 문제로 비민주적 운영사례, 후원금 관리의 투명성 의혹, 모금에 대한 행정비용의 과잉지출 등을 지적받고 있음
- 민영화 경향: 시장과 시민사회의 역할이 증대되면서 사회복지조직도 민간의 위탁운영이 많아졌으며, 이때 위탁운영체가 지역주민의 욕구를 반영하기 보다는 정부의 결정에 더 많은 영향을 받는 경향이 있어 비체계적이고 비효율적이라는 지적을 받고 있음
- 법률의 정비: 민간사회복지기관과 시설은 3년에 1회 평가를 통해 책임성을 입증하도록 제도화되었음

2. 사회복지시설의 평가

(1) 시설평가의 의의

- 사회복지시설에 대한 전반적인 평가를 통하여 시설운영의 효과성 · 효율성 · 책무성 등을 체계적으로 분석하고 확인하는 과정을 의미함
- 사회복지시설의 운영상태정보를 지역사회에 제공하여 주민의 선택권확대를 도모함
- 사회복지시설의 기능강화를 통해 주민에 대한 질 높은 복지서비스제공에 기여함

(2) 시설평가의 내용

- 시설 및 환경: 안전관리, 공간배치 및 청결상태, 편의시설 설치상태 등
- 재정 및 조직운영: 회계관련 사항, 운영위원회 구성 및 활동 등
- 인적자원관리: 자격증 소지율, 직원의 근속율, 직원교육활동, 직원채용의 공정성 등
- 이용자의 권리: 이용자의 비밀보장, 이용자의 고충처리 등
- 지역사회와의 관계: 자원봉사자의 활용·관리, 외부자원 개발, 후원금사용·관리 등
- 프로그램 및 서비스: 프로그램의 계획 및 실행·참신성·차별성·전문성·사례관리 등

(3) 시설평가의 원칙

- 서비스의 질 향상원칙: 시설운영의 개선 및 서비스의 질 향상 수단으로 작용하도록 함
- 평가절차의 투명성원칙: 평가 절차의 투명성을 확보하도록 함
- 평가참여의 원칙: 기존의 감사와는 달리 직원도 참여하며 평가를 통하여 긍정적인 발전의 기회를 갖도록 하여 평가의 목적을 수행하도록 함
- 기본선확보의 원칙: 최고의 시설을 선정하는 것이 아니라 사회복지시설이 전체적으로 기본적인 수준 이상을 견지할 수 있도록 유도하도록 함
- 이용자중심의 원칙: 사회복지시설은 기존의 서비스 제공자 중심의 시설에서, 이용자 중심의 서비스 제공이 이루어지도록 함
- 지역사회관계의 원칙: 사회복지시설이 지역사회와의 원활한 상호관계를 유지하는 방향으로 이루어지도록 함

제3절 일반 환경과 과업환경

1. 일반 환경

(1) 일반 환경의 개념

- 모든 조직에 영향을 미치며 정치·경제·사회·문화·인구 및 법적 조건 등으로 사회복지기관이 자체적으로 변화시킬 수 없는 제반 환경을 말함
- 주어진 조건으로 여겨야 하며 조직이 가질 수 있는 기회, 제약 및 선택의 범위를 규정함

(2) 일반 환경의 유형

- 경제적 조건: 자원공급의 절대량과 서비스 수요에 영향, 사회·경제적 조건, 경제성장률, 실업률 등과 같은 국가나 지역사회의 일반적인 경제 상태는 조직에 직접적으로 영향을 미치게 됨
- 사회·인구학적 조건: 장기적 서비스 수요변동과 예측에 영향, 연령과 성별분포, 가족구성, 인종분포, 거주지역, 계층간 분포 등은 여러 가지 인간문제 및 욕구의 발생빈도와 매우 밀접한 관계를 맺고 있음
- 문화적 조건: 사회의 가치와 규범으로 사회복지조직들의 목표와 방법들에 영향, 사회복지조직에서 제공하는 서비스 형태, 클라이언트의 서비스 접근 등은 사회의 우세한 문화적 가치에 의해 민감하게 영향을 받음
- 정치적 조건: 자원의 흐름에 대한 통제, 사회복지조직이 가용 재정자원을 정부에 대부분 의존하고 있는 경우 자원분배를 통제하는 과정으로서 정치적 환경은 매우 중요하며 조직에 많은 영향을 미침
- 법적 조건: 자원의 흐름에 대한 통제, 수많은 법적 규제는 사회복지조직이 클라이언트에게 서비스를 제공하는 데 있어서 준수해야 할 많은 조직들을 규정하고 통제함
- 기술적 조건: 사회의 기술적 진보 혹은 변화가 초래하는 영향, 사회복지조직이 제공할 수 있는 서비스의 범위는 서비스와 관련된 조직의 기술적 수준에 의해 크게 영향을 받음

2. 과업환경(업무환경)

(1) 과업환경의 개념

- 조직의 목적달성에 직접적으로 영향을 미치는 조직 경계 밖의 요인들로 지역사회 내의 다른 조직과 클라이언트 집단을 포함함
- 사회복지조직은 과업환경의 영향을 받는 것이 일반적이며 사회복지조직이 과업환경에 영향을 미치기도 함

(2) 과업환경의 유형

- 재정자원의 제공자: 정부, 공적 및 사적 사회단체, 개인 등 사회복지조직의 재정자원 제공자는 사회복지조직의 유지와 발전에 가장 큰 영향을 미치는 요인임
- 정당성과 권위의 제공자: 사회복지조직의 합법성과 권위는 법령 등에 의해 부여, 사회적 정당성은 조직이 봉사하고 있는 지역사회, 클라이언트 집단, 전문가 집단 등으로부터 나옴

- 클라이언트 제공자: 사회복지조직으로부터 직접 서비스를 받고자 하는 개인과 가족 및 클라이언트를 의뢰하는 타 조직이나 집단 및 개인을 포함함
- 보충적 서비스 제공자: 인간의 문제는 다양하며 복잡하게 얽혀있는 양상을 띠는 것이 일반적이며, 인간의 다양한 문제에 대하여 사회복지조직에서 모든 서비스를 제공할 수는 없음
- 조직산출물의 소비 인수자: 사회복지조직은 사회로부터 문제나 욕구가 있는 인간을 투입하여 이들을 새로운 사회적 지위와 신분, 변화된 인간으로 사회로 산출하는 역할을 수행함
- 경쟁하는 조직들: 클라이언트와 자원들을 두고 경쟁하며, 자원에 대한 조직의 접근에 영향을 미치는 조직들을 포함함

3. 환경관리의 전략

(1) 권위주의전략
조직이 자금과 권위를 충분히 획득할 경우 다른 조직간 교환관계와 조건들에서 유리한 위치에 설 수 있는 경우이며, 주장이나 권력을 사용하여 다른 조직의 행동을 이끌고 명령을 내리는 전략

(2) 경쟁전략
다른 조직들과 경쟁하여 세력을 증가시켜 서비스의 질과 절차, 행정절차 등을 매력적으로 만드는 것이며 질 높은 서비스와 클라이언트 관리, 친절한 서비스 등으로 경쟁우위 확보가 가능함

(3) 방해전략
경쟁적 위치에 있는 다른 조직의 활동을 방해하거나 세력을 약화시키는 전략

(4) 협력전략
다른 조직들에게 필요한 서비스를 제공하여 상호 불안감을 해소시키고, 이에 대한 보답으로 권력을 증가시키는 전략임
- 계약: 두 조직간 지원 혹은 서비스의 교환을 통해 협상된 공식적 비공식적 합의전략
  예) MOU체결
- 연합: 여러 조직들이 사업을 통해 합동하여 자원을 합하는 전략
  예) 연합회, 협의회 발족 등
- 흡수: 과업환경 내 주요 조직의 대표자들을 조직의 정책수립기구에 참여시키는 전략

上·中·下

01) 사회복지조직의 책임성을 확보하기 위한 노력이 아닌 것은? (18회 기출)

① 개인정보 보호를 위해 사회복지조직 후원금 사용 정보의 미공개

② 「사회복지사업법」에 따른 사회복지법인 이사회 구성

③ 「사회복지법인 및 사회복지시설 재무 · 회계규칙」에 근거한 예산 편성

④ 배분사업 공모를 통한 사회복지 프로그램 재정지원 시행

⑤ 사회복지예산 수립을 위한 주민참여제도 시행

해설

① 사회복지조직의 후원금 수입 및 사용결과 보고서는 시장 · 군수 · 구청장에게 제출하고 공개해야 한다.

〈 정답 ① 〉

上·中·下

**02) 사회복지관에서 우편으로 잠재적 후원자에게 기관의 현황이나 정보 등을 제공하여 후원
자를 개발하는 마케팅 방법은?** (18회 기출)

① 고객관계 관리 마케팅   ② 데이터베이스 마케팅   ③ 다이렉트 마케팅

④ 소셜 마케팅   ⑤ 클라우드 펀딩

해설

③ 다이렉트 마케팅(DM: Direct Marketing, Direct Mail)은 우편을 이용하여 고객에게 상품과 조직의 정
보를 전달하는 마케팅 방법이다.

〈 정답 ③ 〉

사회복지조직의 환경관리
다음 문장에서 틀린 것을 모두 고르시오.

◆ **사회복지마케팅**

① 다이렉트마케팅(DM)이란 우편을 이용하여 고객에게 상품과 조직의 정보를 전달하는 마케팅 방법이다.

② 마케팅믹스(Marketing Mix)란 표적시장에서 마케팅목표를 달성하기 위해 수단을 종합적으로 결정하는 전략(제품, 가격, 유통, 촉진)을 말한다.

③ 공익연계마케팅은 고객들이 기업의 물품을 구입할 경우 기업이 그 수입의 일정 비율을 복지관에 기부하는 방식이다.

④ 사회마케팅(SM)은 공중의 행동변화를 위한 마케팅기법으로서, 공익을 실현하기 위한 집단적이고 조직적인 노력을 의미한다.

⑤ 사회복지마케팅에서는 표준화된 서비스로 대량생산할 수 있다.

◆ **사회복지시설평가**

① 시설평가의 근거는 1997년 개정된 사회복지사업법이다.

② 시설평가의 목적은 시설운영의 효율화 등을 위한 것이다.

③ 이용자의 권리에 관한 지표의 경우 거주시설(생활시설)에 한해서 적용하여 시설평가를 한다.

④ 개별 사회복지시설의 고유성이 반영되지 못하는 점은 시설평가의 한계점으로 여겨진다.

⑤ 평가지표 선정 시 현장의견수렴 절차가 필요하다.

⑥ 기준행동은 목표가 달성되었는지 의사결정 하는 데 사용되는 잣대라고 할 수 있는 평가기준에 따라 행동하는 것으로 해석할 수 있다.

⑦ 보건복지부장관이 시설의 서비스 최저기준을 고려하여 평가기준을 정한다.

⑧ 보건복지부장관과 시·군·구의 단체장이 시설평가의 주체이다.

⑨ 시설평가결과를 공표할 수 없으나 시설의 지원에는 반영할 수 있다.

◆ 조직환경

① 인구사회학적 조건은 사회문제와 욕구를 가늠할 수 있게 한다.

② 빈곤이나 실업에 대한 사람들의 태도는 정책수립과 실행에 영향을 미친다.

③ 과학기술의 발전 정도는 사회복지조직 운영에 영향을 미친다.

④ 조직에 미치는 영향에 따라 일반 환경과 과업환경으로 구분할 수 있다.

⑤ 조직환경은 조직과 상호작용하는 외부요소를 총칭한다.

⑥ 경제적 조건은 조직의 재정적 기반 마련과 관련이 있다.

⑦ 조직 간의 의뢰 · 협력체계는 보충적 서비스 제공역할을 한다.

⑧ 법적 조건은 조직의 활동을 인가하는 기준이 된다.

⑨ 정치적 조건은 과업환경으로서 규제를 통해 사회적 기반을 형성한다.

⑩ 방해전략은 표면조직이 평화적인 요구를 무시할 때 채택할 수 있다.

⑪ 위험관리기법에서는 안전확보가 서비스질과 직결된다고 본다.

⑫ 매몰비용이 클수록 조직차원의 변화시도에 대항하려는 힘이 커진다.

⑬ 한국사회복지협의회, 한국사회복지관협회는 과업환경에 속한다.

⑭ 자원을 놓고 경쟁하는 조직은 사회복지조직의 과업환경에 해당한다.

⑮ 사회복지조직은 외부환경에 의존적이다.

⑯ 학교 · 경찰 · 청소년단체 · 교회는 일반환경에 속한다.

〈 정답 〉
• 사회복지마케팅 – ⑤
• 사회복지시설평가 – ③⑧⑨
• 조직환경 – ⑨⑯

제3편
사회복지법제론

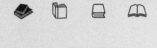

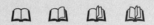

제1장 사회복지법의 이해

제1절 법(法)의 개요

1. 법(法)의 개념
법이란 인간이 사회생활을 하면서 꼭 해야 할 일과 해서 안 될 일을 규정하여 사회정의를 실현하고 법적 안정성을 기반으로 사회질서를 유지하기 위한 강제력을 가진 규범

(1) 법(法)의 일반적 분류
○ 자연법과 실정법
- 자연법: 자연적으로 발생하는 보편타당한 원칙으로서 정의의 이념으로 법의 근원이 됨
- 실정법: 사회질서의 유지를 목적으로 성립된 것으로 제정법, 관습법, 판례법 등이 있음

○ 국내법과 국제법
- 국내법: 한 국가의 주권이 미치는 범위 내에만 효력을 가지는 법
- 국제법: 국제연합 등 국제기구에 의해 인정되어 국가 간에 효력이 인정되는 규범

○ 일반법과 특별법
- 일반법(보통법): 특별법에 비하여 넓은 범위의 사람 · 장소 또는 사항에 적용되는 법
- 특별법: 일반법보다도 좁은 범위의 사람 · 장소 또는 사항에 적용되는 법

○ 공법, 사법 및 사회법
- 공법(公法): 국가통치권의 발동에 관한 관계를 규정하는 법
  예) 헌법, 형법, 형사소송법, 행정법, 행정소송법 등
- 사법(私法): 사인(私人) 간의 관계를 규정하는 법
  예) 민법, 민사소송법, 상법 등
- 사회법(社會法): 공법과 사법의 중간영역으로 개인의 자유와 국가의 관여가 혼합된 법
  예) 노동관계법, 경제관계법, 사회복지관계법 등

(2) 법(法)적용의 일반원칙

○ 일반법과 특별법의 관계: 특별법(特別法) 우선의 원칙

법적용의 순위를 정하는데 있어 일반적인 원칙으로 특별법은 일반법에 우선하여 적용하고, 특별법에 해당 규정이 없는 경우에 보충적으로 일반법을 적용함

○ 상위법과 하위법의 관계: 상위법(上位法) 우선의 원칙

법규범은 수직적으로 체계화되어 있는데, 그 순서는 헌법, 법률, 명령(시행령, 시행규칙), 자치법규(조례, 규칙) 등

○ 신법과 구법의 관계: 신법(新法) 우선의 원칙

신법은 새로 제정된 법이고, 구법은 신법에 의해 폐지되는 법

2. 법원(法源)의 종류

(1) 법원(法源)의 의의

- 법이 어떤 방식으로 존재하는가에 대한 것을 의미하는데, 성문법과 불문법으로 분류함
- 성문법이 모든 법률관계를 빠짐없이 모두 규율하기는 어려우므로 성문법외에 관습법, 판례법, 조리 등 불문법이 보충적 기능을 함
- 우리나라는 성문법주의를 채택하고, 예외적으로 불문법을 인정하고 있음

(2) 성문법원(成文法源)

○ 헌법(憲法)

- 국민의 기본적 인권을 보장하고 있는 권리장전으로서의 성격뿐만 아니라 국가의 기본조직과 통치 작용의 원리에 관하여 규정하고 있는 국가의 기본법이며, 최상위의 법규범으로서의 성격도 가지고 있음
- 헌법은 사회복지에 관한 기본적 사항들을 많이 내포하고 있어 사회복지법규의 중요한 최고의 법원이 되고 있음
  - 인간의 존엄과 가치 및 행복추구권(제10조), 인간다운생활을 할 권리(제34조)
  - 교육을 받을 권리(제31조), 근로의 권리(제32조), 근로자의 권리(제33조), 환경권(제35

조), 혼인과 가족생활의 보호(제36조)

- 평등권(제11조), 재판청구권(제27조), 국가배상청구권(제29조), 위헌법령심사권 및 행정심판권(제107조) 등

○ **법률**(法律)

입법권자인 국회가 제정하여 대통령이 공포한 법, 사회보장기본법, 사회복지사업법, 사회복지사업법 제2조(정의) 제1호에 규정된 법률 등

○ **명령**(命令)

권한 있는 행정관청에 의하여 제정된 법규로서 제정 주체에 따라 대통령령(시행령), 총리령 및 부령(시행규칙)으로 구분함

○ **자치법규**(自治法規)

- 헌법 제117조에 의거 지방자치단체가 법령의 범위 내에서 제정하는 자치에 관한 규범
- 조례: 지방의회가 법령의 범위 안에서 지역사무에 관하여 제정하는 규범
- 규칙: 지방자치단체의 장이 법령 및 조례가 위임한 범위 내에서 그 권한에 속하는 사무에 관하여 정립한 규범

○ **국제법**(國際法)

- 국제조약: 국가와 국가 간 , 국가와 국제기구 간, 국제기구 상호간에 체결한 문서에 의한 합의를 말하며, 일반적으로 협정, 협약, 약정, 의정서, 규약, 헌장 등으로도 불림
- 국제법규: 우리나라가 체결당사국이 아닌 조약으로서 국제사회에서 일반적으로 규범성이 승인된 것과 국제관습법을 말함

(3) 불문법원(不文法源)

○ **관습법**(慣習法)

- 오랜 기간에 걸쳐 자연적으로 형성되어 사회적 관행으로 준수되어 온 사회생활의 규범
- 사회구성원의 법적 확신을 얻게 되어 국가에 의해 불문의 형태로 승인되고 강행되는 법
- 사실적인 관습을 법원(法院)이 판례를 통해 이를 법 규범으로 인정함으로써 이루어짐

○ **판례법**(判例法)

- 최고법원인 대법원(大法院)의 판결을 통해 형성된 판례를 법규범으로 인정하는 것
- 유사한 사건에 대하여 최고법원이 동일한 취지의 판결을 반복함으로써 동종의 다른 사건이 발생할 경우 같은 판결이 나오게 되어 사실상의 구속력을 미치게 하는 것
- 국민연금법, 국민건강보험법, 사회복지사업법, 공공부조관련법 등과 관련된 판례 존재

○ **조리(條理)**
- 사물의 도리, 사회통념, 공서양속, 신의성실의 원칙, 법의 일반원칙 등을 의미함
- 재판에서 성문법규가 없고 관습법, 판례도 없는 경우에 한하여 최종적으로 적용함
- 우리 민법은 "민사에 관하여 법률에 규정이 없으면 관습법에 의하고, 관습법이 없으면 조리에 의한다(제1조)."라고 규정하여 조리의 법원성을 인정하고 있음

제2절 사회복지법의 개념

(1) 형식적 의미
- 사회복지법이라는 외적인 형식을 가진 제반 법규인데, 우리나라의 경우 독립적인 사회복지법전은 존재하지 않으므로 그 범위가 명확하지는 않음
- 일반적으로 사회보장기본법에서 규정하고 있는 사회보험, 공공부조, 사회서비스와 관련된 법률과 사회복지사업법에서 규정하고 있는 사회복지사업에 속하는 개별 법률들이 해당됨

(2) 실질적 의미
법의 존재형식과 명칭에 관계없이 실질적으로 법의 내용, 목적, 기능 등이 사회복지에 관한 사항을 규정하고 있는 법규를 의미함
- 광의의 사회복지법: 사회복지정책 또는 사회정책의 실현과 관련된 제반 법률을 의미하며, 전 국민의 물질적·정신적·사회적 기본욕구를 해결함으로써 인간다운 생활을 할 수 있도록 보장하기 위한 공적·사적인 모든 사회적 서비스와 관련된 법 규범들을 의미함
- 협의의 사회복지법: 현실생활에서 어려움을 겪는 사회적 약자들이나 요보호대상자를 위한 제한적인 제반 사회복지정책 및 사회정책을 의미함

(3) 사회복지관련 법률의 분류체계

○ 사회복지의 기본적 법률

• 사회보장기본법: 사회복지 및 사회보장 일반에 관한 기본적인 법률, 사회보장에 관한 국민
  의 권리와 국가 및 지방자치단체의 책임을 정하고 사회보장정책의 수립추진과 관련 제도
  에 관한 기본적인 사항을 규정함
• 사회보장급여의 이용·제공 및 수급권자발굴에 관한 법률(사회보장급여법): 사회보장기본
  법에 따른 사회보장급여의 이용 및 제공에 관한 기준과 절차 등 기본적인 사항을 규정함
• 사회복지사업법: 사회복지법인의 설립과 운영, 사회복지시설의 설치와 운영, 사회복지사
  와 사회복지관, 법적 단체 등을 규정함

○ 사회보험 관련법

국민연금법, 국민건강보험법, 산업재해보상보험법, 고용보험법, 노인장기요양보험법

○ 공공부조 관련법

국민기초생활보장법, 의료급여법, 긴급복지지원법, 기초연금법, 장애인연금법 등

○ 사회서비스 관련법

사회복지사업법(제2조 제1호)에 규정된 사회서비스법: 아동복지법, 노인복지법, 장애인복지
법, 한부모가족지원법, 영유아보육법, 정신건강증진 및 정신질환자복지서비스 지원에 관한
법률, 입양특례법, 다문화가족지원법, 사회복지공동모금회법, 가정폭력방지 및 피해자보호
등에 관한 법률, 장애인활동지원에 관한 법률, 청소년복지지원법 등

[사회복지관련 법률체계]

공법(公法)	헌법(憲法) 전문, 제10조, 제11조, 제34조 등	
	국내법(國內法)	국제법(國際法)
공법(公法)	사회법(社會法)	사법(私法)
경제 관련법	사회복지 관련법	노동 관련법
	사회보장기본법	
	(사회보장급의 이용·제공 및 수급권자발굴에 관한 법률)	
	(사회복지사업법)	

〈사회보험 관련법〉
- 국민연금법
- 국민건강보험법
- 산업재해보상보험법
- 고용보험법
- 노인장기요양보험법

(특수직연금)
- 공무원연금법
- 군인연금법
- 사립학교교직원연금법
- 별정우체국연금법

〈공공부조 관련법〉
- 국민기초생활보장법
- 의료급여법
- 주거급여법
- 긴급복지지원법
- 기초연금법
- 장애인연금법

〈사회서비스 관련법〉
- 아동복지법
- 노인복지법
- 장애인복지법
- 한부모가족지원법
- 영유아보육법
- 다문화가족지원법
- 입양특례법
- 사회복지공동모금회법
- 장애아동복지지원법
- 청소년복지지원법

〈사회서비스 관련법〉
- 성매매방지 및 피해자보호등에 관한 법률
- 정신건강증진 및 정신질환자 복지서비스지원에 관한 법률
- 성폭력방지 및 피해자보호등에 관한 법률
- 일제하 일본군위안부 피해자 지원등에 관한 법률
- 편의증진보장에 관한법률
- 가정폭력방지 및 피해자보호등에 관한 법률
- 농어촌주민의 복지증진을 위한 특별법
- 식품기부활성화에 관한 법률
- 장애인활동지원에 관한 법률
- 노숙인등의 복지 및 자립지원에 관한 법률
- 발달장애인 권리보장 및 지원에 관한 법률연금법

〈기타 사회복지 관련법〉
- 자원봉사활동기본법, 장애인고용촉진 및 직업재활법, 건강가정기본법, 치매관리법 등

上 · **中** · 下

01) 법령의 제정에 관한 헌법의 내용으로 옳은 것은? (18회 기출)

① 국무총리는 총리령을 발할 수 없다.

② 지방자치단체의 장은 부령을 발할 수 있다.

③ 정부는 법률안을 제출할 수 없다.

④ 법률안은 국무회의의 심의를 거쳐야 한다.

⑤ 법률은 특별한 규정이 없는 한 공포한 날로부터 90일을 경과함으로써 효력을 발생한다.

해설

① 국무총리는 총리령을 발할 수 있다.

② 지방자치단체의 장은 규칙을 제정할 수 있고, 행정각부의 장은 부령을 발할 수 있다.

③ 국회의원과 정부는 법률안을 제출할 수 없다.

⑤ 법률은 특별한 규정이 없는 한 공포한 날로부터 20일을 경과함으로써 효력을 발생한다.   〈 정답 ④ 〉

上 · **中** · 下

02) 사회복지법의 체계와 법원(法源)으로 옳은 것은? (16회 기출)

① 시행령은 업무소관 부처의 장관이 발한다.

② 국무총리는 소관 사무에 관하여 법률의 위임 또는 직권으로 부령을 발할 수 있다.

③ 지방자치단체는 법령의 범위 안에서 자치에 관한 규정을 제정할 수 있다.

④ 장애인복지법시행규칙은 지방의회에서 제정한다.

⑤ 국민연금법시행령보다 국민연금법시행규칙이 상위의 법규범이다.

해설

• 지방자치법 제22조에서는 "지방자치단체는 법령의 범위 안에서 그 사무에 관하여 조례를 제정할 수 있다. 다만, 주민의 권리제한 또한 의무부과에 관한 사항이나 벌칙을 정할 때에는 법률의 위임이 있어야 한다"고 규정하고 있다.

① 시행령은 대통령이 발하는 명령을 말하며, 시행규칙은 국무총리나 장관이 발하는 명령을 말한다.

② 국무총리 또는 행정 각부의 장은 소관 사무에 관하여 법률이나 대통령령의 위임 또는 직권으로 총리령 또는 부령을 발할 수 있다(헌법 제95조).

④ 장애인복지법시행규칙은 보건복지부장관이 제정한다.

⑤ 국민연금법시행령(대통령령)이 국민연금법시행규칙(부령)보다 상위의 법규범이다.   〈 정답 ③ 〉

사회복지법의 이해

다음 문장에서 틀린 것을 모두 고르시오.

◆ **사회복지법의 개념과 법원**

① 국무총리는 소관 사무에 관하여 법률의 위임 또는 직권으로 부령을 발할 수 있다.

② 지방자치단체의 장은 부령을 발할 수 있다.

③ 정부는 법률안을 제출할 수 없다.

④ 법률안은 국무회의의 심의를 거쳐야 한다.

⑤ 법률은 특별한 규정이 없는 한 공포한 날로부터 90일을 경과함으로써 효력을 발생한다.

⑥ 시행령은 업무소관 부처의 장관이 발한다.

⑦ 장애인복지법시행규칙은 지방의회에서 제정한다.

⑧ 지방자치단체는 법령의 범위 안에서 자치에 관한 규정을 제정할 수 있다.

⑨ 대통령은 법률안의 일부에 대하여 재의를 요구할 수 있다.

⑩ 법률은 특별한 규정이 없는 한 공포한 날로부터 20일을 경과함으로써 효력을 발생한다.

⑪ 국회의원과 정부는 법률안을 제출할 수 있다.

⑫ 국회에서 의결된 법률안은 정부에 이송되어 15일 이내에 대통령이 공포한다.

⑬ 대통령이 15일 이내에 재의 요구를 하지 아니한 때에는 그 법률안은 폐기된다.

⑭ 법령의 범위를 벗어난 조례는 법적 구속력이 없다.

⑮ 대통령은 법률안을 수정하여 재의를 요구할 수 있다.

⑯ 지방자치단체는 법령의 범위 안에서 그 사무에 관하여 조례를 제정 할 수 있다.

⑰ 시·군 및 자치구의 조례는 시·도의 조례를 위반하여서는 아니 된다.

⑱ 조례에서 주민의 권리 제한에 관한 사항을 정할 때에는 법률의 위임이 있어야 한다.

〈 정답 〉
• 사회복지법의 개념과 법원 – ①②③⑤⑥⑦⑨⑬⑮

제2장 사회복지법의 역사

제1절 1980년대 이전 역사

1. 일제시대~ 1950년대 사회복지관련 입법

(1) 일제시대~미군정기
- 일제시대: 1944년 조선구호령을 제정하였으나 형식적인 수준에 그침
- 미군정기: 1946년 후생국보 3호, 후생국보 3A호, 후생국보 3C호 등 구호준칙 제정

(2) 정부수립~ 한국전쟁기
- 한국의 사회복지는 한국전쟁으로 정부의 역할은 미미했고 외국원조기관에 의한 응급적인 구호를 제공하는 수준이었음
- 헌법(1948.7.17.), 군사원호법(1950) 등이 제정되었음

2. 1960~ 1970년대 사회복지 입법

(1) 1960년대
- 공무원연금법(1960. 제정)
- 생활보호법(1961. 제정)
- 아동복리법(1961. 제정)
- 재해구호법(1962. 제정)
- 산업재해보상보험법(1963. 제정)
- 의료보험법(1963. 제정): 임의적용, 미실시
- 군인연금법(1963. 제정)

(2) 1970년대

- 사회복지사업법(1970. 제정)

- 국민복지연금법(1973. 제정)

- 국민의료보험법(1976. 제정): 강제적용, 직장의료보험 시행(1977)

- 의료보호법(1977. 제정)

- 공무원 및 사립학교 교직원의료보험법(1977년. 제정)

제2절 1980년 이후 역사

1. 1980~1990년대 사회복지 입법

(1) 1980년대
- 제5공화국헌법(8차 개정, 1980.10.27)

- 아동복지법(1981. 제정): 기존 아동복리법 전면개정

- 심신장애자복지법(1981. 제정)

- 노인복지법(1981. 제정)

- 사회복지사업법(1983. 전면개정)
  - 복지증진의 책임이 국가와 지방자치단체에 있음을 명문화 함
  - 사회복지사업종사자를 사회복지사로 명칭을 변경함
  - 사회복지사 자격을 1~3급으로 구분하였음

- 국민연금법(1986. 제정): 국민복지연금법 전면 개정, 1988년 시행

- 최저임금법(1986년. 제정)

- 장애인복지법(1989. 제정): 심신장애자복지법 전면 개정

(2) 1990년대
- 영유아보육법(1991. 제정)

- 고용보험법(1993. 제정): 1995년 시행

- 사회보장기본법(1995. 제정)

- 정신보건법(1995. 제정)

- 사회복지공동모금법(1997. 제정)

- 사회복지공동모금회법(1999. 개정)
- 국민건강보험법(1999. 제정): 조합주의에서 통합주의로 전환
- 국민기초생활보장법(1999.9.7. 제정): 2000.10.1. 시행

2. 2000년대 이후 사회복지 입법

(1) 2000년대
- 장애인고용촉진 및 직업재활법(2000. 제정)
- 의료급여법(2001. 제정): 의료보호법 개정
- 청소년복지지원법(2003. 제정)
- 긴급복지지원법(2005. 제정)
- 노인장기요양보험법(2007. 제정)
- 기초노령연금법(2007. 제정)
- 다문화가족지원법(2008. 제정)

(2) 2010년대
- 장애인연금법(2010. 제정)
- 장애인활동지원에관한 법률(2011. 제정)
- 장애아동복지지원법(2011. 제정)
- 노숙인등의 복지 및 자립지원에 관한 법률(2011)
- 치매관리법(2011. 제정)
- 기초연금법(2014. 제정): 기초노령연금법 대체
- 사회보장급여의 이용 · 제공 및 수급권자발굴에 관한 법률(2014)
- 국민기초생활보장법 개정(2014): 맞춤형 기초생활보장제도
- 정신건강증진 및 정신질환자 복지서비스 지원에 관한 법률(2016. 제정)
- 아동수당법(2018. 제정)

사회복지관련 주요법률 제정 시기

시기	사회복지 관련법 제정
1960년대	· 공무원연금법(1960) · 아동복리법(1961) · 군인연금법(1963) · 의료보험법(1963): 임의법 **· 생활보호법(1961)** · 재해구호법(1962) **· 산업재해보상보험법(1963)**
1970년대	**· 사회복지사업법(1970)** **· 국민복지연금법(1973)**: 시행보류 **· 의료보험법 전면개정(1976)**: 강행법규 · 의료보호법(1977) · 공무원 및 사립학교교직원의료보험법(1977)
1980년대	· 아동복지법(1981. 전문개정) · 심신장애자복지법(1981) · 노인복지법(1981) **· 국민연금법(1986. 전문개정)** · 최저임금법(1986) · 보호관찰법(1988) · 모자복지법(1989) **· 장애인복지법(1989. 전문개정)**
1990년대	· 장애인고용촉진 등에 관한 법률(1990) · 영유아보육법(1991) · 청소년기본법(1991) **· 고용보험법(1993)** · 성폭력범죄의 처벌 및 피해자보호 등에 관한 법률(1994) · 보호관찰 등에 관한 법률(1995. 전문개정) **· 사회보장기본법(1995)** · 정신보건법(1995) **· 사회복지공동모금회법(1997)** · 청소년보호법(1997) · 가정폭력방지 및 피해자보호 등에 관한 법률(1997) **· 국민건강보험법(1999)** · 사회복지공동모금회법(1999, 전문개정) **· 국민기초생활보장법(1999년)**
2000년대	· 장애인고용촉진 및 직업재활법(2000. 전부 개정) · 의료급여법(2001. 전부개정) · 건강가정기본법(2004) **· 저출산 고령사회기본법(2005)** **· 자원봉사활동기본법(2005)** **· 긴급복지지원법(2005)** · 장애인차별금지 및 권리구제 등에 관한 법률(2007) **· 기초노령연금법(2007)** · 노인장기요양보험법(2007) · 한부모가족지원법(2007. 일부개정) · 다문화가족지원법(2008) · 건강검진기본법(2008년) · 국민연금과 직역연금의 연계에 관한 법률(2009)
2010년대	**· 장애인연금법(2010)** · 장애인활동지원에 관한 법률(2011) · 노숙인 등의 복지 및 자립지원에 관한 법률(2011) · 장애아동복지지원법(2011) **· 기초연금법(2014)** · 사회보장급여의 이용 · 제공 및 수급권자발굴에 관한 법률(2014) **· 국민기초생활보장법(개정, 2014)**: 맞춤형 기초생활보장제도 · 정신건강증진 및 정신질환자복지서비스지원에 관한 법률(2016) · 아동수당법(2018. 제정)

上·**中**·下

01) 제정연도가 가장 빠른 것과 가장 늦은 것을 순서대로 짝지은 것은?   (18회 기출)

ㄱ. 긴급복지지원법	ㄴ. 고용보험법
ㄷ. 노인복지법	ㄹ. 기초연금법

① ㄴ, ㄱ   ② ㄴ, ㄹ   ③ ㄷ, ㄱ   ④ ㄷ, ㄴ   ⑤ ㄷ, ㄹ

해설

사회복지 관련 주요 법률 제정 시기
• 노인복지법(1981), 고용보험법(1993), 긴급복지지원법(2005), 기초연금법(2014)

〈 정답 ⑤ 〉

上·**中**·下

02) 법률의 제정연도가 빠른 순서대로 나열된 것은?   (17회 기출)

ㄱ. 국민연금법   ㄴ. 고용보험법   ㄷ. 국민건강보험법   ㄹ. 산업재해보상보험법

① ㄱ - ㄴ - ㄷ - ㄹ   ② ㄱ - ㄷ - ㄴ - ㄹ
③ ㄹ - ㄱ - ㄴ - ㄷ   ④ ㄹ - ㄱ - ㄷ - ㄴ
⑤ ㄹ - ㄴ - ㄱ - ㄷ

해설

사회복지 관련 주요 법률 제정 시기
• 산업재해보상보험법(1963), 국민연금법(1986), 고용보험법(1993), 국민건강보험법(1999)

〈 정답 ④ 〉

사회복지법의 역사
다음 문장에서 틀린 것을 모두 고르시오.

◆ **법률제정 시기**

① 1973년 국민복지연금법이 제정되었으나 시행되지 못하고, 1986년 국민연금법으로 전부 개정 되어 1988년부터 시행되었다.

② 1999년 국민기초생활보장법이 개정되면서 자활후견기관에 관한 규정이 처음으로 도입되었다.

③ 의료보험법과 공무원 및 사립학교교직원 의료보험법을 통합하여 1999년 국민건강보험법을 제정하였다.

④ 사회복지사업법은 1970년 제정되었고, 1983년 개정 때 사회복지사 자격제도가 처음으로 도입 되었다.

⑤ 사회보장에 관한 법률을 대체하여 1995년 사회보장기본법이 제정되었다.

⑥ 1960년대에는 재해구호법, 산업재해보상보험법이 제정되었다.

⑦ 1970년대에는 사회복지사업법, 국민기초생활보장법이 제정되었다.

⑧ 1980년대에는 노인복지법, 긴급복지지원법이 제정되었다.

⑨ 1990년대에는 국민건강보험법, 노인장기요양보험법이 제정되었다.

⑩ 2000년대에는 영유아보육법, 다문화가족지원법이 제정되었다.

⑪ 4대 사회보험 법률제정 시기는 산업재해보상보험법(1963), 국민연금법(1986), 고용보험법(1993), 국민건강보험법(1999)순이다.

⑫ 2000년대 제정된 법률로는 긴급복지지원법(2005), 노인장기요양보험법(2007), 다문화가족지원법(2008), 장애인연금법(2010) 순이다.

〈 정답 〉
• 법률제정 시기 – ②⑦⑧⑨⑩

제3장 사회복지 권리성과 국제화

제1절 사회복지의 권리성

1. 사회복지수급권의 개념

(1) 의의
- 사회복지 관련법상 사회복지급여나 서비스를 받을 권리, 금전적 급여를 통한 최저한도의 생활보장과 비금전적 급여를 통한 의료, 교육, 주거, 재활, 생활의 안정과 복지의 증진을 목적으로 하는 사회복지서비스에 대한 급여청구권을 의미함
- 사회복지급여의 관리운영 주체와 수급자 간에 존재하는 사회복지 관련법에서 발생하는 사회복지급여의 지급을 청구할 수 있는 권리로서 공법상의 쟁송방법을 통하여 실현 할 수 있는 개인적 공권으로 헌법의 생존권에 대한 법적 성격을 가짐

(2) 사회권(社會權)
- 사회적으로 생존하는 인간으로서의 개인이 자신의 생존이나 생활의 유지 및 발전에 필요한 조건들을 확보해줄 것을 국가에 요구하는 국민의 권리를 말함
- 사회권은 생존권, 복지권, 사회보장수급권의 내용을 포함하고 있음

(3) 생존권으로서의 복지권
○ 생존권(生存權)
- 사회주의적 생존권: 개인의 생존욕망(인간으로서의 존엄과 가치, 인간다운 생활)을 충족시키기 위해 사유재산주의를 부정하고, 특히 생산수단을 공유화함으로써 모두의 노동을 통해 생존권을 실질적으로 실현하려는 사회주의 국가에서 추구되는 생존권
- 개량주의적 생존권: 사유재산제도를 사회의 기본질서로 인정하고, 다만 그로 인해 파생되는 문제점을 해결하고 개선해 나감으로써 생존권을 실현하려는 자본주의국가에서 추구되는 생존권

○ 복지권(福祉權)

국민들의 기본적인 권리의 하나로서 시민권의 역사적 발달과 더불어 시민의 욕구와 투쟁에 의해 획득한 권리(요 보호자에서 전 국민으로 확대)

(4) 헌법상 생존권적 기본권

○ **헌법상 생존권적 기본권의 성격**

• 헌법에 최초로 생존권의 이념을 규정한 것은 독일의 바이마르 헌법(1919), 제2차 세계대전 후에 제정된 각국의 헌법, 세계인권선언 및 유럽사회헌장 등에 계승됨

• 헌법상의 생존권 조항을 둘러싼 법적 성격 논쟁은 크게 프로그램 규정설과 법적 권리설로 나뉘며, 법적 권리설은 추상적 권리설과 구체적 권리설로 구분됨

○ **프로그램 규정설**

• 현실적으로 국가와 국민 전체의 경제력이 이에 도달하지 않으면, 그것은 단지 사회정책의 기본 방침이나 사회국가적 원리로서 장래에 대한 정치적 공약을 선언한 것에 불과함

• 생존권에 관한 헌법규정은 생존권을 법적 권리가 되게 하는 데 필요한 구체적인 입법이 존재하지 않기 때문에 단지 프로그램 규정에 지나지 않다고 봄

○ **법적 권리설**

• <u>추상적 권리설</u>: 생존권이 비록 추상적일지라도 법적 권리이며, 또한 국가의 의무이행이 재판에 의하여 강제될 수는 없을지라도 국가의 생존권 보장의무는 헌법에 의거한 법적의무라고 봄(우리나라 다수설)

• <u>구체적 권리설</u>: 생존권에 관한 헌법규정은 그 규정을 구체화하는 입법이 존재하지 않는 경우에도 현실적 효력을 갖는 규정이고, 완전한 권리로서 생존권을 보장한다고 봄

헌법 제34조

① 모든 국민은 인간다운 생활을 할 권리를 가진다.

② 국가는 사회보장 · 사회복지의 증진에 노력할 의무를 진다.

③ 국가는 여자의 복지와 권익의 향상을 위하여 노력하여야 한다.

④ 국가는 노인과 청소년의 복지향상을 위한 정책을 실시할 의무를 진다.

⑤ 신체장애자 및 질병 · 노령 기타의 사유로 생활능력이 없는 국민은 법률이 정하는 바

에 의하여 국가의 보호를 받는다.

⑥ 국가는 재해를 예방하고 그 위험으로부터 국민을 보호하기 위하여 노력하여야 한다.

헌법 제117조

① 지방자치단체는 주민의 복리에 관한 사무를 처리하고 재산을 관리하며, 법령의 범위 안에서 자치에 관한 규정을 제정할 수 있다.

② 지방자치단체의 종류는 법률로 정한다.

2. 사회복지수급권의 특징

(1) 사회복지급여의 신청주의
- 사회복지급여를 받으려는 사람은 관계 법령에서 정하는 바에 따라 국가나 지방자치단체에 신청하여야 함
- 관계 법령에서 따로 정하는 경우에는 국가나 지방자치단체가 신청을 대신할 수도 있음

(2) 사회복지수급권의 보호
- 사회복지수급권은 개인에게 전적으로 귀속하는 일신전속권(一身專屬權)의 성격이 있음
- 사회보장기본법(제12조): 사회보장수급권은 관계법령이 정하는 바에 따라 타인에게 양도하거나 담보로 제공할 수 없으며, 이를 압류할 수도 없음

(3) 사회복지수급권의 제한
○ 사회복지수급권 제한의 성격
- 사회복지수급권은 제한되거나 정지될 수 없다. 다만, 관계 법령에서 따로 정하고 있는 경우에는 그러하지 아니함
- 사회복지수급권자가 대상자의 적격성이나 적법성에 위반되는 경우에는 제한할 수 있음
- 사회복지수급권이 제한되거나 정지되는 경우에는 제한 또는 정지하는 목적에 필요한 최소한의 범위에 그쳐야 함

○ 불법행위에 대한 구상권(求償權)

제3자의 불법행위에 의하여 사회보장수급권을 가지게 된 경우 사회보장제도를 운영하는 자는 불법행위의 책임이 있는 자에 대하여 관계법령이 정하는 바에 의하여 구상권을 행사할 수 있음

(4) 사회복지수급권의 소멸

• 사회복지수급권의 경우에도 무한히 보장되는 것은 아니면 일정요건에 해당되면 소멸함
• 수급권자의 사망, 수급권의 포기, 수급권의 소멸시효 도래 등

(5) 사회복지권의 권리구제 절차: 이의신청, 행정심판, 행정소송 등

○ 사회보험

구분	1차 권리구제(처분청)	2차 권리구제(감독청)
국민연금법	심사청구(국민연금심사위원회)	재심사청구(국민연금재심사위원회)
산업재해보상보험법	심사청구(산재보험심사원회)	재심사청구(산재보험재심사위원회)
고용보험법	심사청구(고용보험심사관)	재심사청구(고용보험심사위원회)
노인장기요양보험법	심사청구(장기요양심사위원회)	재심사청구(장기요양재심사위원회)
국민건강보험법	이의신청(건보공단,심사평가원)	심판청구(건강보험분쟁조정위원회)

※ 1차 권리구제(이의신청의 성격), 2차 권리구제(행정심판의 성격)

○ 공공부조

구분	1차 권리구제	2차 권리구제
국민기초생활보장법	이의신청(시 · 도지사) – 시장 · 군수 · 구청장 경유	이의신청(보건복지부장관) – 시 · 도지사 경유
긴급복지지원법	이의신청(시 · 도지사) – 시장 · 군수 · 구청장 경유	규정없음
의료급여법	이의신청(시장 · 군수 · 구청장)	심판청구(건강보험분쟁조정위원회)
기초연금법	이의신청(시장 · 군수 · 구청장)	규정없음
장애인연금법	이의신청(시장 · 군수 · 구청장)	규정없음

제2절 사회복지의 국제화

1. UN의 국제인권규약(A, B)

1948년 선포한 세계인권선언을 실현하기 위해 1966년에 유엔총회에서 채택되었으며, 우리 나라는 1990년 4월에 비준하여 효력이 있는 국제조약임

(1) 경제적 · 사회적 및 문화적 권리에 관한 규약(A 규약)

• 1966년 12월 16일 유엔총회에서 채택되었고, 1976년 1월 발효되었음

• 생존권적 기본권을 대상으로 자기결정권, 노동권, 사회보장권, 건강권, 교육권, 남녀평등, 가정에 대한 보호 등을 규정함

(2) 시민적 · 정치적 권리에 관한 규약(B 규약)

• 1966년 12월 16일 유엔총회에서 채택되었고, 1976년 3월 발효되었음

• 자유권적 기본권의 존재를 전제로 하여 체약국이 이를 존중할 것을 의무화함

• 이것의 확보를 위하여 인권심사위원회 설치와 개인의 위원회 청원제도를 규정함

국제인권규약의 특징

• 우리나라도 A, B 규약을 1990년 4월에 비준하여 법적 구속력이 있다.

• 세계인권선언이 법적 구속력이 없었던 것에 비해, 국제인권규약은 국제조약으로서 체약국을 법적으로 구속한다.

---

2. UN의 아동권리협약

(1) 의의

• 1989년 11월 20일 유엔총회에서 채택, 1990년 9월 2일 발효되었음

• 우리나라는 1991년 11월 20일에 비준하여 가입하였음

• 가입국은 가입 뒤 2년 이내, 그 뒤 5년 마다 어린이의 인권상황에 대한 보고서를 제출하여 야 할 의무가 있음

(2) 주요원칙 및 권리

• 주요 원칙: 무차별의 원칙, 아동에 대한 최선의 이익 우선원칙

• 아동의 4대 권리: 생존의 권리, 발달의 권리, 보호의 권리, 참여의 권리

3. UN의 장애인권리협약

(1) 의의

• 장애인권리협약은 2006년 12월 유엔총회에서 채택되었으며, 2007년 5월 3일 발효되었음

• 우리나라는 2008년 12월 협약비준 동의안이 의결되었음

• 국내 발효 후 2년 이내, 그 후 최소 4년마다 협약 이행사항에 대한 보고서를 작성하여 유엔 장애인권리위원회에 제출하여야 함

(2) 주요 내용

• 차별금지, 여성장애인과 장애아동에 대한 보호, 자립생활지원, 이동권, 교육권, 건강권, 근로 · 정치 · 문화생활 등의 보장 등

4. ILO의 국제사회복지조약

(1) 의의

국제노동기구(ILO)는 1944년에 소득보장의 권고, 의료보장의 권고, 고용서비스의 권고를 사회보장법체계의 3대 기본요소로 채택하였음

(2) 사회보장최저기준에 관한 조약(102호 조약)

• ILO 제35차 총회(1952)에서 채택, 사회보험 · 공공부조 등 다양한 접근방식을 인정하였음

• 적용범위 및 급여의 종류와 수준, 사회보장의 비용부담, 기여자와 수급자의 권리보호, 행정관리문제 등에 대해 회원국이 준수해야 할 최저기준을 제정함

• 사회보장최저기준의 원칙(3): 대상의 보편성, 비용부담의 공평성, 급여수준의 적절성 등

• 사회보장급여(9): 의료급여(요양급여), 질병급여(상병급여), 실업급여, 노령급여, 업무상재해급여, 가족급여(아동급여), 출산급여, 폐질급여(장애급여), 유족급여 등

• 우리나라는 아직 비준동의를 하지 않음

(3) 사회보장 내·외국인 균등대우조약

- ILO는 사회보장 내·외국인 균등대우조약(1962)을 채택, 비준국은 자국의 영토 내에 있는 다른 모든 비준국 국민에 대하여 자국의 사회보장법규에 의하여 자국민과 동등한 대우를 해줄 것을 규정하고 있음
- 우리나라는 아직 비준동의를 하지 않음

(4) 업무재해조약 및 질병·노령·유족급여조약

- ILO는 업무재해조약(1964) 및 질병·노령·유족급여조약(1967)을 채택, 비준시 비준국 간에는 강제성을 띠게 됨
- 우리나라는 아직 비준동의를 하지 않음

5. 사회보장협정

(1) 사회보장협정의 개념
○ 사회보장협정의 의의
- 사회보장에 관한 상호주의에 입각하여 정부가 국회의 동의 없이 단독으로 외국정부와 맺은 협정 또는 약정을 말함
- 양 국가들이 상대국에서 파견 또는 근로하는 기간 동안 협정 당사국이 보장하는 동등한 권리를 누릴 수 있도록 보장하도록 합의하는 것임

○ 사회보장협정을 체결하는 목적
- 협정 당사국의 연금제도 간 다른 점을 상호 조정하여 다음과 같은 혜택을 부여하기 위함
- 이중가입배제: 이중보험료 부담문제 해결, 연금급여의 자유로운 송금보장 등
- 가입기간 합산 및 동등대우: 연금혜택의 기회확대 등

(2) 우리나라의 경우
- 일반적으로 국민연금법만을 대상으로 하고 있으나 미국과는 산재보험법, 독일과는 고용보험법이 포함되어 있음
- 국민연금법 제127조(외국과의 사회보장협정): 대한민국이 외국과 사회보장협정을 맺은

경우에는 이 법에도 불구하고 국민연금의 가입, 연금 보험료의 납부, 급여의 수급 요건, 급여액의 산정, 급여의 지급 등에 관하여 그 사회보장협정에서 정하는 바에 따른다고 규정하고 있음

협정체결

우리나라는 일반적으로 국민연금만을 대상으로 하고 있으나 미국과 산업재해보상보험, 독일과는 고용보험이 포함되어 있다.

01) 헌법 제34조 규정의 일부이다. (   )에 들어갈 내용이 순서대로 옳은 것은?   (18회 기출)

> • 국가는 사회보장 · (   )의 증진에 노력할 의무를 진다.
> • 신체장애자 및 질병 · 노령 기타의 사유로 생활능력이 없는 국민은 (   )이 정하는
>   바에 의하여 국가의 보호를 받는다.

① 공공부조, 헌법   ② 공공부조, 법률   ③ 사회복지, 헌법
④ 사회복지, 법률   ⑤ 자원봉사, 법률

해설

• 국가는 사회보장 · 사회복지의 증진에 노력할 의무를 진다.
• 신체장애자 및 질병 · 노령 기타의 사유로 생활능력이 없는 국민은 법률이 정하는 바에 의하여 국가의
  보호를 받는다.   〈 정답 ④ 〉

02) 헌법규정의 내용 중 사회적 기본권으로 보기 어려운 것은?   (17회 기출)

① 모든 국민은 신체의 자유를 가진다.
② 모든 국민은 근로의 권리를 가진다.
③ 모든 국민은 인간다운 생활을 할 권리를 가진다.
④ 모든 국민은 능력에 따라 균등하게 교육을 받을 권리를 가진다.
⑤ 모든 국민은 건강하고 쾌적한 환경에서 생활할 권리를 가진다.

해설

헌법상 기본권의 개념
• 자유권적 기본권(헌법 제12조~제22조): 신체의 자유, 거주이전의 자유, 직업선택의 자유, 주거의 자유,
  양심 · 종교의 자유 등이 있다.
• 사회권적 기본권(헌법 제31조~35조): 교육권, 근로3권, 인간다운생활을 할 권리, 환경권 등이 있다. 〈 정답 ① 〉

사회복지의 권리성과 국제화
다음 문장에서 틀린 것을 모두 고르시오.

◆ **사회복지의 권리성과 국제화**

① 헌법 제34조에서 국가는 사회보장·사회복지의 증진에 노력할 의무를 진다.

② 헌법 제34조에서 신체장애자 및 질병·노령 기타의 사유로 생활능력이 없는 국민은 법률이 정하는 바에 의하여 국가의 보호를 받는다.

③ 헌법상 신체의 자유는 사회적 기본권에 해당된다.

④ 헌법상의 생존권을 구체적으로 실현하기 위한 법이 사회복지법이다.

⑤ 사회복지법은 단일의 법전형식이 아니라 개별법 체계로 구성되어 있다.

⑥ 최저임금법은 실질적 의미의 사회복지법에 포함된다.

⑦ 사회복지법은 사회법으로서 과실책임의 원칙에 기초하고 있다.

⑧ 사회복지법에는 공법과 사법의 요소들이 공존하고 있다.

⑨ 사회보장최저기준에 관한 조약(102호 조약)은 ILO 제35차 총회(1952년)에서 채택되었으며, 사회보험, 공공부조 등 다양한 접근방식을 인정하였다.

⑩ 국제노동기구의 사회보장최저기준의 원칙(3)으로 대상의 보편성, 비용부담의 공평성, 급여수준의 적절성 등이 해당된다.

⑪ 국제노동기구의 사회보장급여(9)의 종류로는 의료급여(요양급여), 질병급여(상병급여), 실업급여, 노령급여, 업무상재해급여, 가족급여(아동급여), 출산급여, 폐질급여(장애급여), 유족급여 등이 해당된다.

⑫ 국민연금법에서는 외국과의 사회보장협정에 관해 규정하고 있다.

⑬ 국민건강보험법상 보험급여에 관한 공단의 처분에 이의가 있는 자는 공단에 이의신청을 할 수 있다.

⑭ 건강보험심사평가원의 처분에 이의가 있는 자는 심사평가원에 이의신청을 할 수 있다.

⑮ 국민연금법에 따르면 심사청구에 대한 결정에 불복하는 경우 국민연금재심사위원회에 재심사청구를 할 수 있다.

〈 정답 〉• 사회복지의 권리성과 국제화 – ③

제4장 사회보장 기본 법률

제1절 사회보장기본법

1. 사회보장기본법의 개요

(1) 목적 및 기본이념
○ **제정목적(제1조)**

사회보장에 관한 국민의 권리와 국가 및 지방자치단체의 책임을 정하고 사회보장정책의 수립·추진과 관련 제도에 관한 기본적인 사항을 규정함으로써 국민의 복지증진에 이바지하는 것을 목적으로 한다.

○ **기본이념(제2조)**

사회보장은 모든 국민이 다양한 사회적 위험으로부터 벗어나 행복하고 인간다운 생활을 향유할 수 있도록 자립을 지원하며, 사회참여·자아실현에 필요한 제도와 여건을 조성하여 사회통합과 행복한 복지사회를 실현하는 것을 기본이념으로 한다.

○ **용어의 정의(제3조)**
- 사회보장: 출산, 양육, 실업, 노령, 장애, 질병, 빈곤 및 사망 등의 사회적 위험으로부터 모든 국민을 보호하고 국민 삶의 질을 향상시키는 데 필요한 소득·서비스를 보장하는 사회보험, 공공부조, 사회서비스를 말한다.
- 사회보험: 국민에게 발생하는 사회적 위험을 보험의 방식으로 대처함으로써 국민의 건강과 소득을 보장하는 제도를 말한다.
- 공공부조(公共扶助): 국가와 지방자치단체의 책임 하에 생활유지능력이 없거나 생활이 어려운 국민의 최저생활을 보장하고 자립을 지원하는 제도를 말한다.
- 사회서비스: 국가·지방자치단체 및 민간부문의 도움이 필요한 모든 국민에게 복지, 보건의료, 교육, 고용, 주거, 문화, 환경 등의 분야에서 인간다운 생활을 보장하고 상담, 재활, 돌봄, 정보의 제공, 관련 시설의 이용, 역량개발, 사회참여 지원 등을 통하여 국민의 삶의

질이 향상되도록 지원하는 제도를 말한다.

• 평생사회안전망: 생애주기에 걸쳐 보편적으로 충족되어야 하는 기본욕구와 특정한 사회위
험에 의하여 발생하는 특수욕구를 동시에 고려하여 소득·서비스를 보장하는 맞춤형 사회
보장제도를 말한다.

(2) 국가와 지방자치단체의 책임 등

○ 국가와 지방자치단체의 책임(제5조)

• 국가와 지방자치단체는 모든 국민의 인간다운 생활을 유지·증진하는 책임을 가진다.

• 국가와 지방자치단체는 사회보장에 관한 책임과 역할을 합리적으로 분담하여야 한다.

• 국가와 지방자치단체는 국가 발전수준에 부응하고 사회 환경의 변화에 선제적으로 대응하
며 지속가능한 사회보장제도를 확립하고 매년 이에 필요한 재원을 조달하여야 한다.

• 국가는 사회보장제도의 안정적인 운영을 위하여 중장기사회보장 재정추계를 격년으로 실
시하고 이를 공표하여야 한다.

○ 외국인에 대한 적용(제8조)

국내에 거주하는 외국인에게 사회보장제도를 적용할 때에는 상호주의의 원칙에 따르되, 관
계 법령에서 정하는 바에 따른다.

2. 사회보장기본법의 주요 개념

(1) 사회보장기본법의 주요 내용

○ 사회보장급여의 수준(제10조)

• 국가와 지방자치단체는 모든 국민이 건강하고 문화적인 생활을 유지할 수 있도록 사회보
장급여의 수준향상을 위하여 노력하여야 한다.

• 국가는 관계법령에 따라 최저보장수준과 최저임금을 매년 공표하여야 한다.

• 국가와 지방자치단체는 최저보장수준과 최저임금 등을 고려하여 사회보장급여의 수준을
결정하여야 한다.

○ 사회보장수급권의 보호(제12조)

사회보장수급권은 관계 법령에서 정하는 바에 따라 다른 사람에게 양도하거나 담보로 제공할 수 없으며, 이를 압류할 수 없다.

○ 사회보장수급권의 제한 등(제13조)

- 사회보장수급권은 제한되거나 정지될 수 없다. 다만, 관계 법령에서 따로 정하고 있는 경우에는 그러하지 아니하다.
- 사회보장수급권이 제한되거나 정지되는 경우에는 제한 또는 정지하는 목적에 필요한 최소한의 범위에 그쳐야 한다.

○ 사회보장수급권의 포기(제14조)

- 사회보장수급권은 정당한 권한이 있는 기관에 서면으로 통지하여 포기할 수 있다.
- 사회보장수급권의 포기는 취소할 수 있다.
- 사회보장수급권을 포기하는 것이 다른 사람에게 피해를 주거나 사회보장에 관한 관계 법령에 위반되는 경우에는 사회보장수급권을 포기할 수 없다.

(2) 불법행위에 대한 구상(제15조)

- 제3자의 불법행위로 피해를 입은 국민이 그로 인하여 사회보장수급권을 가지게 된 경우
- 사회보장제도를 운영하는 자는 그 불법행위의 책임이 있는 자에 대하여 관계 법령에서 정하는 바에 따라 구상권(求償權)을 행사할 수 있다.

※ 구상권: 타인을 위하여 변제를 한 사람(기관)이 그 타인에 대해 가지는 재산상의 반환 청구권을 의미한다.

---

3. 사회보장위원회와 사회보장기본계획

(1) 사회보장위원회(제20조)

사회보장에 관한 주요 시책을 심의 · 조정하기 위하여 국무총리 소속으로 사회보장위원회를 둔다.

○ **사회보장위원회의 심의 · 조정사항**

• 사회보장증진을 위한 기본계획, 사회보장 관련 주요 계획, 사회보장제도의 평가 및 개선

• 사회보장제도의 신설 또는 변경에 따른 우선순위, 둘 이상의 중앙행정기관이 관련된 주요
사회보장정책

• 사회보장급여 및 비용 부담, 국가와 지방자치단체의 역할 및 비용 분담

• 사회보장의 재정추계 및 재원조달 방안, 사회보장 전달체계 운영 및 개선

• 사회보장통계, 사회보장정보의 보호 및 관리, 그 밖에 위원장이 심의에 부치는 사항

○ **사회보장위원회의 구성 등(제21조)**

• 위원회는 위원장 1명, 부위원장 3명과 행정안전부장관, 고용노동부장관, 여성가족부장관,
국토교통부장관을 포함한 30명 이내의 위원으로 구성한다.

• 위원장은 국무총리가 되고 부위원장은 기획재정부장관, 교육부장관 및 보건복지부장관이
된다.

• 위원회의 위원은 다음의 어느 하나에 해당하는 사람으로 한다.

   − 대통령령으로 정하는 관계 중앙행정기관의 장

   − 다음의 사람 중에서 대통령이 위촉하는 사람: 근로자를 대표하는 사람, 사용자를 대표
하는 사람, 사회보장에 관한 학식과 경험이 풍부한 사람, 변호사 자격이 있는 사람

• 위원의 임기는 2년으로 한다. 다만, 공무원인 위원의 임기는 그 재임 기간으로 하고, 위원
이 기관 · 단체의 대표자 자격으로 위촉된 경우에는 그 임기는 대표의 지위를 유지하는 기
간으로 한다. 보궐위원의 임기는 전임자 임기의 남은 기간으로 한다.

• 위원회를 효율적으로 운영하고 위원회의 심의사항을 전문적으로 검토하기 위하여 위원회
에 실무위원회를 두며, 실무위원회에 분야별 전문위원회를 둘 수 있다.

(2) 사회보장기본계획

○ **사회보장기본계획의 수립(제16조)**

• 보건복지부장관은 관계 중앙행정기관의 장과 협의하여 사회보장 증진을 위하여 사회보장
에 관한 기본계획을 5년마다 수립하여야 한다.

• 사회보장기본계획에는 다음의 사항이 포함되어야 한다.

   − 국내외 사회보장환경의 변화와 전망, 사회보장의 기본목표 및 중장기 추진방향

   − 주요 추진과제 및 추진방법, 필요한 재원의 규모와 조달방안

- 사회보장 관련 기금 운용방안, 사회보장 전달체계 등
• 사회보장기본계획은 사회보장위원회와 국무회의의 심의를 거쳐 확정한다. 기본계획 중 대통령령으로 정하는 중요한 사항을 변경하려는 경우에도 같다.

○ 다른 계획과의 관계(제17조)
• 기본계획은 다른 법령에 따라 수립되는 사회보장에 관한 계획에 우선하며 그 계획의 기본이 된다.

○ 연도별 시행계획의 수립 · 시행 등(제18조)
• 보건복지부장관 및 관계 중앙행정기관의 장은 기본계획에 따라 사회보장과 관련된 소관 주요시책의 시행계획을 매년 수립 · 시행하여야 한다.
• 관계 중앙행정기관의 장은 수립한 소관 시행계획 및 전년도의 시행계획에 따른 추진실적을 대통령령으로 정하는 바에 따라 매년 보건복지부장관에게 제출하여야 한다.
• 보건복지부장관은 받은 관계 중앙행정기관 및 보건복지부 소관의 추진실적을 종합하여 성과를 평가하고, 그 결과를 사회보장위원회에 보고하여야 한다.

○ 사회보장에 관한 지역계획의 수립 · 시행 등(제19조)
• 특별시장 · 광역시장 · 도지사 · 또는 특별자치도지사 · 시장 · 군수 · 구청장은 관계 법령으로 정하는 바에 따라 사회보장에 관한 지역계획을 수립 · 시행하여야 하며, 지역계획은 기본계획과 연계되어야 한다.

4. 사회보장정책의 기본방향 및 사회보장제도의 운영

(1) 사회보장정책의 기본방향
○ 평생사회안전망의 구축 및 운영(제22조)
• 국가와 지방자치단체는 모든 국민이 생애 동안 삶의 질을 유지 · 증진할 수 있도록 평생사회안전망을 구축하여야 한다.
• 국가와 지방자치단체는 평생사회안전망을 구축 · 운영함에 있어 사회적 취약계층을 위한 공공부조를 마련하여 최저생활을 보장하여야 한다.

○ 사회서비스 보장(제23조)

• 국가와 지방자치단체는 모든 국민의 인간다운 생활과 자립, 사회참여, 자아실현 등을 지원하여 삶의 질이 향상될 수 있도록 사회서비스에 관한 시책을 마련하여야 한다.

• 국가와 지방자치단체는 사회서비스 보장과 소득보장이 효과적이고 균형적으로 연계되도록 하여야 한다.

○ 소득보장(제24조)

• 국가와 지방자치단체는 다양한 사회적 위험 하에서도 모든 국민들이 인간다운 생활을 할 수 있도록 소득을 보장하는 제도를 마련하여야 한다.

• 국가와 지방자치단체는 공공부문과 민간부문의 소득보장제도가 효과적으로 연계되도록 하여야 한다.

(2) 사회보장제도의 운영원칙(제25조)

• 보편성: 국가와 지방자치단체가 사회보장제도를 운영할 때에는 이 제도를 필요로 하는 모든 국민에게 적용하여야 한다.

• 형평성: 국가와 지방자치단체는 사회보장제도의 급여 수준과 비용 부담 등에서 형평성을 유지하여야 한다.

• 민주성: 국가와 지방자치단체는 사회보장제도의 정책 결정 및 시행 과정에 공익의 대표자 및 이해관계인 등을 참여시켜 이를 민주적으로 결정하고 시행하여야 한다.

• 연계성과 전문성: 국가와 지방자치단체가 사회보장제도를 운영할 때에는 국민의 다양한 복지 욕구를 효율적으로 충족시키기 위하여 연계성과 전문성을 높여야 한다.

• 책임성: 사회보험은 국가의 책임으로 시행하고, 공공부조와 사회서비스는 국가와 지방자치단체의 책임으로 시행하는 것을 원칙으로 한다. 다만, 국가와 지방자치단체의 재정 형편 등을 고려하여 이를 협의·조정할 수 있다.

(3) 사회보장급여의 권리구제(제39조)

위법 또는 부당한 처분을 받거나 필요한 처분을 받지 못함으로써 권리 또는 이익을 침해받은 국민은 행정심판법에 따른 행정심판을 청구하거나 행정소송법에 따른 행정소송을 제기하여 그 처분의 취소 또는 변경 등을 청구할 수 있다.

제2절 사회보장급여의 이용·제공 및 수급권자발굴에 관한 법률 (약칭: 사회보장급여법)

1. 사회보장급여법의 개요

(1) 사회보장급여법의 의의
○ 목적(제1조)

이 법은 사회보장기본법에 따른 사회보장급여의 이용 및 제공에 관한 기준과 절차 등 기본적 사항을 규정하고, 지원을 받지 못하는 지원대상자를 발굴하여 지원함으로써 사회보장급여를 필요로 하는 사람의 인간다운 생활을 할 권리를 최대한 보장하고, 사회보장급여가 공정하고 효과적으로 제공되도록 하며, 사회보장제도가 지역사회에서 통합적으로 시행될 수 있도록 그 기반을 구축하는 것을 목적으로 한다.

○ 용어의 정의(제2조)
• 사회보장급여: 보장기관이 사회보장기본법에 따라 제공하는 현금, 현물, 서비스·이용권을 말한다.
• 수급권자: 사회보장기본법에 따른 사회보장급여를 제공받을 권리를 가진 사람을 말한다.
• 수급자: 사회보장급여를 받고 있는 사람을 말한다.
• 지원대상자: 사회보장급여를 필요로 하는 사람을 말한다.
• 보장기관: 법령 등에 따라 사회보장급여를 제공하는 국가기관과 지방자치단체를 말한다.

(2) 다른 법률과의 관계(제3조)
• 사회보장급여의 이용 및 제공에 필요한 기준, 방법, 절차와 지원대상자의 발굴 및 지원 등에 관하여는 다른 법률에 특별한 규정이 있는 경우를 제외하고는 이 법에 따른다.

2. 사회보장급여

(1) 사회보장급여의 이용

○ 사회보장급여의 신청(제5조)

지원대상자와 그 친족, 민법에 따른 후견인, 청소년 기본법에 따른 청소년상담사·청소년지도사, 지원대상자를 사실상 보호하고 있는 자 등은 지원대상자의 주소지 관할 보장기관에 사회보장급여를 신청할 수 있다.

○ 사회보장급여 제공의 결정(제9조)

보장기관의 장이 조사를 실시한 경우에는 사회보장급여의 제공 여부 및 제공 유형을 결정하되, 제공하고자 하는 사회보장급여는 지원대상자가 현재 제공받고 있는 사회보장급여와 보장내용이 중복되도록 하여서는 아니 된다.

(2) 수급자의 권리보호 등

○ 이의신청(제17조)

• 이 법에 따른 처분에 이의가 있는 수급권자등은 그 처분을 받은 날로부터 90일 이내에 처분을 결정한 보장기관의 장에게 이의신청을 할 수 있다. 다만, 정당한 사유로 인하여 그 기간 내에 이의신청을 할 수 없음을 증명한 때에는 그 사유가 소멸한 때부터 60일 이내에 이의신청을 할 수 있다.

• 보장기관의 장은 이의신청을 받은 날부터 10일 이내에 그 이의신청에 대하여 결정하고 그 결과를 신청인에게 지체 없이 통지하여야 한다. 다만, 부득이한 사유로 정하여진 기간 이내에 결정할 수 없을 때에는 그 기간의 만료일 다음 날부터 기산하여 10일 이내의 범위에서 연장할 수 있으며, 연장 사유를 신청인에게 통지하여야 한다.

○ 사회복지전담공무원(제43조)

• 사회복지사업에 관한 업무를 담당하게 하기 위하여 시·도, 시·군·구, 읍·면·동 또는 사회보장사무 전담기구에 사회복지전담공무원을 둘 수 있다.

• 사회복지전담공무원은 사회복지사의 자격을 가진 사람으로 하며, 그 임용 등에 필요한 사항은 대통령령으로 정한다.

• 사회복지전담공무원은 사회보장급여에 관한 업무 중 취약계층에 대한 상담과 지도, 생활실태의 조사 등 보건복지부령으로 정하는 사회복지에 관한 전문적 업무를 담당한다.

• 국가는 사회복지전담공무원의 보수 등에 드는 비용의 전부 또는 일부를 보조할 수 있다.

○ 통합사례관리(제4조의2)

• 보건복지부장관, 시·도지사 및 시장·군수·구청장은 지원대상자의 사회보장 수준을 높이기 위하여 지원대상자의 다양하고 복합적인 특성에 따른 상담과 지도, 사회보장에 대한 욕구조사, 서비스 제공 계획의 수립을 실시하고, 그 계획에 따라 지원대상자에게 보건·복지·고용·교육 등에 대한 사회보장급여 및 민간 법인·단체·시설 등이 제공하는 서비스를 종합적으로 연계·제공하는 통합사례관리를 실시할 수 있다.

• 통합사례관리를 실시하기 위하여 필요한 경우에는 시·군·구에 통합사례관리사를 둘 수 있다.

(3) 기타

○ 비밀유지의무(제49조)

• 다음의 업무에 종사하거나 종사하였던 사람은 직무상 알게 된 비밀을 다른 사람에게 누설하거나 직무상 목적 외의 용도로 이용하여서는 아니 된다.
   – 신청, 조사, 결정, 확인조사, 환수 등 급여의 제공 및 관리 등에 관한 업무
   – 사회보장정보의 처리 등에 관한 업무, 통합사례관리에 관한 업무

○ 사회보장급여의 압류 금지(제50조)

• 사회보장급여로 지급된 금품과 이를 받을 권리는 압류하지 못한다.

3. 사회보장정보

(1) 한국사회보장정보원(제29조)

• 사회보장정보시스템의 운영과 자원을 위하여 사회보장정보원을 설립한다.

• 사회보장정보원은 법인으로 하며, 다음의 업무를 수행한다.
   – 사회보장정보시스템의 구축 및 유지, 기능개선과 관리, 교육 및 상담 등
   – 사회보장급여의 수급과 관련된 법령 등에 따른 신청·접수·조사·결정·환수 등 업무의 전자처리 지원
   – 사회서비스 이용 및 이용권의 이용, 지급 미치 정산 등에 필요한 정보시스템의 운영, 이용권을 통한 사회서비스 제공사업의 관리사항 등

(2) 사회보장정보시스템의 이용(제24조)

- 보장기관의 장은 업무를 효율적으로 수행하기 위하여 사회보장정보시스템을 이용하거나 관련 업무시스템과 사회보장정보시스템을 연계하여 이용할 수 있다.
- 보건복지부장관은 사회보장의 사각지대를 해소하기 위하여 사회보장정보시스템을 통하여 처리된 정보를 보장기관의 장에게 제공할 수 있다.
- 보장기관의 장은 필요한 경우 지원 대상자의 동의를 받아 대통령령으로 지원할 수 있다.

上·中·下

01) 사회보장기본법의 내용으로 옳지 않은 것은? (18회 기출)

① 사회보장위원회의 위원장은 보건복지부장관이 된다.

② 사회보장위원회는 30명 이내의 위원으로 구성한다.

③ 사회보장 기본계획은 5년마다 수립하여야 한다.

④ 보건복지부장관은 사회보장정보시스템의 구축·운영을 총괄한다.

⑤ 모든 국민은 사회보장 관계 법령에서 정하는 바에 따라 사회보장급여를 받을 권리를 가진다.

해설

• 사회보장위원회의 위원장은 국무총리가 된다.

〈 정답 ① 〉

上·中·下

02) 사회보장급여의 이용·제공 및 수급권자 발굴에 관한 법률상 사회보장정보원에 관한 내용으로 옳지 않은 것은? (18회 기출)

① 사회보장정보원은 법인으로 한다.

② 정부는 사회보장정보원의 설립에 필요한 비용을 출연할 수 있다.

③ 사회보장정보원의 운영에 필요한 비용은 정부가 지원할 수 없으며 정보이용자가 지불하는 부담금으로 충당한다.

④ 사회보장정보원에 관하여 이 법에서 규정한 사항 외에는 「민법」중 재단법인에 관한 규정을 준용한다.

⑤ 사회보장정보원의 임직원은 그 직무상 알게 된 비밀을 다른 용도로 사용하여서는 아니 된다.

해설

• 사회보장급여의 이용·제공 및 수급권자 발굴에 관한 법률 제29조 제4항에 의하면 정부는 사회보장정보원의 운영에 필요한 비용을 지원할 수 있다고 규정하고 있다.

〈 정답 ③ 〉

사회보장 기본 법률

다음 문장에서 틀린 것을 모두 고르시오.

◆ **사회보장기본법**

① 사회보장수급권은 제한되거나 정지될 수 없다. 다만, 관계법령에서 따로 정하고 있는 경우에는 그러하지 아니하다.

② 사회보장수급권의 포기는 취소할 수 없다.

③ 사회보장기본법은 사회보장수급권을 명시적으로 규정하고 있다.

④ 국가와 지방자치단체는 사회보장급여가 중복 또는 누락되지 아니하도록 하여야 한다.

⑤ 중앙행정기관의 장은 협의에 관련된 자료의 수집·조사 및 분석에 관한 업무를 사회보장정보원에 위탁할 수 있다.

⑥ 사회보장위원회의 위원장은 보건복지부장관이 된다.

⑦ 사회보장위원회는 30명 이내의 위원으로 구성한다.

⑧ 사회보장기본계획은 5년마다 수립하여야 한다.

⑨ 보건복지부장관은 사회보장정보시스템의 구축·운영을 총괄한다.

⑩ 사회보장수급권은 한번 포기하면 취소할 수 없다.

⑪ 사회보장수급권의 포기는 취소할 수 있다.

⑫ 모든 국민은 사회보장 관계법령에서 정하는 바에 따라 사회보장급여를 받을 권리를 가진다.

⑬ 국가는 관계 법령에서 정하는 바에 따라 최저보장수준과 최저임금을 매년 공표하여야 한다.

⑭ 사회보장수급권은 다른 사람에게 양도하거나 담보로 제공할 수 있다.

◆ **사회보장급여의 이용·제공 및 수급권자 발굴에 관한 법률(약칭: 사회보장급여법)**

① 사회보장정보원은 법인으로 한다.

② 정부는 사회보장정보원의 설립에 필요한 비용을 출연할 수 있다.

③ 사회보장정보원의 운영에 필요한 비용은 정부가 지원할 수 없으며 정보이용자가 지불하는 부담금으로 충당한다.

④ 사회보장정보원에 관하여 이 법에서 규정한 사항 외에는 「민법」중 재단법인에 관한 규정을 준용한다.

⑤ 사회보장정보원의 임직원은 그 직무상 알게 된 비밀을 다른 용도로 사용하여서는 아니 된다.

⑥ 시·도사회보장위원회는 특별시·광역시·도·특별자치도에 둔다.

⑦ 사회보장에 관한 업무를 담당하는 공무원은 지역사회보장협의체 위원이 될 수 없다.

⑧ 지역사회보장협의체는 지역사회보장계획을 심의하거나 자문한다.

⑨ 시·도사회보장위원회 위원의 임기는 2년이다.

⑩ 읍·면·동에 읍·면·동 단위 지역사회보장협의체를 둔다.

〈 정답 〉
• 사회보장기본법 – ②⑥⑩⑭
• 사회보장급여의 이용·제공 및 수급권자 발굴에 관한 법률(약칭: 사회보장급여법) – ③⑦

제5장 사회복지사업법

제1절 사회복지사업법의 개요

1. 목적 및 용어의 정의

(1) 목적(제1조)

사회복지사업에 관한 기본적 사항을 규정하여 사회복지를 필요로 하는 사람에 대하여 인간의 존엄성과 인간다운 생활을 할 권리를 보장하고 사회복지의 전문성을 높이며, 사회복지사업의 공정·투명·적정을 도모하고, 지역사회복지의 체계를 구축하고, 사회복지서비스의 질을 높여 사회복지의 증진에 이바지함을 목적으로 한다.

(2) 용어의 정의(제2조)

- 사회복지사업: 사회복지사업법에서 규정하고 있는 사회복지관련 법률(가~퍼)에 의한 보호·선도(善導) 또는 복지에 관한 사업과 사회복지상담, 직업지원, 무료 숙박, 지역사회복지, 의료복지, 재가복지(在家福祉), 사회복지관 운영, 정신질환자 및 한센병력자의 사회복귀에 관한 사업 등 각종 복지사업과 이와 관련된 자원봉사활동 및 복지시설의 운영 또는 지원을 목적으로 하는 사업을 말한다.
- 지역사회복지: 주민의 복지증진과 삶의 질 향상을 위하여 지역사회 차원에서 전개하는 사회복지를 말한다.
- 사회복지법인: 사회복지사업을 할 목적으로 설립된 법인을 말한다.
- 사회복지시설: 사회복지사업을 할 목적으로 설치된 시설을 말한다.
- 사회복지관: 지역사회를 기반으로 일정한 시설과 전문 인력을 갖추고 지역주민의 참여와 협력을 통하여 지역사회의 복지문제를 예방하고 해결하기 위하여 종합적인 복지서비스를 제공하는 시설을 말한다.
- 사회복지서비스: 국가·지방자치단체 및 민간부문의 도움을 필요로 하는 모든 국민에게 사회보장기본법 제3조 제4호(사회서비스)에 따른 사회서비스 중 사회복지사업을 통한 서비스를 제공하여 삶의 질이 향상되도록 제도적으로 지원하는 것을 말한다.

- 보건의료서비스: 국민의 건강을 보호·증진하기 위하여 보건의료인이 하는 모든 활동을 말한다.

2. 사회복지사

(1) 사회복지사 자격증의 발급 등(제11조)
- 보건복지부장관은 사회복지에 관한 전문지식과 기술을 가진 사람에게 사회복지사 자격증을 발급할 수 있다. 다만, 자격증 발급 신청일 기준으로 결격사유에 해당하는 사람에게 자격증을 발급해서는 아니 된다.
- 사회복지사의 등급은 1급·2급으로 하되, 정신건강·의료·학교 영역에 대해서는 영역별로 정신건강사회복지사·의료사회복지사·학교사회복지사의 자격을 부여할 수 있다.
- 사회복지사 1급 자격은 국가시험에 합격한 사람에게 부여하고, 정신건강사회복지사·의료사회복지사·학교사회복지사의 자격은 1급 사회복지사의 자격이 있는 사람 중에서 보건복지부령으로 정하는 수련기관에서 수련을 받은 사람에게 부여한다.
- 사회복지사의 등급별·영역별 자격기준 및 자격증의 발급절차 등은 대통령령으로 정한다.

(2) 사회복지사의 채용 및 교육 등(제13조)
○ 사회복지사의 채용
- 사회복지법인 및 사회복지시설을 설치·운영하는 자는 대통령령으로 정하는 바에 따라 사회복지사를 그 종사자로 채용하여야 하고, 채용방법, 보고주기 등 보건복지부령으로 정하는 바에 따라 시·도지사 또는 시장·군수·구청장에게 사회복지사의 임면에 관한 사항을 보고하여야 한다. 다만, 대통령령으로 정하는 사회복지시설은 그러하지 아니하다.
- 사회복지사 의무채용(시행령 제6조 제1항)
  - 사회복지프로그램의 개발과 운영업무, 시설거주자의 생활지도업무
  - 사회복지를 필요로 하는 사람에 대한 상담업무
- 사회복지사 의무채용시설이 아닌 경우
  - 노인복지법에 따른 노인여가복지시설(노인복지관은 제외)
  - 장애인복지법에 따른 점자도서관과 점자도서 및 음성도서 출판시설, 수화통역센터
  - 영유아보육법에 따른 어린이 집

- 성매매방지 및 피해자보호 등에 관한 법률에 따른 성매매피해자 등을 위한 자원시설 및 성매매피해상담소
- 정신건강증진 및 정신질환자 복지서비스 지원에 관한 법률에 따른 정신재활시설 및 정신요양시설
- 성폭력방지 및 피해자보호 등에 관한 법률에 따른 성폭력피해상담소

○ **사회복지사의 보수교육**

- 보건복지부장관은 사회복지사의 자질 향상을 위하여 필요하다고 인정하면 사회복지사에게 교육을 받도록 명할 수 있다. 다만, 사회복지법인 또는 사회복지시설에 종사하는 사회복지사는 정기적으로 인권에 관한 내용이 포함된 보수교육(補修敎育)을 받아야 한다.
- 사회복지법인 또는 사회복지시설을 운영하는 자는 그 법인 또는 시설에 종사하는 사회복지사에 대하여 교육을 이유로 불리한 처분을 하여서는 아니 된다.
- 보건복지부장관은 교육을 보건복지부령으로 정하는 기관 또는 단체에 위탁할 수 있다.

제2절 사회복지법인

1. 사회복지법인의 의의

(1) 설립허가 및 정관

- <u>설립허가</u>(제16조): 사회복지법인을 설립하려는 자는 대통령령으로 정하는 바에 따라 시 · 도지사의 허가를 받아야 하며, 허가를 받은 자는 법인의 주된 사무소의 소재지에서 설립등기를 하여야 한다.
- <u>법인의 정관</u>(제17조): 법인의 정관에는 다음의 사항이 포함되어야 한다.
  - 목적, 명칭, 주된 사무소의 소재지, 사업의 종류, 자산 및 회계에 관한 사항
  - 임원의 임면(任免) 등에 관한 사항, 회의에 관한 사항
  - 수익(收益)을 목적으로 하는 사업이 있는 경우 그에 관한 사항
  - 정관의 변경에 관한 사항, 공고 및 공고방법에 관한 사항
  - 존립시기와 해산 사유를 정한 경우에는 그 시기와 사유 및 남은 재산의 처리방법
- 법인이 정관을 변경하려는 경우에는 시 · 도지사의 인가를 받아야 한다. 다만, 보건복지부령으로 정하는 경미한 사항의 경우에는 그러하지 아니하다.

(2) 법인의 임원관련 사항

○ 법인의 임원(제18조)

• 법인은 대표이사를 포함한 이사 7명 이상과 감사 2명 이상을 두어야 한다.

• 법인은 이사 정수의 3분의 1(소수점 이하는 버린다) 이상을 다음의 어느 하나에 해당하는 기관이 3배수로 추천한 사람 중에서 선임하여야 한다.

     – 사회보장위원회(광역자치단체), 지역사회보장협의체(기초자치단체)

• 이사회의 구성에 있어서 대통령령으로 정하는 특별한 관계에 있는 사람이 이사 현원(現員)의 5분의 1을 초과할 수 없다.

• 이사의 임기는 3년으로 하고 감사의 임기는 2년으로 하며, 각각 연임할 수 있으며, 외국인 이사는 이사 현원의 2분의 1미만이어야 한다.

• 법인은 임원을 임면하는 경우에는 보건복지부령으로 정하는 바에 따라 지체 없이 시·도지사에게 보고하여야 한다.

• 감사는 이사와 특별한 관계에 있는 사람이 아니어야 하며, 감사 중 1명은 법률 또는 회계에 관한 지식이 있는 사람 중에서 선임하여야 한다. 다만, 대통령령으로 정하는 일정 규모 이상의 법인은 시·도지사의 추천을 받아 주식회사의 외부감사에 관한 법률에 따른 감사인에 속한 사람을 감사로 선임하여야 한다.

• 시도사회보장위원회와 지역사회보장협의체는 이사를 추천하기 위하여 매년 이사후보군을 구성하여 공고하여야 한다. 다만, 사회복지법인의 대표자, 사회복지사업을 하는 비영리법인 및 단체의 대표자, 지역사회보장협의체의 대표자는 제외한다.

○ 임원의 보충(제20조)

이사 또는 감사 중에 결원이 생겼을 때에는 2개월 이내에 보충하여야 한다.

○ 임원의 겸직금지(제21조)

이사는 법인이 설치한 사회복지시설의 장을 제외한 그 시설의 직원을 겸할 수 없으며, 감사는 법인의 이사, 법인이 설치한 사회복지시설의 장 또는 그 직원을 겸할 수 없다.

2. 사회복지법인의 재산 및 설립허가 취소

(1) 사회복지법인의 재산 등

○ 법인의 재산 등(제23조)

- 법인은 사회복지사업의 운영에 필요한 재산을 소유하여야 한다.
- 법인의 재산은 보건복지부령으로 정하는 바에 따라 기본재산과 보통재산으로 구분하며, 기본재산은 그 목록과 가액(價額)을 정관에 적어야 한다.
- 법인은 기본재산에 관하여 다음의 어느 하나에 해당하는 경우에는 시·도지사의 허가를 받아야 한다. 다만, 보건복지부령으로 정하는 사항에 대하여는 그러하지 아니하다.
  - 매도·증여·교환·임대·담보제공 또는 용도변경을 하려는 경우
  - 보건복지부령으로 정하는 금액 이상을 1년 이상 장기차입(長期借入)하려는 경우

○ 남은 재산의 처리(제27조)

- 해산한 법인의 남은 재산은 정관으로 정하는 바에 따라 국가 또는 지방자치단체에 귀속된다.
- 국가 또는 지방자치단체에 귀속된 재산은 사회복지사업에 사용하거나 유사한 목적을 가진 법인에 무상으로 대여하거나 무상으로 사용·수익하게 할 수 있다. 다만, 해산한 법인의 이사본인 및 그와 대통령령으로 정하는 특별한 관계에 있는 사람이 이사로 있는 법인에 대하여는 그러하지 아니하다

(2) 사회복지법인의 설립허가 취소(제26조)

○ 시·도지사는 법인이 다음의 어느 하나에 해당할 때에는 기간을 정하여 시정명령을 하거나 설립허가를 취소할 수 있다.

- 거짓이나 그 밖의 부정한 방법으로 설립허가를 받았을 때(허가취소: 강제규정)
- 법인 설립 후 기본재산을 출연하지 아니한 때(허가취소: 강제규정)
- 설립허가 조건을 위반하였을 때, 목적달성이 불가능하게 되었을 때
- 목적사업 외의 사업을 하였을 때, 임원정수를 위반한 때
- 정당한 사유 없이 설립허가를 받은 날부터 6개월 이내에 목적사업을 시작하지 아니하거나 1년 이상 사업실적이 없을 때
- 법인이 운영하는 시설에서 반복적 또는 집단적 성폭력범죄 및 학대관련 범죄가 발생한 때
- 위반하여 이사를 선임한 때, 임원의 해임명령을 이행하지 아니한 때
- 그 밖에 이 법 또는 이 법에 따른 명령이나 정관을 위반하였을 때

○ 법인의 설립허가를 취소하는 경우는 다른 방법으로 감독 목적을 달성할 수 없거나 시정을 명한 후 6개월 이내에 법인이 이를 이행하지 아니한 경우로 한정한다.

(3) 사회복지법인의 수익사업(제28조)

• 법인은 목적사업의 경비에 충당하기 위하여 필요할 때에는 법인의 설립 목적 수행에 지장이 없는 범위에서 수익사업을 할 수 있다.

• 법인은 수익사업에서 생긴 수익을 법인 또는 법인이 설치한 사회복지시설의 운영 외의 목적에 사용할 수 없으며, 수익사업에 관한 회계는 법인의 다른 회계와 구분하여 처리하여야 한다.

(4) 사회복지법인의 합병(제30조)

• 법인은 시 · 도지사의 허가를 받아 이 법에 따른 다른 법인과 합병할 수 있다. 다만, 주된 사무소가 서로 다른 시 · 도에 소재한 법인 간의 합병의 경우에는 보건복지부장관의 허가를 받아야 한다.

• 법인이 합병하는 경우 합병 후 존속하는 법인이나 합병으로 설립된 법인은 합병으로 소멸된 법인의 지위를 승계한다.

제3절 사회복지시설

1. 사회복지시설의 의의

(1) 사회복지시설의 설치(제34조)

• 국가나 지방자치단체는 사회복지시설을 설치 · 운영할 수 있다.

• 국가 또는 지방자치단체 외의 자가 시설을 설치 · 운영하려는 경우에는 보건복지부령으로 정하는 바에 따라 시장 · 군수 · 구청장에게 신고하여야 한다. 다만, 폐쇄명령을 받고 3년이 지나지 아니한 자, 개인 또는 그 개인이 임원인 법인에 해당하는 자는 시설의 설치 · 운영 신고를 할 수 없다.

• 국가나 지방자치단체가 설치한 시설은 필요한 경우 사회복지법인이나 비영리법인에 위탁하여 운영하게 할 수 있다.

(2) 보험가입 의무(제34조의3)

- 시설의 운영자는 다음의 손해배상책임을 이행하기 위하여 손해보험회사의 책임보험에 가입하거나 사회복지사 등의 처우 및 지위 향상을 위한 법률에 따른 한국사회복지공제회의 책임공제에 가입하여야 한다.
- 화재로 인한 손해배상책임, 화재 외의 안전사고로 인하여 생명 · 신체에 피해를 입은 보호대상자에 대한 손해배상책임
- 국가나 지방자치단체는 예산의 범위에서 책임보험 또는 책임공제의 가입에 드는 비용의 전부 또는 일부를 보조할 수 있다.

2. 사회복지관의 설치 · 운영

(1) 사회복지관의 설치 등(제34조의5)

- 사회복지관은 지역사회의 특성과 지역주민의 복지욕구를 고려하여 서비스 제공 등 지역복지증진을 위한 사업을 실시할 수 있다.
- 사회복지관은 모든 지역주민을 대상으로 사회복지서비스를 실시하되, 다음의 지역주민에게 우선 제공하여야 한다.
  - 국민기초생활보장법에 따른 수급자 및 차 상위계층
  - 장애인, 노인, 한부모가족 및 다문화가족, 직업 및 취업 알선이 필요한 사람
  - 보호와 교육이 필요한 유아 · 아동 및 청소년
  - 그 밖에 사회복지관의 사회복지서비스를 우선 제공할 필요가 있다고 인정되는 사람

(2) 사회복지시설의 운영

○ 운영위원회(제36조)

- 시설의 장은 시설의 운영에 관한 사항을 심의하기 위하여 시설에 운영위원회를 두어야 한다. 다만, 보건복지부령으로 정하는 경우에는 복수의 시설에 공동으로 운영위원회를 둘 수 있다.
- 운영위원회의 위원은 관할 시장 · 군수 · 구청장이 임명하거나 위촉한다.
- 시설의 장은 회계 및 예산 · 결산에 관한 사항 등을 운영위원회에 보고하여야 한다.

○ **시설 수용인원의 제한(제41조)**

• 각 시설의 수용인원은 300명을 초과할 수 없다. 다만, 대통령령으로 정하는 경우에는 그러하지 아니하다.

○ **시설의 평가(제43조의2)**

• 보건복지부장관과 시·도지사는 보건복지부령으로 정하는 바에 따라 시설을 정기적으로 평가하고, 그 결과를 공표하거나 시설의 감독·지원 등에 반영할 수 있으며 시설 거주자를 다른 시설로 보내는 등의 조치를 할 수 있다.

○ **사회복지서비스제공의 원칙(제5조의2)**

• 사회복지서비스를 필요로 하는 사람에 대한 사회복지서비스 제공은 현물(現物)로 제공하는 것을 원칙으로 한다.
• 시장·군수·구청장은 국가 또는 지방자치단체 외의 자로 하여금 사회복지서비스 제공을 실시하게 하는 경우에는 보호대상자에게 사회복지서비스 이용권을 지급하여 국가 또는 지방자치단체 외의 자로부터 그 이용권으로 서비스 제공을 받게 할 수 있다.

(3) 수급자의 권리보호 등

• 비밀누설의 금지(제47조): 사회복지사업 또는 사회복지업무에 종사하였거나 종사하고 있는 사람은 그 업무 수행 과정에서 알게 된 다른 사람의 비밀을 누설하여서는 아니 된다.
• 압류 금지(제48조): 이 법에 따라 지급된 금품과 이를 받을 권리는 압류하지 못한다.
• 청문(제49조): 보건복지부장관, 시·도지사 또는 시장·군수·구청장은 사회복지사의 자격취소, 법인의 허가취소, 시설의 폐쇄를 하려면 청문을 하여야 한다.

─────────── ⟨ TEST ⟩ ───────────

上·中·下

01) 사회복지사업법상 사회복지법인에 관한 내용으로 옳은 것은? (18회 기출)

① 법인 설립의 허가자는 보건복지부장관이다.

② 법인 설립은 시장·군수·구청장에 신고한다.

③ 해산한 법인의 남은 재산은 설립자에 귀속된다.

④ 이사는 법인이 설치한 사회복지시설의 장을 겸직할 수 있다.

⑤ 주된 사무소가 서로 다른 시·도에 소재한 법인이 합병할 경우 시·도지사에게 신고하여
야 한다.

해설

①② 법인 설립은 시·도지사의 허가를 받아야 한다.

③ 해산 법인의 남은 재산은 정관으로 정하는 바에 따라 국가나 지방자치단체에 귀속한다.

⑤ 주된 사무소가 서로 다른 시·도에 소재한 법인이 합병할 경우 보건복지부장관의 허가를 받아야 한다.

⟨ 정답 ④ ⟩

上·中·下

02) 사회복지사업법상 사회복지시설의 운영위원회에 관한 내용으로 옳은 것은? (18회 기출)

① 시설의 장은 운영위원이 될 수 없다.

② 운영위원회의 위원은 시설의 장이 위촉한다.

③ 시설 거주자 대표는 운영위원이 될 수 없다.

④ 운영위원회는 시설운영에 관하여 의결권을 갖는다.

⑤ 시설 거주자의 보호자 대표는 운영위원이 될 수 있다.

해설

① 시설의 장은 운영위원이 될 수 있다.

② 운영위원회의 위원은 관할 시장·군수·구청장이 위촉하거나 임명한다.

③ 시설 거주자 대표는 운영위원이 될 수 있다.

④ 운영위원회는 시설운영에 관한 사항을 심의한다.

⟨ 정답 ⑤ ⟩

287

사회복지사업법

다음 문장에서 틀린 것을 모두 고르시오.

◆ **사회복지법인**

① 법인을 설립하려는 자는 시 · 도지사의 허가를 받아야 한다.

② 사회복지법인의 설립은 시장 · 군수 · 구청장에 신고하여야 한다.

③ 해산한 법인의 남은 재산은 설립자에 귀속된다.

④ 이사는 법인이 설치한 사회복지시설의 장을 겸직할 수 있다.

⑤ 주된 사무소가 서로 다른 시 · 도에 소재한 법인이 합병할 경우 시 · 도지사에게 신고하여 야 한다.

⑥ 법인은 수익사업에서 생긴 수익을 법인 또는 법인이 설치한 사회복지시설의 운영외의 목 적에 사용할 수 없다.

⑦ 법인은 대표이사를 포함한 이사 7명 이상과 감사 2명 이상을 두어야 한다.

⑧ 이사의 임기는 3년으로 하고 연임할 수 있다.

⑨ 이사는 법인이 설치한 사회복지시설의 장은 겸할 수 있지만 그 시설의 장은 겸할 없다.

⑩ 사회복지법인의 이사 중에 결원이 생겼을 때에는 3개월 이내에 보충하여야 한다.

⑪ 법인의 이사는 해당 법인이 설치한 시설의 장을 제외한 그 시설의 직원을 겸할 수 없다.

⑫ 시 · 도지사는 임시이사가 선임되었음에도 불구하고 해당 사회복지법인이 정당한 사유 없 이 이사회 소집을 기피할 경우 이사회 소집을 권고할 수 있다.

⑬ 해산한 사회복지법인의 남은 재산은 정관으로 정하는 바에 따라 국가 또는 지방자치단체 에 귀속된다.

⑭ 사회복지법인을 설립하려는 자는 시 · 도지사의 인가를 받아야 한다.

⑮ 해산한 법인의 남은 재산은 법령으로 정하는 바에 따라 국가 또는 지방자치단체에 귀속 된다.

⑯ 감사의 임기는 2년으로 하고 연임할 수 있다.

◆ 사회복지시설 등

① 사회복지시설 거주자의 보호자 대표는 운영위원이 될 수 있다.

② 운영위원회의 위원은 시설의 장이 위촉 또는 임명한다.

③ 사회복지전담공무원은 사회복지 자격을 가진 사람으로 한다.

④ 사회복지시설에 종사하는 사회복지사는 정기적으로 인권에 관한 내용이 포함된 보수교육을 받아야 한다.

⑤ 사회복지법인을 운영하는 자는 그 법인에 종사하는 사회복지사에 대하여 법령에 따른 교육을 이유로 불리한 처분을 하여서는 아니 된다.

⑥ 지방자치단체의 장은 사회복지사의 자질 향상을 위하여 필요하다고 인정하면 보건복지부 장관의 승인을 받아 사회복지사에게 교육을 받도록 명할 수 있다.

⑦ 사회복지사의 복지증진을 도모하기 위하여 한국사회복지사협회를 설립한다.

〈 정답 〉
• 사회복지법인 – ②③⑤⑩⑭⑮
• 사회복지시설 등 – ②⑥

제6장 사회보험 관련법률

제1절 국민연금법

1. 국민연금법의 개요

(1) 용어의 정의 등(제3조)
- 근로자: 직업의 종류가 무엇이든 사업장에서 노무를 제공하고 그 대가로 임금을 받아 생활하는 자를 말한다.
- 사용자(使用者): 해당 근로자가 소속되어 있는 사업장의 사업주를 말한다.
- 소득: 일정한 기간 근로를 제공하여 얻은 수입에서 대통령령으로 정하는 비과세소득을 제외한 금액, 사업 · 자산을 운영하여 얻는 수입에서 필요경비를 제외한 금액을 말한다.
- 평균소득월액: 매년 사업장가입자 및 지역가입자 전원(全員)의 기준소득월액을 평균한 금액을 말한다.
- 기준소득월액: 연금보험료와 급여를 산정하기 위하여 국민연금가입자의 소득월액을 기준으로 하여 정하는 금액을 말한다.
- 연금보험료: 사업장가입자의 경우에는 부담금 및 기여금의 합계액을, 지역가입자 · 임의가입자 및 임의계속가입자의 경우에는 본인이 내는 금액을 말한다.
- 부담금: 사업장가입자의 사용자가 부담하는 금액을 말한다.
- 기여금: 사업장가입자가 부담하는 금액을 말한다.
- 사업장: 근로자를 사용하는 사업소 및 사무소를 말한다.
- 가입대상기간: 18세부터 초진일 혹은 사망일까지 기간으로 다음의 기간을 제외한 기간을 말한다. 즉, 제6조 단서에 따라 가입 대상에서 제외되는 기간, 18세 이상 27세 미만인 기간 중 지역가입자에서 제외되는 기간, 18세 이상 27세 미만인 기간 중 연금보험료를 내지 아니한 기간을 말한다.

(2) 국민연금급여의 구성
○ 연금급여의 지급(제50조)

- 급여는 수급권자의 청구에 따라 공단이 지급한다.
- 연금액은 지급사유에 따라 기본연금액과 부양가족연금액을 기초로 산정한다.

○ **기본연금액(제51조)**
- 수급권자의 기본연금액은 다음의 금액을 합한 금액에 1천분의 1천200을 곱한 금액으로 한다. 다만, 가입기간이 20년을 초과하면 그 초과하는 1년마다 본문에 따라 계산한 금액에 1천분의 50을 곱한 금액을 더한다.

○ **부양가족연금액(제52조)**
- 부양가족연금액은 수급권자에 의하여 생계를 유지하고 있는 자에 대하여 규정된 각각의 금액으로 한다.

2. 국민연금의 가입대상 및 자격

(1) 국민연금의 가입대상(제6조)
- 국내에 거주하는 국민으로서 18세 이상 60세 미만인 자는 가입 대상이 된다.
- 다만, 공무원연금법, 군인연금법, 사립학교교직원 연금법 및 별정우체국법을 적용받는 공무원, 군인, 교직원 및 별정우체국 직원, 그 밖에 대통령령으로 정하는 자는 제외한다.

(2) 국민연금 가입자의 종류(제7조)
○ **사업장가입자(제8조)**
- 사업의 종류, 근로자의 수 등을 고려하여 당연적용사업장의 18세 이상 60세 미만인 근로자와 사용자는 당연히 사업장가입자가 된다.
- 국민연금에 가입된 사업장에 종사하는 18세 미만 근로자는 사업장가입자가 되는 것으로 본다. 다만, 본인이 원하지 아니하면 사업장가입자가 되지 아니할 수 있다.
- 국민기초생활 보장법에 따른 생계급여수급자 또는 의료급여수급자는 본인의 희망에 따라 사업장가입자가 되지 아니할 수 있다.

○ **지역가입자(제9조)**

• 사업장가입자가 아닌 자로서 18세 이상 60세 미만인 자는 당연히 지역가입자가 된다.

○ **임의가입자(제10조)**

사업장가입자, 지역가입자외의 자로서 18세 이상 60세 미만인 자는 보건복지부령으로 정하는 바에 따라 국민연금공단에 가입을 신청하면 임의가입자가 될 수 있다.

○ **임의계속가입자(제13조)**

국민연금 가입자 또는 가입자였던 자로서 60세가 된 자에 해당하는 자는 65세가 될 때까지 보건복지부령으로 정하는 바에 따라 국민연금공단에 가입을 신청하면 임의계속가입자가 될 수 있다.

(3) 가입자 자격의 취득시기(제11조)

○ **사업장가입자는 다음의 어느 하나에 해당하게 된 날에 그 자격을 취득한다.**

• 사업장에 고용된 때 또는 그 사업장의 사용자가 된 때

• 당연적용사업장으로 된 때

○ **지역가입자는 다음의 어느 하나에 해당하게 된 날에 그 자격을 취득한다.**

• 사업장가입자의 자격을 상실한 때

• 국민연금 가입 대상 제외자에 해당하지 아니하게 된 때

• 배우자가 별도의 소득이 있게 된 때, 18세 이상 27세 미만인 자가 소득이 있게 된 경우, 소득이 있게 된 때를 알 수 없는 경우에는 신고를 한 날

○ **임의가입자는 가입 신청이 수리된 날에 그 자격을 취득한다.**

○ **임의계속가입자는 가입신청이 수리된 날에 그 자격을 취득한다.**

(4) 가입자 자격의 상실시기(제12조)

○ **사업장가입자는 다음의 어느 하나에 해당하게 된 날의 다음 날에 자격을 상실한다.**

• 사망한 때, 국적을 상실하거나 국외로 이주한 때, 사용관계가 끝난 때, 60세가 된 때

• 다만, 국민연금 가입 대상 제외자에 해당하게 된 때에는 그에 해당하게 된 날

○ **지역가입자는 다음의 어느 하나에 해당하게 된 날의 <u>다음 날</u>에 자격을 상실한다.**

• 사망한 때, 국적을 상실하거나 국외로 이주한 때, 배우자로서 별도의 소득이 없게 된 때, 60세가 된 때

• 다만, 국민연금 가입 대상 제외자에 해당하게 된 때, 사업장가입자의 자격을 취득한 때에는 그에 해당하게 된 날

○ **임의가입자는 다음의 어느 하나에 해당하게 된 날의 다음 날에 자격을 상실한다.**

• 사망한 때, 국적을 상실하거나 국외로 이주한 때, 탈퇴 신청이 수리된 때, 60세가 된 때, 대통령령으로 정하는 기간 이상 계속하여 연금보험료를 체납한 때

• 다만, 사업장가입자 또는 지역가입자의 자격을 취득한 때, 국민연금 가입 대상 제외자에 해당하게 된 때에는 그에 해당하게 된 날에 그 자격을 상실한다.

○ **임의계속가입자(제13조)는 다음의 어느 하나에 해당하게 된 <u>날의 다음 날</u>에 그 자격을 상실한다.**

• 사망한 때, 국적을 상실하거나 국외로 이주한 때, 탈퇴신청이 수리된 때, 대통령령으로 정하는 기간 이상 계속하여 연금보험료를 체납한 때

3. 국민연금 급여의 종류

(1) 노령연금
○ **노령연금의 수급권자(제61조)**

• <u>노령연금</u>: 가입기간이 10년 이상인 가입자 또는 가입자였던 자에 대하여는 60세(특수직종 근로자는 55세)가 된 때부터 그가 생존하는 동안 노령연금을 지급한다.

• <u>조기노령연금</u>: 가입기간이 10년 이상인 가입자 또는 가입자였던 자로서 55세 이상인 자가 대통령령으로 정하는 소득이 있는 업무에 종사하지 아니하는 경우 본인이 희망하면 60세가 되기 전이라도 본인이 청구한 때부터 그가 생존하는 동안 일정한 금액의 연금을 받을 수 있다.

(2) 분할연금

○ 분할연금 수급권자 등(제64조)

• 혼인기간이 5년 이상인 자가 다음의 요건을 모두 갖추면 그때부터 그가 생존하는 동안 배우자였던 자의 노령연금을 분할한 일정한 금액의 연금을 받을 수 있다.
  – 배우자와 이혼하였을 것, 배우자였던 사람이 노령연금 수급권자일 것, 60세가 되었을 것
• 분할연금액은 배우자였던 자의 노령연금액(부양가족연금액 제외) 중 혼인 기간에 해당하는 연금액을 균등하게 나눈 금액으로 한다.
• 분할연금은 수급요건을 모두 갖추게 된 때부터 5년 이내에 청구하여야 한다.

(3) 장애연금

○ 장애연금의 수급권자(제67조)

• 가입자 또는 가입자였던 자가 질병이나 부상으로 신체상 또는 정신상의 장애가 있고 해당 질병 또는 부상의 초진일 당시 18세 이상이고 노령연금의 지급 연령 미만일 것
• 장애 정도에 관한 장애등급은 1급, 2급, 3급 및 4급으로 구분하되, 등급 구분의 기준과 장애 정도의 심사에 관한 사항은 대통령령으로 정한다.

(4) 유족연금

○ 유족연금의 수급권자(제72조)

• 노령연금 수급권자, 가입기간이 10년 이상인 가입자 또는 가입자였던 자
• 연금보험료를 낸 기간이 가입대상 기간의 3분의 1 이상인 가입자 또는 가입자였던 자
• 사망일 5년 전부터 사망일까지의 기간 중 연금보험료를 낸 기간이 3년 이상인 가입자 또는 가입자였던 자. 장애등급이 2급 이상인 장애연금 수급권자

○ 유족의 범위 등(제73조)

• 유족연금을 지급받을 수 있는 유족은 사망할 당시 그에 의하여 생계를 유지하고 있던 자
  – 배우자, 자녀. 다만, 25세 미만이거나 장애등급 2급 이상인 자만 해당한다.
• 유족연금은 순위에 따라 최우선 순위자에게만 지급하며, 같은 순위의 유족이 2명 이상이면 그 유족연금액을 똑같이 나누어 지급한다.

(5) 반환일시금 및 사망일시금

○ 반환일시금(제77조)

가입자 또는 가입자였던 자가 다음의 어느 하나에 해당하게 되면 본인이나 그 유족의 청구에 의하여 반환일시금을 지급받을 수 있다.

- 가입기간이 10년 미만인 자가 60세가 된 때, 국적을 상실하거나 국외로 이주한 때
- 가입자 또는 가입자였던 자가 사망한 때. 다만, 유족연금이 지급되는 경우에는 그러하지 아니하다.

○ 사망일시금(제80조)

가입자 또는 가입자였던 자가 사망한 때에 유족이 없으면 그 배우자 · 자녀 · 부모 · 손자녀 · 조부모 · 형제자매 또는 4촌 이내 방계혈족(傍系血族)에게 사망일시금을 지급한다.

4. 국민연금의 비용부담 및 보험료

(1) 비용부담

- 국고부담(제87조): 국가는 매년 연금공단 및 건강보험공단이 국민연금사업을 관리 · 운영하는 데에 필요한 비용의 전부 또는 일부를 부담한다.
- 연금보험료의 지원(제100조의3): 국가는 사업장가입자로서 국민인 근로자가 요건을 모두 충족하는 경우에는 연금보험료 중 기여금 및 부담금의 일부를 예산의 범위에서 지원할 수 있다.

(2) 연금보험료의 부과 · 징수 등(제88조)

- 보건복지부장관은 국민연금사업 중 연금보험료의 징수에 관하여 이 법에서 정하는 사항을 건강보험공단에 위탁한다.
- 공단은 국민연금사업에 드는 비용에 충당하기 위하여 가입자와 사용자에게 가입기간 동안 매월 연금보험료를 부과하고, 건강보험공단이 이를 징수한다.
- 사업장가입자의 연금보험료 중 기여금은 사업장가입자 본인이, 부담금은 사용자가 각각 부담한다.
- 지역가입자, 임의가입자 및 임의계속가입자의 연금보험료는 본인이 부담한다.

(3) 연금보험료 납부의 예외(제91조)

○ 납부 의무자는 사업장가입자 또는 지역가입자가 다음의 어느 하나에 해당하는 사유로 연금보험료를 낼 수 없으면 대통령령으로 정하는 바에 따라 그 사유가 계속되는 기간에는 연금보험료를 내지 아니할 수 있다.

- 사업 중단, 실직 또는 휴직 중인 경우, 병역법에 따른 병역의무를 수행하는 경우
- 초 · 중등교육법 및 고등교육법에 따른 학교에 재학 중인 경우
- 형의 집행 및 수용자의 처우에 관한 법률에 따라 교정시설에 수용 중인 경우
- 보호감호시설이나 치료감호법에 따른 치료감호시설에 수용 중인 경우
- 1년 미만 행방불명된 경우, 재해 · 사고 등으로 소득이 감소되거나 그 밖에 소득이 있는 업무에 종사하지 아니하는 경우로서 대통령령으로 정하는 경우
- 연금보험료를 내지 아니한 기간은 가입기간에 산입하지 아니한다.

(4) 가입기간의 계산 및 합산

○ 국민연금 가입기간의 계산(제17조)

- 국민연금 가입기간은 월 단위로 계산하되, 가입자의 자격을 취득한 날이 속하는 달의 다음 달부터 자격을 상실한 날의 전날이 속하는 달까지로 한다.
- 가입기간을 계산할 때 연금보험료를 내지 아니한 기간은 가입기간에 산입하지 아니한다.

○ 기간의 합산(제20조)

- 가입자의 자격을 상실한 후 다시 그 자격을 취득한 자에 대하여는 전후(前後)의 가입기간을 합산한다.
- 가입자의 가입 종류가 변동되면 그 가입자의 가입기간은 각 종류별 가입기간을 합산한 기간으로 한다.

○ 군 복무기간에 대한 가입기간 추가 산입(제18조)

- 다음의 어느 하나에 해당하는 자가 노령연금 수급권을 취득한 때에는 6개월을 가입기간에 추가로 산입한다. 다만, 병역법에 따른 병역의무를 수행한 기간이 6개월 미만인 경우에는 그러하지 아니한다.
  - 병역법에 따른 현역병, 병역법에 따른 전환복무를 한 사람
  - 병역법 에 따른 상근예비역, 병역법 에 따른 사회복무요원
- 가입기간을 추가로 산입하는데 필요한 재원은 국가가 전부를 부담한다.

○ **출산에 대한 가입기간 추가 산입**(제19조)

• 2 이상의 자녀가 있는 가입자 또는 가입자였던 자가 노령연금수급권을 취득한 때에는 다음에 따른 기간을 가입기간에 추가로 산입한다. 다만, 추가로 산입하는 기간은 50개월을 초과할 수 없다.

　－ 자녀가 2명인 경우: 12개월

　－ 자녀가 3명 이상인 경우: 둘째 자녀에 대하여 인정되는 12개월에 2자녀를 초과하는 자녀 1명마다 18개월을 더한 개월 수

• 부모가 모두 가입자 또는 가입자였던 자인 경우 부·모의 합의에 따라 2명 중 1명의 가입기간에만 산입하되, 합의하지 아니한 경우에는 균등 배분하여 각각의 가입기간에 산입한다.

• 가입기간을 추가로 산입하는데 필요한 재원은 국가가 전부 또는 일부를 부담한다.

○ **실업에 대한 가입기간 추가 산입**(제19조의2)

• 다음의 요건을 모두 갖춘 사람이 고용보험법에 따른 구직급여를 받는 경우로서 구직급여를 받는 기간을 가입기간으로 산입하기 위하여 국민연금공단에 신청하는 때에는 그 기간을 가입기간에 추가로 산입한다. 다만, 추가로 산입하는 기간은 1년을 초과할 수 없다.

　－ 18세 이상 60세 미만인 사람 중 가입자 또는 가입자였을 것

　－ 대통령령이 정하는 재산·소득이 보건복지부장관이 정하여 고시하는 기준 이하일 것

• 산입되는 가입기간에 대하여는 고용보험법에 따른 구직급여의 산정 기초가 되는 임금일액을 월액으로 환산한 금액의 절반에 해당하는 소득으로 가입한 것으로 본다.

5. 국민연금의 관리운영체계

• 국민연금사업의 관장(제2조): 국민연금사업은 보건복지부장관이 맡아 주관한다.

• 국민연금공단의 설립 등(제24조): 보건복지부장관의 위탁을 받아 목적을 달성하기 위한 사업을 효율적으로 수행하기 위하여 국민연금공단을 설립한다.

• 법인격(제26조): 공단은 법인으로 한다.

• 국민연금심의위원회(제5조): 연금 사업에 관한 사항을 심의하기 위하여 보건복지부에 국민연금심의위원회를 둔다.

• 국민연금기금의 설치 및 조성(제101조): 보건복지부장관은 국민연금사업에 필요한 재원을

원활하게 확보하고, 이 법에 따른 급여에 충당하기 위한 책임준비금으로서 국민연금기금을 설치한다.

- 기금의 관리 및 운용(제102조): 국민연금기금은 보건복지부장관이 관리·운용한다.
- 국민연금기금운용위원회(제103조)
  - 기금의 운용에 관한 사항을 심의·의결하기 위하여 보건복지부에 국민연금기금운용위원회를 둔다.
  - 기금운용위원회는 위원장인 보건복지부장관, 당연직 위원인 기획재정부차관·농림축산식품부차관·산업통상자원부차관, 고용노동부차관과 공단이사장 및 위원장이 위촉하는 위원으로 구성한다.

6. 국민연금 수급자의 권리보호 등

(1) 국민연금 수급권의 보호(제58조)
- 수급권은 양도·압류하거나 담보로 제공할 수 없다.
- 수급권자에게 지급된 급여로서 대통령령으로 정하는 금액 이하 급여는 압류할 수 없다.
- 급여수급전용계좌에 입금된 급여와 이에 관한 채권은 압류할 수 없다.

(2) 심사청구 및 국민연금심사위원회
○ 심사청구(제108조)

가입자의 자격, 기준소득월액, 연금보험료, 그 밖의 이 법에 따른 징수금과 급여에 관한 국민연금공단 또는 건강보험공단의 처분에 이의가 있는 자는 그 처분을 한 국민연금공단 또는 건강보험공단에 심사청구를 할 수 있다.

○ 국민연금심사위원회 및 징수심사위원회(제109조)

심사청구 사항을 심사하기 위하여 국민연금공단에 국민연금심사위원회를 두고, 건강보험공단에 징수심사위원회를 둔다.

(3) 재심사청구 및 국민연금재심사위원회
- 재심사청구(제110조): 심사청구에 대한 결정에 불복하는 자는 결정통지를 받은 날부터 90

일 이내에 대통령령으로 정하는 사항을 적은 재심사청구서에 따라 국민연금재심사위원회에 재심사를 청구할 수 있다.

• 국민연금재심사위원회(제111조): 재심사청구 사항을 심사하기 위하여 보건복지부에 국민연금재심사위원회를 둔다.

(4) 시효(제115조)

연금보험료, 환수금, 그 밖의 이 법에 따른 징수금을 징수하거나 환수할 권리는 3년간, 급여를 받거나 과오납금을 반환받을 수급권자 또는 가입자 등의 권리는 5년간 행사하지 아니하면 각각 소멸시효가 완성된다.

上·中·下

01) 국민연금법의 내용으로 옳은 것은?

(17회 기출)

① 이 법을 적용할 때 배우자의 범위에는 사실상의 혼인관계에 있는 자는 제외된다.

② 수급권을 취득할 당시 가입자였던 자의 태아가 출생하면 그 자녀는 가입자였던 자에 의하여 생계를 유지하고 있던 자녀로 본다.

③ 지역가입자의 종류는 사업장가입자와 지역가입자의 2가지로 구분된다.

④ 지역가입자가 사업장가입자의 자격을 취득한 때에는 그에 해당하게 된 날의 다음날에 지역가입자의 자격을 상실한다.

⑤ 수급권자가 사망한 경우 그 수급권자에게 미지급에게 미지급 급여가 있으면 그 급여를 받을 순위는 자녀, 배우자, 부모의 순으로 한다.

해설

제3조(정의) 제3항: 수급권을 취득할 당시 가입자 또는 가입자였던 자의 태아가 출생하면 그 자녀는 가입자 또는 가입자였던 자에 의하여 생계를 유지하고 있던 자녀로 본다.

오답노트

① 배우자, 남편 또는 아내에는 사실상의 혼인관계에 있는 자를 포함한다(제3조).

③ 가입자는 사업장가입자, 지역가입자, 임의가입자 및 임의계속가입자로 구분한다(제7조).

④ 사업장가입자는 국민연금 가입 대상 제외자에 해당하게 된 때 경우에는 그에 해당하게 된 날에 자격을 상실한다(제12조 단서).

⑤ 유족연금의 받을 순위는 배우자, 자녀, 부모, 조부모, 형제자매의 순으로 한다(제73조).

〈 정답 ② 〉

02) 국민연금법상 유족연금에 관한 설명으로 옳지 않은 것은?

(15회 기출)

① 노령연금 수급권자가 사망하면 그 유족에게 유족연금이 지급된다.

② 가입기간이 10년 이상인 가입자가 사망하면 그 유족에게 유족연금이 지급된다.

③ 유족연금 수급권자인 배우자가 재혼한 때에는 그 수급권은 소멸한다.

④ 자녀인 유족연금 수급권자가 다른 사람에게 입양된 때에는 그 수급권은 소멸하지 않는다.

⑤ 장애등급이 3급인 장애연금 수급권자가 사망하면 그 유족에게 유족연금이 지급되지 않는다.

해설

제75조(유족연금 수급권의 소멸): 수급권자가 사망한 때, 배우자인 수급권자가 재혼한 때, 자녀나 손자녀인 수급권자가 파양된 때, 장애등급 2급 이상에 해당하지 아니한 자녀인 수급권자가 25세가 된 때 또는 손자녀인 수급권자가 19세가 된 때

〈 정답 ④ 〉

제2절 국민건강보험법

1. 국민건강보험법의 개요

(1) 용어의 정의(제3조)
- 근로자: 직업의 종류와 관계없이 근로의 대가로 보수를 받아 생활하는 사람(법인의 이사와 그 밖의 임원을 포함한다)으로서 공무원 및 교직원을 제외한 사람을 말한다.
- 사용자: 근로자가 소속되어 있는 사업장의 사업주, 공무원이 소속되어 있는 기관의 장으로서 대통령령으로 정하는 사람, 교직원이 소속되어 있는 사립학교를 설립·운영하는 자
- 사업장: 사업소나 사무소를 말한다.

(2) 국민건강보험종합계획의 수립 등(제3조의2)
- 보건복지부장관은 이 법에 따른 건강보험의 건전한 운영을 위하여 건강보험정책심의위원회의 심의를 거쳐 5년마다 국민건강보험종합계획을 수립하여야 한다.

(3) 건강보험정책심의위원회(제4조)
- 건강보험정책에 관한 다음의 사항을 심의·의결하기 위하여 보건복지부장관 소속으로 건강보험정책심의위원회를 둔다.
- 종합계획 및 시행계획에 관한 사항(심의에 한정함), 요양급여의 기준, 요양급여비용에 관한 사항, 직장가입자의 보험료율, 지역가입자의 보험료부과점수당 금액 등

2. 국민건강보험의 적용대상

(1) 적용대상 등(제5조)
○ 국내에 거주하는 국민은 건강보험의 가입자 또는 피부양자가 된다. 다만, 다음의 어느 하나에 해당하는 사람은 제외한다.
- 의료급여법에 따라 의료급여를 받는 사람(의료급여 수급권자)
- 독립유공자예우에 관한 법률 및 국가유공자 등 예우 및 지원에 관한 법률에 따라 의료보호를 받는 사람(유공자 등 의료보호대상자)

○ 피부양자는 다음의 어느 하나에 해당하는 사람 중 직장가입자에게 주로 생계를 의존하는 사람으로서 소득 및 재산이 보건복지부령으로 정하는 기준 이하인 사람을 말한다.
• 직장가입자의 배우자, 직장가입자의 직계존속(배우자의 직계존속 포함)
• 직장가입자의 직계비속(배우자의 직계비속 포함)과 그 배우자, 직장가입자의 형제 · 자매

(2) 가입자의 종류(제6조)
○ 직장가입자
• 모든 사업장의 근로자 및 사용자와 공무원 및 교직원은 직장가입자가 된다. 다만, 다음의 어느 하나에 해당하는 사람은 제외한다.
• 고용 기간이 1개월 미만인 일용근로자, 병역법에 따른 현역병(단기하사 포함), 전환복무된 사람 및 군 간부후보생, 선거에 당선되어 취임하는 공무원으로서 매월 보수 또는 보수에 준하는 급료를 받지 아니하는 사람, 그 밖에 사업장의 특성, 고용 형태 및 사업의 종류 등을 고려하여 대통령령으로 정하는 사업장의 근로자 및 사용자와 공무원 및 교직원

○ 지역가입자
직장가입자와 그 피부양자를 제외한 가입자는 지역가입자가 된다.

(3) 자격의 취득 · 변동 및 상실
○ 자격의 취득시기 등(제8조)
• 가입자는 국내에 거주하게 된 날에 직장가입자 또는 지역가입자의 자격을 얻는다.
• 다만, 다음의 어느 하나에 해당하는 사람은 그 해당되는 날에 각각 자격을 얻는다.
• 수급권자이었던 사람은 그 대상자에서 제외된 날, 직장가입자의 피부양자이었던 사람은 그 자격을 잃은 날, 유공자등 의료보호대상자이었던 사람은 그 대상자에서 제외된 날, 보험자에게 건강보험의 적용을 신청한 유공자등 의료보호대상자는 그 신청한 날

○ 자격의 변동 시기 등(제9조)
• 가입자는 다음의 어느 하나에 해당하게 된 날에 그 자격이 변동된다.
• 지역가입자가 적용대상사업장의 사용자로 되거나, 근로자 · 공무원 또는 교직원으로 사용된 날
• 직장가입자가 다른 적용대상사업장의 사용자로 되거나 근로자등으로 사용된 날

- 직장가입자인 근로자등이 그 사용관계가 끝난 날의 다음 날
- 적용대상사업장에 제7조제2호에 따른 사유가 발생한 날의 다음 날
- 지역가입자가 다른 세대로 전입한 날

○ **자격의 상실 시기 등(제10조)**

가입자는 다음의 어느 하나에 해당하게 된 날에 그 자격을 잃는다.

- 사망한 날의 다음 날, 국적을 잃은 날의 다음 날
- 국내에 거주하지 아니하게 된 날의 다음 날
- 직장가입자의 피부양자가 된 날, 수급권자가 된 날
- 건강보험을 적용받고 있던 사람이 유공자등 의료보호대상자가 되어 건강보험의 적용 배제 신청을 한 날

3. 국민건강보험의 급여 등

(1) 요양급여(제41조)

- 가입자와 피부양자의 질병, 부상, 출산 등에 대하여 진찰ㆍ검사, 약제(藥劑)ㆍ처치ㆍ수술, 예방ㆍ재활, 입원, 간호, 이송(移送) 등 요양급여를 실시한다.
- 보건복지부장관은 요양급여의 기준을 정할 때 업무나 일상생활에 지장이 없는 질환에 대한 치료 등 보건복지부령으로 정하는 사항은 요양급여대상에서 제외되는 사항(비급여대상)으로 정할 수 있다.

(2) 요양기관(제42조)

- 의료법에 따라 개설된 의료기관, 약사법에 따라 등록된 약국
- 약사법에 따라 설립된 한국희귀의약품센터
- 지역보건법에 따른 보건소ㆍ보건의료원ㆍ보건지소
- 농어촌 등 보건의료를 위한 특별조치법에 따라 설치된 보건진료소

(3) 본인일부부담금(제44조)

- 요양급여를 받는 자는 대통령령으로 정하는 바에 따라 비용의 일부를 본인이 부담한다. 이

경우 선별급여에 대해서는 다른 요양급여에 비해 본인일부부담금을 상향조정할 수 있다.

• 본인이 연간 부담하는 본인일부부담금의 총액이 대통령령으로 정하는 금액(본인부담상한액)을 초과한 경우에는 공단이 그 초과 금액을 부담하여야 한다.

• 본인부담상한액은 가입자의 소득수준 등에 따라 정한다.

(4) 요양급여비용의 청구와 지급 등(제47조)

• 요양기관은 공단에 요양급여비용의 지급을 청구할 수 있다.

• 요양급여비용을 청구하려는 요양기관은 심사평가원에 요양급여비용의 심사청구를 하여야 하며, 심사청구를 받은 심사평가원은 이를 심사한 후 지체 없이 그 내용을 공단과 요양기관에 알려야 한다.

(5) 요양비(제49조)

• 공단은 가입자나 피부양자가 보건복지부령으로 정하는 긴급하거나 그 밖의 부득이한 사유로 요양기관과 비슷한 기능을 하는 기관으로서 보건복지부령으로 정하는 기관에서 질병 · 부상 · 출산 등에 대하여 요양을 받거나 요양기관이 아닌 장소에서 출산한 경우 그 요양급여에 상당하는 금액을 보건복지부령으로 정하는 바에 따라 가입자나 피부양자에게 요양비로 지급한다.

(6) 부가급여(제50조)

공단은 이 법에서 정한 요양급여 외에 대통령령으로 정하는 바에 따라 임신 · 출산 진료비, 장제비, 상병수당, 그 밖의 급여를 실시할 수 있다.

(7) 장애인에 대한 특례(제51조)

공단은 장애인복지법에 따라 등록한 장애인인 가입자 및 피부양자에게는 보장기기에 대하여 보험급여를 할 수 있다.

(8) 건강검진(제52조)

공단은 가입자와 피부양자에 대하여 질병의 조기 발견과 그에 따른 요양급여를 하기 위하여 건강검진을 실시한다.

(9) 선별급여(제41조의4)

요양급여를 결정함에 있어 경제성 또는 치료효과성 등이 불확실하여 그 검증을 위하여 추가적인 근거가 필요한 경우 등 대통령령으로 정하는 경우에는 예비적인 요양급여인 선별급여로 지정하여 실시할 수 있다.

(10) 방문요양급여(제41조의5)

가입자 또는 피부양자가 질병이나 부상으로 거동이 불편한 경우 등 보건복지부령으로 정하는 사유에 해당하는 경우에는 가입자 또는 피부양자를 직접 방문하여 요양급여를 실시할 수 있다.

4. 국민건강보험료

(1) 보험료(제69조)
○ 보험료의 징수
- 공단은 건강보험사업에 드는 비용에 충당하기 위하여 보험료의 납부의무자로부터 보험료를 징수한다.
- 보험료는 가입자의 자격을 취득한 날이 속하는 달의 다음 달부터 가입자의 자격을 잃은 날의 전날이 속하는 달까지 징수한다.

○ 보험료의 산정
- 직장가입자의 월별 보험료액은 다음에 따라 산정한 금액으로 한다.
  - 보수월액보험료: 산정한 보수월액에 보험료율을 곱하여 얻은 금액
  - 소득월액보험료: 산정한 소득월액(보수외 소득)에 보험료율을 곱하여 얻은 금액
- 지역가입자의 월별 보험료액은 세대 단위로 산정하되 지역가입자가 속한 세대의 월별 보험료액은 산정한 보험료부과점수에 보험료부과점수당 금액을 곱한 금액으로 한다.
- 월별 보험료액은 가입자의 보험료 평균액의 일정비율에 해당하는 금액을 고려하여 대통령령으로 정하는 기준에 따라 상한 및 하한을 정한다.

○ 지역가입자의 보험료 부과점수(제72조)

보험료부과점수는 지역가입자의 소득 및 재산을 기준으로 산정한다.

(2) 보험료의 부담(제76조)

- 직장가입자의 보수월액보험료는 직장가입자와 다음의 구분에 따른 자가 각각 보험료액의 100분의 50씩 부담한다. 다만, 직장가입자가 교직원으로서 사립학교에 근무하는 교원이면 보험료액은 그 직장가입자가 100분의 50을, 사용자가 100분의 30을, 국가가 100분의 20을 각각 부담한다.
- 직장가입자의 소득월액보험료는 직장가입자가 부담한다.
- 지역가입자의 보험료는 그 가입자가 속한 세대의 지역가입자 전원이 연대하여 부담한다.

(3) 보험료 납부의무(제77조)

- 직장가입자의 보험료는 다음의 구분에 따라 납부한다.
  - 보수월액보험료: 사용자 / 소득월액보험료: 직장가입자
- 지역가입자의 보험료는 그 가입자가 속한 세대의 지역가입자 전원이 연대하여 납부한다.
- 사용자는 보수월액보험료 중 직장가입자가 부담하여야 하는 그 달의 보험료액을 그 보수에서 공제하여 납부하여야 한다.

(4) 보험료의 면제 및 경감

○ 보험료의 면제(제74조)

- 직장가입자가 국외에서 업무에 종사하고 있는 경우, 현역병, 전환복무된 사람 및 무관후보생, 교도소, 기타 이에 준하는 시설에 수용되어 있을 때에는 그 가입자의 보험료를 면제한다. 다만, 직장가입자가 국외에서 업무에 종사하고 있는 경우에는 국내에 거주하는 피부양자가 없을 때에만 보험료를 면제한다.
- 지역가입자가 국외에서 업무에 종사하고 있는 경우, 현역병, 전환복무된 사람 및 무관후보생, 교도소, 기타 이에 준하는 시설에 수용되어 있을 때에는 그 가입자가 속한 세대의 보험료를 산정할 때 그 가입자의 보험료 과점수를 제외한다.

○ 보험료의 경감(제75조)

- 다음의 어느 하나에 해당하는 가입자 중 보건복지부령으로 정하는 가입자에 대하여는 그 가입자 또는 그 가입자가 속한 세대의 보험료의 일부를 경감할 수 있다.

- 섬 · 벽지(僻地) · 농어촌 등 대통령령으로 정하는 지역에 거주하는 사람
- 65세 이상인 사람, 장애인복지법에 따라 등록한 장애인
- 국가유공자 등 예우 및 지원에 관한 법률에 따른 국가유공자
- 휴직자, 그 밖에 생활이 어렵거나 천재지변 등의 사유로 보험료를 경감할 필요가 있다고 보건복지부장관이 정하여 고시하는 사람

• 보험료 납부의무자가 다음 어느 하나에 해당하는 경우에는 보험료를 감액하는 등 재산상의 이익을 제공할 수 있다.
- 보험료의 납입 고지를 전자문서로 받는 경우
- 보험료를 계좌 또는 신용카드 자동이체의 방법으로 내는 경우

5. 국민건강보험의 관리운영체계

(1) 관리운영체계

○ 건강보험사업의 관장(제2조)

이 법에 따른 건강보험사업은 보건복지부장관이 맡아 주관한다.

○ 건강보험정책심의위원회(제4조)

• 건강보험정책에 관한 사항을 심의 · 의결하기 위하여 보건복지부장관 소속으로 건강보험정책심의위원회를 둔다.
• 심의위원회는 위원장 1명과 부위원장 1명을 포함하여 25명의 위원으로 구성한다.
• 심의위원회의 위원장은 보건복지부차관이 되고, 부위원장은 위원 중에서 위원장이 지명하는 사람이 된다.

(2) 국민건강보험공단

• 보험자(제13조): 건강보험의 보험자는 국민건강보험공단으로 한다.
• 법인격 등(제15조): 공단은 법인으로 하며, 공단은 주된 사무소의 소재지에서 설립등기를 함으로써 성립한다.

(3) 건강보험심사평가원

- 설립(제62조): 요양급여비용을 심사하고 요양급여의 적정성을 평가하기 위하여 건강보험 심사평가원을 설립한다.
- 법인격 등(제64조): 심사평가원은 법인으로 하며, 심사평가원은 주된 사무소의 소재지에 서 설립등기를 함으로써 성립한다.

6. 국민건강보험 수급자의 권리보호 등

(1) 수급자의 권리구제

○ 이의신청(제87조)

- 가입자 및 피부양자의 자격, 보험료 등, 보험급여, 보험급여 비용에 관한 공단의 처분에 이의가 있는 자는 건강보험공단에 이의신청을 할 수 있다.
- 요양급여비용 및 요양급여의 적정성 평가 등에 관한 심사평가원의 처분에 이의가 있는 공단, 요양기관 또는 그 밖의 자는 심사평가원에 이의신청을 할 수 있다.
- 이의신청은 처분이 있음을 안 날부터 90일 이내에 문서로 하여야 하며 처분이 있은 날부터 180일을 지나면 제기하지 못한다. 다만, 정당한 사유로 그 기간에 이의신청을 할 수 없었음을 소명한 경우에는 그러하지 아니하다.
- 요양기관이 심사평가원의 확인에 대하여 이의신청을 하려면 통보받은 날부터 30일 이내에 하여야 한다.

○ 심판청구(제88조)

- 이의신청의 결정에 불복하는 자는 건강보험분쟁조정위원회에 심판청구를 할 수 있다.
- 심판청구를 하려는 자는 대통령령으로 정하는 심판청구서를 처분을 한 공단 또는 심사평가원에 제출하거나 건강보험분쟁조정위원회에 제출하여야 한다.

○ 건강보험분쟁조정위원회(제89조)

- 심판청구를 심리·의결하기 위하여 보건복지부에 건강보험분쟁조정위원회를 둔다.
- 위원장을 포함하여 60명 이내의 위원으로 구성하고, 위원장을 제외한 위원 중 1명은 당연직위원으로 한다.

○ 행정소송(제90조)
- 공단 또는 심사평가원의 처분에 이의가 있는 자와 심판청구에 대한 결정에 불복하는 자는 행정소송법에서 정하는 바에 법원에 행정소송을 제기할 수 있다.

(2) 수급권의 보호 등
○ 수급권의 보호(59조)
- 보험급여를 받을 권리는 양도하거나 압류할 수 없으며, 요양비등 수급계좌에 입금된 요양비 등은 압류할 수 없다.

○ 시효(제91조)
- 보험료, 연체금 및 가산금을 징수할 권리, 보험료, 보험급여를 받을 권리 등은 3년 동안 행사하지 아니하면 소멸시효가 완성된다.
- 보험료의 고지 또는 독촉, 보험급여 또는 보험급여 비용을 청구하면 시효는 중단된다.

〔 上 · 中 · **下** 〕

01) 국민건강보험법상 요양급여에 해당하지 않는 것은? (18회 기출)

① 예방 · 재활   ② 이송(移送)

③ 요양병원간병비   ④ 처치 · 수술 및 그 밖의 치료

⑤ 약제(藥劑) · 치료재료의 지급

〔 해설 〕

③ 요양병원간병비는 장기요양보험 급여 중 특별현금급여에 해당된다.

〈 정답 ③ 〉

〔 上 · **中** · 下 〕

02) 국민건강보험법상 가입자가 자격을 상실하는 시기로 옳은 것은? (17회 기출)

① 사망한 날의 다음날

② 국적을 잃은 날

③ 국내에 거주하기 아니하게 된 날

④ 직장가입자의 피부양자가 된 다음날

⑤ 수급권자가 된 다음 날

〔 해설 〕

국민건강보험법 제10조(자격의 상실시기 등) 참조

• 해당일의 다음날에 자격 상실: 사망한 날의 다음 날, 국적을 잃은 날의 다음 날, 국내에 거주하지 아니하게 된 날의 다음 날

• 해당일에 자격 상실: 직장가입자의 피부양자가 된 날, 수급권자가 된 날, 건강보험을 적용받고 있던 사람이 유공자등 의료보호대상자가 되어 건강보험의 적용배제신청을 한 날

〈 정답 ① 〉

제3절 산업재해보상보험

1. 산업재해보상보험법의 개요

(1) 용어의 정의(제5조)

- 업무상의 재해: 업무상의 사유에 따른 근로자의 부상 · 질병 · 장해 또는 사망을 말한다.
- 근로자 · 임금 · 평균임금 · 통상임금: 각각 근로기준법에 따른 근로자 · 임금 · 평균임금 · 통상임금을 말한다.
- 유족: 사망한 자의 배우자(사실상 혼인 관계에 있는 자 포함) · 자녀 · 부모 · 손자녀 · 조부모 또는 형제자매를 말한다.
- 치유: 부상 또는 질병이 완치되거나 치료의 효과를 더 이상 기대할 수 없고 그 증상이 고정된 상태에 이르게 된 것을 말한다.
- 장해: 부상 또는 질병이 치유되었으나 정신적 또는 육체적 훼손으로 인하여 노동능력이 상실되거나 감소된 상태를 말한다.
- 중증요양상태: 업무상의 부상 또는 질병에 따른 정신적 또는 육체적 훼손으로 노동능력이 상실되거나 감소된 상태로서 그 부상 또는 질병이 치유되지 아니한 상태를 말한다.
- 진폐(塵肺): 분진을 흡입하여 폐에 생기는 섬유증식성(纖維增殖性) 변화를 주된 증상으로 하는 질병을 말한다.
- 출퇴근: 취업과 관련하여 주거와 취업장소 사이의 이동 또는 한 취업장소에서 다른 취업장소로의 이동을 말한다.

(2) 적용 범위(제6조)

이 법은 근로자를 사용하는 모든 사업 또는 사업장에 적용한다. 다만, 위험률 · 규모 및 장소 등을 고려하여 대통령령으로 정하는 다음의 사업은 제외한다.

- 공무원 재해보상법 또는 군인연금법에 따라 재해보상이 되는 사업
- 선원법, 어선원 및 어선 재해보상보험법 또는 사립학교교직원 연금법에 따라 재해보상이 되는 사업, 가구 내 고용활동

2. 산재보험급여의 종류와 재해의 인정기준

(1) 산재보험급여의 종류
○ 보험급여의 종류(제36조 제1항)
- 요양급여, 휴업급여, 장해급여, 간병급여, 유족급여, 상병(傷病)보상연금, 장의비(葬儀費), 직업재활급여 등이 있다.

○ 산재보험급여의 산정(제36조 제3항)
- 해당 근로자의 평균임금을 산정하여야 할 사유가 발생한 날부터 1년이 지난 이후에는 매년 전체 근로자의 임금 평균액의 증감률에 따라 평균임금으로 증감하되, 그 근로자의 연령이 60세에 도달한 이후에는 소비자물가 변동률에 따라 평균임금을 증감한다.

(2) 산재보험급여의 주요 내용
○ 요양급여(제40조)
- 요양급여는 근로자가 업무상의 사유로 부상을 당하거나 질병에 걸린 경우에 그 근로자에게 지급할 수 있으며, 산재보험 의료기관에서 요양을 하게 한다. 다만, 부득이한 경우에는 요양을 갈음하여 요양비를 지급할 수 있다.
- 부상 또는 질병이 3일 이내 요양으로 치유될 수 있으면 요양급여를 지급하지 아니한다.

○ 휴업급여(제52조)
휴업급여는 업무상 사유로 부상을 당하거나 질병에 걸린 근로자에게 요양으로 취업하지 못한 기간에 대하여 지급하되, 1일당 지급액은 평균임금의 100분의 70에 상당하는 금액으로 한다. 다만, 취업하지 못한 기간이 3일 이내이면 지급하지 아니한다.

○ 장해급여(제57조)
- 장해급여는 근로자가 업무상의 사유로 부상을 당하거나 질병에 걸려 치유된 후 신체 등에 장해가 있는 경우에 그 근로자에게 지급한다.
- 장해보상연금 또는 장해보상일시금은 수급권자의 선택에 따라 지급한다.

○ 간병급여(제61조)

간병급여는 요양급여를 받은 자 중 치유 후 의학적으로 상시 또는 수시로 간병이 필요하여 실제로 간병을 받는 자에게 지급한다.

○ 유족급여(제62조)
• 유족급여는 근로자가 업무상의 사유로 사망한 경우에 유족에게 지급한다. 유족급여는 유족보상연금이나 유족보상일시금으로 하되, 유족보상일시금은 근로자가 사망할 당시 유족보상연금을 받을 수 있는 자격이 있는 자가 없는 경우에 지급한다.
• 유족보상연금을 받을 수 있는 자격이 있는 자가 원하면 유족보상일시금의 100분의 50에 상당하는 금액을 일시금으로 지급하고 유족보상연금은 100분의 50을 감액하여 지급한다.

○ 상병보상연금(제66조)
요양급여를 받는 근로자가 요양을 시작한 지 2년이 지난 날 이후에 다음의 요건 모두에 해당하는 상태가 계속되면 휴업급여 대신 상병보상연금을 그 근로자에게 지급한다.
• 그 부상이나 질병이 치유되지 아니한 상태일 것, 요양으로 인하여 취업하지 못하였을 것
• 그 부상이나 질병에 따른 중증요양상태 정도가 대통령령으로 정하는 기준에 해당할 것

○ 장의비(제71조)
장의비는 근로자가 업무상의 사유로 사망한 경우에 지급하되, 평균임금의 120일분에 상당하는 금액을 그 장제(葬祭)를 지낸 유족에게 지급한다.

○ 직업재활급여(제72조)
• 장해급여 또는 진폐보상연금을 받은 자나 장해급여를 받을 것이 명백한 자로서 대통령령으로 정하는 자 중 취업을 위하여 직업훈련이 필요한 자에 대하여 실시하는 직업훈련에 드는 비용 및 직업훈련수당
• 업무상의 재해가 발생할 당시의 사업에 복귀한 장해급여자에 대하여 사업주가 고용을 유지하거나 직장적응훈련 또는 재활운동을 실시하는 경우에 각각 지급하는 직장복귀지원금, 직장적응훈련비 및 재활운동비

○ 직업훈련수당(제74)
직업훈련을 받는 훈련대상자에게 그 직업훈련으로 인하여 취업하지 못하는 기간에 대하여

지급하되, 1일당 지급액은 최저임금액에 상당하는 금액으로 한다.

○ **특별급여**
• 장해특별급여(제78조): 보험가입자의 고의 또는 과실로 발생한 업무상의 재해로 근로자가 대통령령으로 정하는 장해등급 또는 진폐장해등급에 해당하는 장해를 입은 경우에 수급권자가 민법에 따른 손해배상청구를 갈음하여 장해특별급여를 청구하면 장해급여 또는 진폐보상연금 외에 대통령령으로 정하는 장해특별급여를 지급할 수 있다.
• 유족특별급여(제79조): 보험가입자의 고의 또는 과실로 발생한 업무상의 재해로 근로자가 사망한 경우에 수급권자가 민법에 따른 손해배상청구를 갈음하여 유족특별급여를 청구하면 유족급여 또는 진폐유족연금 외에 대통령령으로 정하는 유족특별급여를 지급할 수 있다.

(3) 업무상 재해의 인정 기준(제37조)
○ **근로자가 다음의 어느 하나에 해당하는 사유로 부상·질병 또는 장해가 발생하거나 사망하면 업무상의 재해로 본다. 다만, 업무와 재해 사이에 상당인과관계(相當因果關係)가 없는 경우에는 그러하지 아니하다.**
• 업무상 사고
  − 근로자가 근로계약에 따른 업무나 그에 따르는 행위를 하던 중 발생한 사고
  − 사업주가 제공한 시설물 등 이용 중 시설물 등의 결함이나 관리소홀로 발생한 사고
  − 사업주가 제공한 교통수단이나 그에 준하는 교통수단을 이용하는 등 사업주의 지배·관리하에서 출퇴근 중 발생한 사고
  − 사업주가 주관하거나 사업주의 지시에 따라 참여한 행사나 행사준비 중에 발생한 사고
  − 휴게시간 중 사업주의 지배관리 하에 있다고 볼 수 있는 행위로 발생한 사고
  − 그 밖에 업무와 관련하여 발생한 사고
• 업무상 질병
  − 업무수행 과정에서 물리적 인자, 화학물질, 분진, 병원체, 신체에 부담을 주는 업무 등 근로자의 건강에 장해를 일으킬 수 있는 요인을 취급하거나 그에 노출되어 발생한 질병
  − 업무상 부상이 원인이 되어 발생한 질병
  − 근로기준법에 따른 직장 내 괴롭힘, 고객의 폭언 등으로 인한 업무상 정신적 스트레스가 원인이 되어 발생한 질병
  − 그 밖에 업무와 관련하여 발생한 질병

- 출퇴근 재해
  - 사업주가 제공한 교통수단이나 그에 준하는 교통수단을 이용하는 등 사업주의 지배관리 하에서 출퇴근하는 중 발생한 사고
  - 그 밖에 통상적인 경로와 방법으로 출퇴근하는 중 발생한 사고

○ 업무상재해 인정 제외
- 근로자의 고의 · 자해행위나 범죄행위 또는 그것이 원인이 되어 발생한 부상 · 질병 · 장해 또는 사망은 업무상의 재해로 보지 아니한다.
- 사고 중에서 출퇴근 경로 일탈 또는 중단이 있는 경우에는 해당 일탈 또는 중단 중의 사고 및 그 후의 이동 중의 사고에 대하여는 출퇴근 재해로 보지 아니한다.

○ 업무상질병판정위원회(제38조)
업무상 질병의 인정 여부를 심의하기 위하여 근로복지공단 소속에 업무상질병판정위원회를 둔다.

(4) 산재보험료
○ 보험료(제4조)
이 법에 따른 보험사업의 비용에 충당하기 위하여 징수하는 보험료나 그 외 징수금에 관하여는 고용보험 및 산업재해보상보험의 보험료징수 등에 관한 법률에서 정하는 바에 따른다.

○ 국가의 부담 및 지원(제3조)
- 국가는 회계연도마다 예산의 범위에서 보험사업의 사무 집행에 드는 비용을 일반회계에서 부담한다.
- 국가는 회계연도마다 예산의 범위에서 보험사업에 드는 비용의 일부를 지원할 수 있다.

○ 산업재해보상보험 및 예방기금의 설치 및 조성(제95조)
- 고용노동부장관은 보험사업, 산업재해 예방 사업에 필요한 재원을 확보하고, 보험급여에 충당하기 위하여 산업재해보상보험 및 예방기금을 설치한다.
- 기금은 보험료, 기금운용 수익금, 적립금, 기금의 결산상 잉여금, 정부 또는 정부 아닌 자의 출연금 및 기부금, 차입금, 그 밖의 수입금을 재원으로 하여 조성한다.

- 정부는 산업재해 예방 사업을 수행하기 위하여 회계연도마다 기금지출예산 총액의 100분의 3의 범위에서 정부의 출연금으로 세출예산에 계상(計上)하여야 한다.

3. 관리운영체계 및 수급자의 권리보호 등

(1) 관리운영체계
○ **산재보험의 관장(제2조)**
이 법에 따른 산업재해보상보험사업은 고용노동부장관이 관장한다.

○ **근로복지공단의 설립(제10조)**
- 고용노동부장관의 위탁을 받아 목적을 달성하기 위한 사업을 효율적으로 수행하기 위하여 근로복지공단을 설립하며, 공단은 법인으로 한다.

(2) 수급자의 권리보호 등
○ **심사청구(제103조)**
- 공단의 결정 등에 불복하는 자는 근로복지공단에 심사청구를 할 수 있다.
- 심사청구는 그 보험급여 결정 등을 한 공단의 소속 기관을 거쳐 공단에 제기하여야 하며, 보험급여 결정 등이 있음을 안 날부터 90일 이내에 하여야 한다.
- 심사청구서를 받은 공단의 소속 기관은 5일 이내에 의견서를 첨부하여 공단에 보내야 하며, 보험급여 결정 등에 대하여는 행정심판법에 따른 행정심판을 제기할 수 없다.
- 산업재해보상보험심사위원회(제104조): 심사청구를 심의하기 위하여 근로복지공단에 관계 전문가 등으로 구성되는 산업재해보상보험심사위원회를 둔다.

○ **재심사청구(제106조)**
- 심사청구에 대한 결정에 불복하는 자는 산업재해보상보험재심사위원회에 재심사청구를 할 수 있다. 다만, 판정위원회의 심의를 거친 보험급여에 관한 결정에 불복하는 자는 심사청구를 하지 아니하고 재심사청구를 할 수 있다.
- 재심사청구는 그 보험급여 결정 등을 한 공단의 소속 기관을 거쳐 산업재해보상보험재심사위원회에 제기하여야 한다.

- 재심사청구는 심사청구에 대한 결정이 있음을 안 날부터 90일 이내에 제기하여야 한다.
- 산업재해보상보험재심사위원회(제107조): 재심사청구를 심리 · 재결하기 위하여 고용노동부에 산업재해보상보험재심사위원회를 둔다.

○ 시효(제112조)
- 산재보험 의료기관의 권리, 약국의 권리, 보험가입자의 권리, 국민건강보험공단 등의 권리는 3년간 행사하지 아니하면 시효로 소멸한다.
- 다만, 보험급여를 받을 권리 중 장해급여, 유족급여, 장의비, 진폐보상연금 및 진폐유족연금을 받을 권리는 5년간 행사하지 아니하면 시효의 완성으로 소멸한다.

上 · 中 · 下

01) 산업재해보상보험법상 업무상 사고에 해당하지 않는 것은? (18회 기출)

① 출장기간 중 발생한 모든 사고

② 근로자가 근로계약에 따른 업무나 그에 따르는 행위를 하던 중 발생한 사고

③ 휴게시간 중 사업주의 지배관리하에 있다고 볼 수 있는 행위로 발생한 사고

④ 사업주가 주관하거나 사업주의 지시에 따라 참여한 행사나 행사준비 중에 발생한 사고

⑤ 사업주가 제공한 시설물 등을 이용하던 중 그 시설물 등의 결함이나 관리소홀로 발생한 사고

해설

① 산재보험법시행령 제27조 제2항에 의하면 사업주의 지시를 받아 사업장 밖에서 업무수행 중 발생한 사고는 업무상 사고로 보지만 출장기간 중 발생한 모든 사고에 대해 산재사고로 인정하지는 않는다.

〈 정답 ① 〉

上 · 中 · **下**

02) 산업재해보상보험법상 보험급여의 종류별로 명시되지 않은 것은? (17회 기출)

① 휴업급여　　　　　　② 구직급여　　　　　　③ 유족급여

④ 상병보상연금　　　　⑤ 장해급여

해설

산업재해보상보험법 제36조(보험급여의 종류와 산정 기준 등): 요양급여, 휴업급여, 장해급여, 간병급여, 유족급여, 직업재활급여, 상병(傷病) 보상연금, 장의비(葬儀費) 등

② 구직급여는 고용보험법상 급여의 종류에 해당된다.

〈 정답 ② 〉

제4절 고용보험법

1. 고용보험법의 개요

(1) 용어의 정의(제2조)

- 피보험자: 고용보험 및 산업재해보상보험의 보험료징수 등에 관한 법률에 따라 보험에 가입되거나 가입된 것으로 보는 근로자, 보험료징수법에 따라 고용보험에 가입하거나 가입된 것으로 보는 자영업자를 말한다.
- 이직(離職): 피보험자와 사업주 사이의 고용관계가 끝나게 되는 것을 말한다.
- 실업: 근로의사와 능력이 있음에도 불구하고 취업하지 못한 상태에 있는 것을 말한다.
- 실업의 인정: 직업안정기관의 장이 수급자격자가 실업한 상태에서 적극적으로 직업을 구하기 위하여 노력하고 있다고 인정하는 것을 말한다.
- 보수: 소득세법에 따른 근로소득에서 대통령령으로 정하는 금품을 뺀 금액을 말한다.
- 일용근로자: 1개월 미만 동안 고용되는 자를 말한다.

(2) 가입대상

○ 적용 범위(제8조)

이 법은 근로자를 사용하는 모든 사업 또는 사업장에 적용한다. 다만, 산업별 특성 및 규모 등을 고려하여 대통령령으로 정하는 사업에 대하여는 적용하지 아니한다.

○ 적용 제외(제10조)

- 소정(所定)근로시간이 대통령령으로 정하는 시간 미만인 사람
- 국가공무원법과 지방공무원법에 따른 공무원
- 사립학교교직원 연금법의 적용을 받는 사람
- 그 밖에 대통령령으로 정하는 사람
- 65세 이후에 고용되거나 자영업을 개시한 사람에게는 실업급여, 육아휴직급여 등을 적용하지 아니한다.

(3) 피보험자

○ 피보험자격의 취득일(제13조)

- 피보험자는 이 법이 적용되는 사업에 고용된 날에 피보험격을 취득한다. 다만, 다음의 경우에는 각각 그 해당되는 날에 피보험자격을 취득한 것으로 본다.
  - 적용 제외 근로자였던 자가 이 법의 적용을 받게 된 경우에는 그 적용을 받게 된 날
  - 보험료징수법에 따른 보험관계 성립일 전에 고용된 근로자의 경우에는 그 보험관계가 성립한 날
- 자영업자인 피보험자는 보험관계가 성립한 날에 피보험자격을 취득한다.

○ 피보험자격의 상실일(제14조)
- 피보험자는 다음의 어느 하나에 해당하는 날에 각각 그 피보험자격을 상실한다.
  - 피보험자가 이직한 경우에는 이직한 날의 다음 날
  - 피보험자가 사망한 경우에는 사망한 날의 다음 날
  - 피보험자가 적용제외 근로자에 해당하게 된 경우에는 그 적용 제외 대상자가 된 날
  - 보험료징수법에 따라 보험관계가 소멸한 경우에는 그 보험관계가 소멸한 날
- 자영업자인 피보험자는 보험료징수법의 규정에 따라 보험관계가 소멸한 날에 피보험자격을 상실한다.

2. 고용보험급여의 종류 및 재원

(1) 실업급여의 종류(제37조): 구직급여, 취업촉진수당
① 구직급여: 구직급여, 연장급여(훈련연장급여, 개별연장급여, 특별연장급여)
② 취업촉진수당: 조기(早期)재취업수당, 직업능력개발수당, 광역구직활동비, 이주비

(2) 구직급여
○ 구직급여의 수급요건(제40조)
- 구직급여는 이직한 피보험자가 다음의 요건을 모두 갖춘 경우에 지급한다.
  - 기준기간 동안의 피보험 단위기간이 합산하여 180일 이상일 것
  - 근로의 의사와 능력이 있음에도 불구하고 취업하지 못한 상태에 있을 것
  - 이직사유가 수급자격의 제한 사유에 해당하지 아니할 것
  - 재취업을 위한 노력을 적극적으로 할 것

- 기준기간은 이직일 이전 18개월로 하되, 피보험자가 별도 기준에 해당하는 경우에는 그 기간을 기준기간으로 한다.

○ **실업의 신고(제42조)**
- 구직급여를 지급받으려는 사람은 이직 후 지체 없이 직업안정기관에 출석하여 실업을 신고하여야 한다.
- 실업의 신고에는 구직 신청과 수급자격의 인정신청을 포함하여야 한다.
- 실업을 신고하려는 사람은 이직하기 전 사업주에게 피보험단위기간, 이직 전 1일 소정근로시간 등을 확인할 수 있는 자료의 발급을 요청할 수 있다.

○ **실업의 인정(제44조)**
구직급여는 수급자격자가 실업한 상태에 있는 날 중에서 직업안정기관의 장으로부터 실업의 인정을 받은 날에 대하여 지급한다.

○ **급여의 기초가 되는 임금일액(제45조)**
- 구직급여의 산정 기초가 되는 임금일액은 수급자격의 인정과 관련된 마지막 이직 당시 근로기준법에 따라 산정된 평균임금으로 한다.
- 산정된 기초일액이 최저임금법에 따른 금액보다 낮은 경우에는 최저기초일액을 기초일액으로 한다.

○ **구직급여일액(제46조)**
- 제45조 제1항부터 제3항까지 및 제5항의 경우에는 그 수급자격자의 기초일액에 100분의 60을 곱한 금액으로 한다.
- 최저임금액보다 낮은 경우에는 그 수급자격자의 기초일액에 100분의 80을 곱한 금액(최저구직급여일액)으로 한다.
- 구직급여일액이 최저구직급여일액보다 낮은 경우에는 최저구직급여일액을 그 수급자격자의 구직급여일액으로 한다.

○ **수급기간 및 수급일수(제48조)**
- 구직급여는 이 법에 따로 규정이 있는 경우 외에는 그 구직급여의 수급자격과 관련된 이직

일의 다음 날부터 계산하기 시작하여 12개월 내에 소정급여일수를 한도로 하여 지급한다.

○ **대기기간(제49조)**
- 실업의 신고일 부터 계산하기 시작하여 7일간은 대기기간으로 보아 구직급여를 지급하지 아니한다.
- 다만, 최종 이직 당시 건설일용근로자였던 사람에 대해서는 실업의 신고일부터 계산하여 구직급여를 지급한다.

○ **이직사유에 따른 수급자격의 제한(제58조): 피보험자가 다음의 어느 하나에 해당한다고 직업안정기관의 장이 인정하는 경우에는 수급자격이 없는 것으로 본다.**
- 중대한 귀책사유(歸責事由)로 해고된 피보험자로서 다음의 어느 하나에 해당하는 경우
  - 형법 또는 직무와 관련된 법률을 위반하여 금고 이상의 형을 선고받은 경우
  - 사업에 막대한 지장을 초래하거나 재산상 손해를 끼친 경우로서 고용노동부령으로 정하는 기준에 해당하는 경우
  - 정당한 사유 없이 근로계약 또는 취업규칙 등을 위반하여 장기간 무단결근한 경우
- 자기 사정으로 이직한 피보험자로서 다음의 어느 하나에 해당하는 경우
  - 전직 또는 자영업을 하기 위하여 이직한 경우
  - 중대한 귀책사유가 있는 자가 해고되지 아니하고 사업주의 권고로 이직한 경우
  - 그 밖에 고용노동부령으로 정하는 정당한 사유에 해당하지 아니하는 사유로 이직한 경우

(3) 연장급여
- <u>훈련연장급여</u>(제51조): 직업안정기관의 장은 수급자격자의 연령·경력 등을 고려할 때 재취업을 위하여 직업능력개발 훈련 등이 필요하면 그 수급자격자에게 직업능력개발 훈련 등을 받도록 지시할 수 있으며, 지급기간은 대통령령으로 정하는 기간을 한도로 한다.
- <u>개별연장급여</u>(제52조): 직업안정기관의 장은 취업이 특히 곤란하고 생활이 어려운 수급자격자로서 대통령령으로 정하는 자에게는 60일의 범위 내에서 그가 실업의 인정을 받은 날에 대하여 소정급여일수를 초과하여 구직급여를 연장하여 지급할 수 있다.
- <u>특별연장급여</u>(제53조): 고용노동부장관은 실업의 급증 등 대통령령으로 정하는 사유가 발생한 경우에는 60일의 범위에서 수급자격자가 실업의 인정을 받은 날에 대하여 소정급여

일수를 초과하여 구직급여를 연장하여 지급할 수 있다.

(4) 취업촉진수당

- 조기재취업수당(제64조): 수급자격자가 안정된 직업에 재취직하거나 스스로 영리를 목적으로 하는 사업을 영위하는 경우로서 대통령령으로 정하는 기준에 해당하면 지급한다.
- 직업능력개발수당(제65조): 수급자격자가 직업안정기관의 장이 지시한 직업능력개발 훈련 등을 받는 경우에 그 직업능력개발 훈련 등을 받는 기간에 대하여 지급한다.
- 광역구직활동비(제66조): 수급자격자가 직업안정기관의 소개에 따라 광범위한 지역에 걸쳐 구직 활동을 하는 경우로서 대통령령으로 정하는 기준에 따라 직업안정기관의 장이 필요하다고 인정하면 지급할 수 있다.
- 이주비(제67조): 수급자격자가 취업하거나 직업안정기관의 장이 지시한 직업능력개발 훈련 등을 받기 위하여 그 주거를 이전하는 경우로서 대통령령으로 정하는 기준에 따라 직업안정기관의 장이 필요하다고 인정하면 지급할 수 있다.

(5) 육아휴직급여(제70조)

- 고용노동부장관은 남녀고용평등과 일·가정 양립 지원에 관한 법률에 따른 육아휴직을 30일 이상 부여받은 피보험자 중 육아휴직을 시작한 날 이전에 피보험 단위기간이 합산하여 180일 이상인 피보험자에게 육아휴직 급여를 지급한다.
- 육아휴직 급여를 지급받으려는 사람은 육아휴직을 시작한 날 이후 1개월부터 육아휴직이 끝난 날 이후 12개월 이내에 신청하여야 한다.

(6) 육아기 근로시간 단축 급여(제73조의2)

- 고용노동부장관은 남녀고용평등과 일·가정 양립 지원에 관한 법률에 따른 육아기 근로시간 단축을 30일 이상 실시한 피보험자 중 육아기 근로시간 단축을 시작한 날 이전에 피보험단위기간이 합산하여 180일 이상인 피보험자에게 육아기근로시간 단축급여를 지급한다.
- 육아기 근로시간 단축 급여를 지급받으려는 사람은 육아기 근로시간 단축을 시작한 날 이후 1개월부터 끝난 날 이후 12개월 이내에 신청하여야 한다.

(7) 출산전후휴가 급여(제75조)

- 고용노동부장관은 남녀고용평등과 일ㆍ가정 양립 지원에 관한 법률에 따라 피보험자가 출산전후휴가 또는 유산ㆍ사산휴가를 받은 경우와 남녀고용평등과 일ㆍ가정 양립 지원에 관한 법률에 따른 배우자 출산휴가를 받은 경우로서 다음의 요건을 모두 갖춘 경우에 출산전후휴가 급여 등을 지급한다.
  - 휴가가 끝난 날 이전에 피보험 단위기간이 합산하여 180일 이상일 것
  - 휴가를 시작한 날 이후 1개월부터 휴가가 끝난 날 이후 12개월 이내에 신청할 것

> **자영업자인 피보험자에 대한 실업급여 적용의 특례**
> 자영업자인 피보험자의 실업급여의 종류(제69조의2): 자영업자인 피보험자의 실업급여의 종류는 구직급여와 취업촉진수당이 있으며, 연장급여와 조기재취업 수당은 제외한다.

(8) 고용보험의 재원

○ 고용보험료(제6조)

- 이 법에 따른 보험사업에 드는 비용을 충당하기 위하여 징수하는 보험료와 그 밖의 징수금에 대하여는 보험료징수법으로 정하는 바에 따른다.
- 보험료징수법에 따라 징수된 고용안정ㆍ직업능력개발 사업의 보험료 및 실업급여의 보험료는 각각 그 사업에 드는 비용에 충당한다.
- 자영업자인 피보험자로부터 보험료징수법에 따라 징수된 고용안정ㆍ직업능력개발 사업의 보험료 및 실업급여의 보험료는 각각 자영업자인 피보험자를 위한 그 사업에 드는 비용에 충당한다.

○ 국고의 부담(제5조)

- 국가는 매년 보험사업에 드는 비용의 일부를 일반회계에서 부담하여야 한다.
- 국가는 예산의 범위에서 보험사업의 관리ㆍ운영에 드는 비용을 부담할 수 있다.

○ 고용보험기금

- 기금의 설치 및 조성(제78조): 고용노동부장관은 보험사업에 필요한 재원에 충당하기 위하여 고용보험기금을 설치하며, 기금은 보험료와 징수금ㆍ적립금ㆍ기금운용 수익금과 그 밖의 수입으로 조성한다.
- 기금의 관리ㆍ운용(제79조): 기금은 고용노동부장관이 관리ㆍ운용하며, 기금의 관리ㆍ운

용에 관한 세부 사항은 국가재정법의 규정에 따른다.

3. 관리운영체계 및 수급자의 권리보호 등

(1) 관리운영체계
○ **보험의 관장(제3조): 고용보험은 고용노동부장관이 관장한다.**
○ **고용보험위원회(제7조)**
- 이 법 및 보험료징수법의 시행에 관한 주요 사항을 심의하기 위하여 고용노동부에 고용보험위원회를 둔다.
- 위원회는 보험제도 및 보험사업의 개선에 관한 사항, 보험료징수법에 따른 보험료율의 결정에 관한 사항, 보험사업의 평가에 관한 사항, 기금운용 계획의 수립 및 기금의 운용 사항 등의 사항을 심의한다.
- 위원회는 위원장 1명을 포함한 20명 이내의 위원으로 구성하며, 위원회의 위원장은 고용노동부차관이 된다.
- 위원은 근로자 대표, 사용자 대표, 공익 대표, 정부 대표를 같은 수로 고용노동부장관이 임명 또는 위촉하는 사람이 된다.

(2) 수급자의 권리보호 등
○ **심사와 재심사(제87조)**
- 피보험자격의 취득·상실에 대한 확인, 실업급여 및 육아휴직 급여와 출산전후휴가 급여 등에 관한 처분에 이의가 있는 자는 고용심사관에게 심사청구를 할 수 있다.
- 심사청구의 결정에 이의가 있는 자는 고용보험심사위원회에 재심사청구를 할 수 있다.
- 심사의 청구는 처분이 있음을 안 날부터 90일 이내에, 재심사의 청구는 심사청구에 대한 결정이 있음을 안 날부터 90일 이내에 각각 제기하여야 한다.

○ **수급권의 보호**
- 수급권의 보호(제38조): 실업급여를 받을 권리는 양도 또는 압류하거나 담보로 제공할 수 없다. 지정된 실업급여수급계좌의 예금 중 대통령령으로 정하는 액수 이하의 금액에 관한 채권은 압류할 수 없다.

- 불이익 처우의 금지(제105조): 사업주는 근로자가 확인의 청구를 한 것을 이유로 그 근로자에게 해고나 그 밖의 불이익한 처우를 하여서는 아니 된다.
- 소멸시효(제107조): 지원금·실업급여·육아휴직 급여 또는 출산전후휴가 급여 등을 지급받거나 그 반환을 받을 권리는 3년간 행사하지 아니하면 시효로 소멸한다.

⟨ TEST ⟩

上·中·下

01) 고용보험법의 내용으로 옳은 것은? (18회 기출)

① 고용노동부장관은 보험사업에 대하여 3년마다 평가를 하여야 한다.

② 국가는 매년 보험사업에 드는 비용의 20%를 특별회계에서 부담하여야 한다.

③ 피보험자는 이 법이 적용되는 사업에 고용된 날의 다음 달부터 피보험자격을 취득한다.

④ 실업급여로서 지급된 금품에 대하여 국가는「국세기본법」에 따른 모든 공과금을 부과하여야 한다.

⑤ 고용보험사업으로 고용안정 · 직업능력개발 사업, 실업급여, 육아휴직 급여 및 산전 · 후 휴가 급여 등을 실시한다.

해설

① 고용노동부장관은 보험사업에 대하여 상시적이고 체계적인 평가를 하여야 한다.

② 국가는 매년 보험사업에 드는 비용의 일부를 일반회계에서 부담하여야 한다.

③ 피보험자는 이 법이 적용되는 사업에 고용된 날부터 피보험자격을 취득한다.

④ 실업급여로서 지급된 금품에 대하여는 국가나 지방자치단체의 공과금을 부과하지 않는다. ⟨ 정답 ⑤ ⟩

上·中·下

02) 고용보험법의 내용으로 옳지 않은 것은? (17회 기출)

① 일용근로자는 1개월 미만 동안 고용되는 자를 말한다.

② 실업급여에는 취업촉진수당이 포함되지 않는다.

③ 실업이란 근로의 의사와 능력이 있음에도 불구하고 취업하지 못한 상태에 있는 것을 말한다.

④ 구직급여를 지급받으려는 자는 이직 후 지체없이 직업안정기관에 출석하여 실업을 신고하여야 한다.

⑤ 65세 이후에 고용되거나 자영업을 개시한 자에 대한 고용안정 및 직업능력개발사업에 관하여는 이 법을 적용한다.

해설

고용보험법 제37조(실업급여의 종류) 참조

• 실업급여: 구직급여, 취업촉진수당

• 취업촉진수당: 조기(早期)재취업수당, 직업능력개발 수당, 광역 구직활동비, 이주비 등 ⟨ 정답 ② ⟩

제5절 노인장기요양보험법

1. 노인장기요양보험법의 개요

(1) 목적(제1조)
고령이나 노인성 질병 등의 사유로 일상생활을 혼자서 수행하기 어려운 노인 등에게 제공하는 신체활동 또는 가사활동 지원 등의 장기요양급여에 관한 사항을 규정하여 노후의 건강증진 및 생활안정을 도모하고 그 가족의 부담을 덜어줌으로써 국민의 삶의 질을 향상하도록 함을 목적으로 한다.

(2) 용어의 정의(제2조)
• 노인 등: 65세 이상의 노인 또는 65세 미만의 자로서 치매·뇌혈관성질환 등 대통령령으로 정하는 노인성 질병을 가진 자를 말한다.
• 장기요양급여: 6개월 이상 동안 혼자서 일상생활을 수행하기 어렵다고 인정되는 자에게 신체활동·가사활동의 지원 또는 간병 등의 서비스나 이에 갈음하여 지급하는 현금 등을 말한다.
• 장기요양사업: 장기요양보험료, 국가 및 지방자치단체의 부담금 등을 재원으로 하여 노인 등에게 장기요양급여를 제공하는 사업을 말한다.
• 장기요양기관: 제31조에 따른 지정을 받은 기관으로서 장기요양급여를 제공하는 기관을 말한다.
• 장기요양요원: 장기요양기관에 소속되어 노인 등의 신체활동 또는 가사활동 지원 등의 업무를 수행하는 자를 말한다.

(3) 장기요양기본계획(제6조)
보건복지부장관은 노인 등에 대한 장기요양급여를 원활하게 제공하기 위하여 5년 단위로 연도별 장기요양급여 대상인원 및 재원조달계획과 장기요양기관 및 장기요양 전문인력 관리방안 등이 포함된 장기요양기본계획을 수립·시행하여야 한다.

(4) 실태조사(제6조의 2)
• 보건복지부장관은 장기요양사업의 실태를 파악하기 위하여 3년마다 장기요양인정에 관한

사항 등에 관한 조사를 정기적으로 실시하고 그 결과를 공표하여야 한다.

(5) 장기요양보험의 가입자(제7조)

• 장기요양보험의 가입자는 국민건강보험법에 따른 가입자로 한다.
• 공단은 외국인근로자의 고용 등에 관한 법률에 따른 외국인근로자 등 대통령령으로 정하는 외국인이 신청하는 경우 보건복지부령으로 정하는 바에 따라 장기요양보험 가입자에서 제외할 수 있다.

(6) 보험료의 징수(제8조)

• 공단은 장기요양사업에 사용되는 비용에 충당하기 위하여 장기요양보험료를 징수한다.
• 장기요양보험료는 국민건강보험법에 따른 보험료와 통합하여 징수한다. 이 경우 공단은 장기요양보험료와 건강보험료를 구분하여 고지하여야 한다.
• 공단은 통합징수한 장기요양보험료와 건강보험료를 각각의 독립회계로 관리하여야 한다.

(7) 국가의 부담(제58조)

• 국가는 매년 예산의 범위 안에서 당해 연도 장기요양보험료 예상수입액의 100분의 20에 상당하는 금액을 공단에 지원한다.
• 국가와 지방자치단체는 대통령령으로 정하는 바에 따라 의료급여 수급권자의 장기요양급여비용, 의사소견서 발급비용, 방문간호지시서 발급비용 중 공단이 부담하여야 할 비용 및 관리운영비의 전액을 부담한다.

2. 장기요양인정 및 장기요양기관 등

(1) 장기요양인정

장기요양인정의 신청자격(제12조): 장기요양보험가입자 또는 그 피부양자, 의료급여법에 따른 수급권자 중 자격규정에 해당하는 자는 장기요양인정을 신청할 수 있다.

(2) 등급판정 등

○ 등급판정 등(제15조)

- 공단은 조사가 완료된 때 조사결과서, 신청서, 의사소견서, 그 밖에 심의에 필요한 자료를 등급판정위원회에 제출하여야 한다.
- 등급판정위원회는 신청인이 신청자격요건을 충족하고 6개월 이상 동안 혼자서 일상생활을 수행하기 어렵다고 인정하는 경우 심신상태 및 장기요양이 필요한 정도 등 대통령령으로 정하는 등급판정기준에 따라 수급자로 판정한다.

○ 장기요양등급판정기간(제16조)

등급판정위원회는 신청인이 신청서를 제출한 날부터 30일 이내에 장기요양등급판정을 완료하여야 한다. 부득이한 사유가 있는 경우 30일 이내의 범위에서 이를 연장할 수 있다.

○ 장기요양인정서(제17조)

- 공단은 등급판정위원회가 장기요양인정 및 등급판정의 심의를 완료한 경우 지체 없이 다음의 사항이 포함된 장기요양인정서를 작성하여 수급자에게 송부하여야 한다.
  - 장기요양등급, 장기요양급여의 종류 및 내용
  - 그 밖에 장기요양급여에 관한 사항으로서 보건복지부령으로 정하는 사항
- 공단은 장기요양인정서를 송부하는 때 장기요양급여를 원활히 이용할 수 있도록 월 한도액 범위 안에서 표준장기요양이용계획서를 작성하여 이를 함께 송부하여야 한다.

(3) 장기요양기관

○ 장기요양기관의 지정(제31조)

- 재가급여 또는 시설급여를 제공하는 장기요양기관을 운영하려는 자는 소재지를 관할 시장ㆍ군수ㆍ구청장으로부터 지정을 받아야 한다.
- 장기요양기관으로 지정받으려는 자는 보건복지부령으로 정하는 장기요양에 필요한 시설 및 인력을 갖추어야 한다.
- 장기요양시설은 노인복지법에 따른 노인복지시설 중 대통령령으로 정하는 시설로 한다.
- 재가급여를 제공하는 장기요양기관 중 의료기관이 아닌 자가 설치ㆍ운영하는 장기요양기관이 방문간호를 제공하는 경우에는 방문간호의 관리책임자로서 간호사를 둔다.

○ 장기요양기관 지정의 유효기간(제32조의3)

- 장기요양기관 지정의 유효기간은 지정을 받은 날부터 <u>6년</u>으로 한다.

3. 장기요양급여

(1) 장기요양급여의 종류(제23조)

○ 재가급여

- 방문요양: 장기요양요원이 수급자의 가정 등을 방문하여 신체활동 및 가사활동 등을 지원하는 장기요양급여를 말한다.
- 방문목욕: 장기요양요원이 목욕설비를 갖춘 장비를 이용하여 수급자의 가정 등을 방문하여 목욕을 제공하는 장기요양급여를 말한다.
- 방문간호: 장기요양요원인 간호사 등이 의사, 한의사 또는 치과의사의 지시서에 따라 수급자의 가정 등을 방문하여 간호, 진료의 보조, 요양에 관한 상담 또는 구강위생 등을 제공하는 장기요양급여를 말한다.
- 주·야간보호: 수급자를 하루 중 일정한 시간 동안 장기요양기관에 보호하여 신체활동 지원 및 심신기능의 유지·향상을 위한 교육·훈련 등을 제공하는 장기요양급여를 말한다.
- 단기보호: 수급자를 보건복지부령으로 정하는 범위 안에서 일정 기간 동안 장기요양기관에 보호하여 신체활동 지원 및 심신기능의 유지·향상을 위한 교육·훈련 등을 제공하는 장기요양급여를 말한다.
- 기타 재가급여: 수급자의 일상생활·신체활동 지원 및 인지기능의 유지·향상에 필요한 용구를 제공하거나 가정을 방문하여 재활에 관한 지원 등을 제공하는 장기요양급여로서 대통령령으로 정하는 것을 말한다.

○ 시설급여

장기요양기관이 운영하는 노인복지법에 따른 노인의료복지시설 등에 장기간 동안 입소하여 신체활동 지원 및 심신기능의 유지·향상을 위한 교육·훈련 등을 제공하는 장기요양급여를 말한다.

○ 특별현금급여

- 가족요양비(제24조): 수급자가 가족 등으로부터 방문요양에 상당한 장기요양급여를 받은 때 대통령령으로 정하는 기준에 따라 당해 수급자에게 가족요양비를 지급할 수 있다.
  - 도서·벽지 등 장기요양기관이 현저히 부족한 지역으로서 보건복지부장관이 정하여 고시하는 지역에 거주하는 자

- 천재지변이나 그 밖에 이와 유사한 사유로 인하여 장기요양기관이 제공하는 장기요양급여를 이용하기가 어렵다고 보건복지부장관이 인정하는 자
- 신체 · 정신 또는 성격 등 대통령령으로 정하는 사유로 인하여 가족 등으로부터 장기요양을 받아야 하는 자

- **특례요양비**(제25조): 공단은 수급자가 장기요양기관이 아닌 노인요양시설 등의 기관 또는 시설에서 재가급여 또는 시설급여에 상당한 장기요양급여를 받은 경우 대통령령으로 정하는 기준에 따라 당해 장기요양급여비용의 일부를 당해 수급자에게 특례요양비로 지급할 수 있다.
- **요양병원간병비**(제26조): 공단은 수급자가 의료법에 따른 요양병원에 입원한 때 대통령령으로 정하는 기준에 따라 장기요양에 사용되는 비용의 일부를 요양병원간병비로 지급할 수 있다.

(2) 재가 및 시설급여비용

○ 재가 및 시설급여비용의 청구 및 지급 등(제38조)

장기요양기관은 수급자에게 재가급여 또는 시설급여를 제공한 경우 공단에 장기요양급여비용을 청구하여야 한다.

○ 본인일부부담금(제40조)

- 재가 및 시설 급여비용은 다음과 같이 수급자가 부담한다. 다만, 수급자 중 의료급여법에 따른 수급자는 그러하지 아니하다.
  - 재가급여: 당해 장기요양급여비용의 100분의 15
  - 시설급여: 당해 장기요양급여비용의 100분의 20
- 다음의 장기요양급여에 대한 비용은 수급자 본인이 전부 부담한다.
  - 이 법의 규정에 따른 급여의 범위 및 대상에 포함되지 아니하는 장기요양급여
  - 수급자가 장기요양인정서에 기재된 장기요양급여의 종류 및 내용과 다르게 선택하여 장기요양급여를 받은 경우 그 차액
  - 장기요양급여의 월 한도액을 초과하는 장기요양급여
- 다음의 어느 하나에 해당하는 자에 대해서는 본인부담금의 100분의 60의 범위에서 보건복지부장관이 정하는 바에 따라 차등하여 감경할 수 있다.
  - 의료급여법에 따른 수급권자

- 소득·재산 등이 보건복지부장관이 정하여 고시하는 일정 금액 이하인 자. 다만, 도서·벽지·농어촌 등의 지역에 거주하는 자는 따로 금액을 정할 수 있다.
- 천재지변 등 보건복지부령으로 정하는 사유로 인하여 생계가 곤란한 자

4. 관리운영체계 및 수급자의 권리보호

(1) 관리운영체계
○ 관장 및 보험자(제7조)
- 장기요양보험사업은 보건복지부장관이 관장한다.
- 장기요양보험사업의 보험자는 건강보험공단으로 한다.

○ 관리운영기관(제48조)
- 장기요양사업의 관리운영기관은 건강보험공단으로 한다.,
- 공단은 장기요양보험가입자 및 그 피부양자와 의료급여수급권자의 자격관리, 장기요양보험료의 부과·징수, 신청인에 대한 조사, 등급판정위원회의 운영 및 장기요양등급 판정 등의 업무를 담당한다.

○ 장기요양위원회의 설치 및 기능(제45조)
- 보건복지부장관 소속으로 장기요양위원회를 둔다.
- 장기요양보험료율, 가족요양비, 특례요양비 및 요양병원간병비의 지급기준, 재가 및 시설급여비용, 그 밖에 대통령령으로 정하는 주요 사항을 심의한다.

○ 등급판정위원회(제52조)
- 장기요양인정 및 장기요양등급 판정 등을 심의하기 위하여 건강보험공단에 장기요양등급판정위원회를 둔다.
- 등급판정위원회는 특별자치도·시·군·구 단위로 설치한다.

(2) 수급자의 권리보호
○ 심사청구(제55조)

- 장기요양인정 · 장기요양등급 · 장기요양급여 · 부당이득 · 장기요양급여비용 또는 장기요양보험료 등에 관한 공단의 처분에 이의가 있는 자는 공단에 심사청구를 할 수 있다.
- 심사청구는 그 처분이 있음을 안 날부터 90일 이내에 문서로 하여야 하며, 처분이 있은 날부터 180일을 경과하면 이를 제기하지 못한다.
- 심사청구사항을 심사하기 위하여 건강보험공단에 장기요양심사위원회를 둔다.

○ 재심사청구(제56조)

- 심사청구에 대한 결정에 불복하는 사람은 그 결정통지를 받은 날부터 90일 이내에 장기요양재심사위원회에 재심사를 청구할 수 있다.
- 재심사위원회는 보건복지부장관 소속으로 두고, 위원장 1인을 포함한 20인 이내의 위원으로 구성한다.
- 재심사위원회의 위원은 관계 공무원, 법학, 그 밖에 장기요양사업 분야의 학식과 경험이 풍부한 자 중에서 보건복지부장관이 임명 또는 위촉한다. 이 경우 공무원이 아닌 위원이 전체 위원의 과반수가 되도록 하여야 한다.

○ 행정심판과의 관계(제56조의2)

- 재심사위원회의 재심사에 관한 절차에 관하여는 행정심판법을 준용한다.
- 재심사청구 사항에 대한 재심사위원회의 재심사를 거친 경우에는 행정심판법에 따른 행정심판을 청구할 수 없다.

○ 행정소송(제57조)

공단의 처분에 이의가 있는 자와 심사청구 또는 재심사청구에 대한 결정에 불복하는 자는 행정소송법으로 정하는 바에 따라 행정소송을 제기할 수 있다.

○ 수급권의 보호(제66조)

- 장기요양급여를 받을 권리는 양도 또는 압류하거나 담보로 제공할 수 없다.
- 특별현금급여 수급계좌의 예금에 관한 채권은 압류할 수 없다.

上·**中**·下

01) 노인장기요양보험법상 장기요양급여 제공의 기본원칙에 해당하는 것을 모두 고른 것은?

(18회 기출)

> ㄱ. 노인 등의 심신상태나 건강 등이 악화되지 아니하도록 의료서비스와 연계하여 이를 제공하여야 한다.
>
> ㄴ. 노인 등이 자신의 의사와 능력에 따라 최대한 자립적으로 일상생활을 수행할 수 있도록 제공하여야 한다.
>
> ㄷ. 노인 등이 가족과 함께 생활하면서 가정에서 장기요양을 받는 재가급여를 우선적으로 제공하여야 한다.
>
> ㄹ. 노인 등의 심신상태·생활환경과 노인등 및 그 가족의 욕구·선택을 종합적으로 고려하여 필요한 범위 안에서 이를 적정하게 제공하여야 한다.

① ㄴ, ㄹ
② ㄱ, ㄴ, ㄷ
③ ㄱ, ㄷ, ㄹ
④ ㄴ, ㄷ, ㄹ
⑤ ㄱ, ㄴ, ㄷ, ㄹ

해설

• 모든 보기는 노인장기요양보험법 제3조의 기본원칙에 해당된다.

〈 정답 ⑤ 〉

02) 노인장기요양보험법상 장기요양인정을 신청할 수 있는 자격을 모두 고른 것은?

(17회 기출)

> ㄱ. 65세 미만의 자로서 대통령령으로 정하는 노인성 질병을 가진 자로 의료급여법 제3
>   조 제1항에 따른 수급권자
> ㄴ. 대통령령으로 정하는 노인성 질병이 없는 65세 미만의 외국인으로서 국민건강보험
>   법 제19조에 따른 건강보험의 가입자
> ㄷ. 65세 이상의 노인으로 국민건강보험법 제5조에 따른 건강보험 가입자의 피부양자

① ㄱ

② ㄷ

③ ㄱ, ㄴ

④ ㄱ, ㄷ

⑤ ㄱ, ㄴ, ㄷ

해설

• 노인장기요양보험법 제12조(장기요양인정의 신청자격): 장기요양인정을 신청할 수 있는 자는 노인 등
으로서 장기요양보험가입자 또는 그 피부양자, 의료급여법 제3조 제1항에 따른 수급권자의 자격을 갖
추어야 한다.

〈 정답 ④ 〉

사회보험 관련법률
다음 문장에서 틀린 것을 모두 고르시오.

◆ **국민연금법**

① 수급권을 취득할 당시 가입자였던 자의 태아가 출생하면 그 자녀는 가입자였던 자에 의하여 생계를 유지하고 있던 자녀로 본다.

② 이 법을 적용할 때 배우자의 범위에는 사실상의 혼인관계에 있는 자는 제외된다.

③ 지역가입자의 종류는 사업장가입자와 지역가입자의 2가지로 구분된다.

④ 지역가입자가 사업장가입자의 자격을 취득한 때에는 그에 해당하게 된 날의 다음날에 지역가입자의 자격을 상실한다.

⑤ 수급권자가 사망한 경우 그 수급권자에게 미지급 급여가 있으면 그 급여를 받을 순위는 자녀, 배우자, 부모의 순으로 한다.

⑥ 부담금이란 사업장의 가입자가 부담하는 금액을 말한다.

⑦ 가입자는 사업장가입자, 지역가입자, 임의가입자 및 임의계속가입자로 구분한다.

⑧ 가입자의 가입 종류가 변동되면 그 가입자의 가입기간은 각 종류별 가입기간을 합산한 기간으로 한다.

⑨ 연금액은 지급사유에 따라 기본연금액과 부양가족연금액을 기초로 산정한다.

⑩ 기여금이란 사업장가입자의 사용자가 부담하는 금액을 말한다.

⑪ 사용자란 해당 근로자가 소속되어 있는 사업장의 사업주를 말한다.

⑫ 평균소득월액이란 매년 사업장가입자 및 지역가입자 전원의 기준소득월액을 평균한 금액을 말한다.

⑬ 기준소득월액이란 연금보험료와 급여를 산정하기 위하여 가입자의 소득월액을 기준으로 하여 대통령령으로 정하는 금액을 말한다.

⑭ 사업장이란 근로자를 사용하는 사업소 및 사무소를 말한다.

⑮ 노령연금 수급권자가 사망하면 그 유족에게 유족연금이 지급된다.

⑯ 가입기간이 10년 이상인 가입자가 사망하면 그 유족에게 유족연금이 지급된다.

⑰ 유족연금 수급권자인 배우자가 재혼한 때에는 그 수급권은 소멸한다.

⑱ 자녀인 유족연금수급권자가 다른 사람에게 입양된 때에는 그 수급권은 소멸하지 않는다.

◆ 국민건강보험법

① 국민건강보험공단의 처분에 이의가 있는 자는 건강보험공단에 이의신청을 할 수 있다.

② 건강보험심사평가원의 처분에 이의가 있는 자는 심사평가원에 이의신청을 할 수 있다.

③ 이의신청은 처분이 있은 날로부터 180일을 지나면 제기하지 못하는 것이 원칙이다.

④ 이의신청에 대한 결정에 불복하는 자는 건강보험분쟁조정위원회에 심판청구를 할 수 있다.

⑤ 이의신청에 대한 결정에 불복하는 자는 건강보험분쟁조정위원회에 심판청구를 한 후가 아니면 행정소송을 제기할 수 없다.

◆ 산업재해보상보험법

① 출장기간 중 발생한 모든 사고는 업무상 사고에 해당된다.

② 근로자가 근로계약에 따른 업무나 그에 따르는 행위를 하던 중 발생한 사고는 업무상 사고에 해당된다.

③ 휴게시간 중 사업주의 지배관리하에 있다고 볼 수 있는 행위로 발생한 사고는 업무상 사고에 해당된다.

④ 사업주가 주관하거나 사업주의 지시에 따라 참여한 행사나 행사준비 중에 발생한 사고는 업무상 사고에 해당된다.

⑤ 사업주가 제공한 시설물 등을 이용하던 중 그 시설물 등의 결함이나 관리소홀로 발생한 사고는 업무상 사고에 해당된다.

⑥ 업무상의 사유에 따른 근로자의 부상 · 질병 · 장해 또는 사망은 업무상의 재해이다.

⑦ 근로자란 근로기준법에 따른 근로자를 말한다.

⑧ 사실혼 관계에 있는 배우자는 유족에 포함되지 않는다.

⑨ 치유란 부상 또는 질병이 완치되거나 치료의 효과를 더 이상 기대할 수 없고 그 증상이 고정된 상태에 이르게 된 것을 말한다.

⑩ 진폐(塵肺)란 분진을 흡입하여 폐에 생기는 섬유증식성(纖維增殖性) 변화를 주된 증상으로 하는 질병을 말한다.

⑪ 근로자 5인 미만을 고용하는 사업장에는 적용하지 않는다.

⑫ 업무상의 재해란 업무상의 사유에 따른 근로자의 부상 질병 장해 또는 사망을 말한다.

⑬ 업무상 부상이 3일 이내의 요양으로 치유될 수 있는 경우에는 요양급여를 지급하지 아니한다.

⑭ 근로자의 자해행위로 인한 부상이나 질병은 업무상 재해로 보지 아니한다.

◆ **고용보험법**

① 고용노동부장관은 보험사업에 대하여 3년마다 평가를 하여야 한다.

② 국가는 매년 보험사업에 드는 비용의 20%를 특별회계에서 부담하여야 한다.

③ 피보험자는 이 법이 적용되는 사업에 고용된 날의 다음 달부터 피보험자격을 취득한다.

④ 실업급여로서 지급된 금품에 대하여 국가는 국세기본법에 따른 모든 공과금을 부과하여
야 한다.

⑤ 고용보험사업으로 고용안정 · 직업능력개발 사업, 실업급여, 육아휴직 급여 및 출산전후
휴가급여 등을 실시한다.

⑥ 일용근로자는 1개월 미만 동안 고용되는 자를 말한다.

⑦ 실업급여에는 취업촉진수당이 포함되지 않는다.

⑧ 실업이란 근로의 의사와 능력이 있음에도 불구하고 취업하지 못한 상태에 있는 것을 말한다.

⑨ 구직급여를 지급받으려는 자는 이직 후 지체없이 직업안정기관에 출석하여 실업을 신고
하여야 한다.

⑩ 65세 이후에 고용되거나 자영업을 개시한 자에 대한 고용안정 및 직업능력개발사업에 관
하여는 이 법을 적용한다.

⑪ 육아휴직을 받으려면 육아휴직을 시작한 날 이전 18개월간 피보험 단위기간이 합산하여
180일 이상이어야 한다.

⑫ 피보험자가 육아휴직기간 중에 이직(離職)한 경우에는 그 사실을 직업안정기관의 장에게
신고하여야 한다.

⑬ 직업안정기관의 장은 필요하다고 인정하면 육아휴직 급여 기간 중의 취업여부 등에 대하
여 조사할 수 있다.

⑭ 피보험자가 육아휴직 급여 기간 중에 그 사업에서 이직(離職)한 경우에는 그 이직(離職)하
였을 때부터 육아휴직급여를 지급하지 아니한다.

⑮ 직업안정기관의 장은 거짓으로 육아휴직 급여를 지급 받은 자에게 지급받은 전체 육아휴
직급여의 전부 또는 일부의 반환을 명할 수 있다.

◆ **노인장기요양보험법**

① 노인 등의 심신상태나 건강 등이 악화되지 아니하도록 의료서비스와 연계하여 자신의 의
사와 능력에 따라 최대한 자립적으로 일상생활을 수행할 수 있도록 제공하여야 한다.

③ 노인 등이 가족과 함께 생활하면서 가정에서 장기요양을 받는 재가급여를 우선적으로 제
공하여야 한다.

④ 노인 등의 심신상태·생활환경과 노인 등 및 그 가족의 욕구·선택을 종합적으로 고려하여 필요한 범위 안에서 이를 적정하게 제공하여야 한다.

⑤ 신청자가 직접 신청할 수 없는 사유가 있을 때에는 그 가족이나 친족, 그 밖의 이해관계인이 대리 신청할 수 있다.

⑥ 장기요양보험가입자 또는 그 피부양자는 장기요양인정 신청을 할 수 있다.

⑦ 장기요양인정 신청자는 원칙적으로 의사소견서를 제출하여야 한다.

⑧ 보건복지부장관이 정하여 고시하는 도서·벽지 지역에 거주하는 자는 의사소견서를 제출하지 아니할 수 있다.

⑨ 장기요양등급 변경을 원하는 수급자는 장기요양인정의 갱신 신청을 하여야 한다.

⑩ 수급자로 판정받기 위해서는 신청자격요건을 충족하고 6개월 이상 동안 혼자서 일상생활을 수행하기 어렵다고 인정되어야 한다.

⑪ 장기요양보험료는 소득에 관계없이 일정액을 징수한다.

⑫ 가족으로부터 장기요양급여를 받은 때 가족요양비를 특별현금급여로 수급할 수 있는 경우도 있다.

⑬ 고의로 사고를 발생하도록 하거나 본인의 위법행위에 기인하여 장기요양인정을 받은 경우에는 장기요양급여의 지급이 제한된다.

⑭ 국민건강보험공단은 수급자가 의료법에 따른 요양병원에 입원하는 경우 비용의 일부를 요양병원간병비로 지급할 수 있다.

〈 정답 〉

• 국민연금법 – ②③④⑤⑥⑩⑱
• 국민건강보험법 – ⑤
• 산업재해보상보험법 – ①⑧⑪
• 고용보험법 – ①②③④⑦⑪
• 노인장기요양보험법 – ⑨⑪

제7장 공공부조 관련법

제1절 국민기초생활보장법

1. 국민기초생활보장법의 개요

(1) 용어의 정의(제2조)

- 보장기관: 급여를 실시하는 국가 또는 지방자치단체를 말한다.
- 부양의무자: 수급권자를 부양할 책임이 있는 사람으로서 수급권자의 1촌의 직계혈족 및 그 배우자를 말한다. 다만, 사망한 1촌의 직계혈족의 배우자는 제외한다.
- 최저보장수준: 국민의 소득·지출 수준과 수급권자의 가구 유형 등 생활실태, 물가상승률 등을 고려하여 제6조에 따라 급여의 종류별로 공표하는 금액이나 보장수준을 말한다.
- 최저생계비: 국민이 건강하고 문화적인 생활을 유지하기 위하여 필요한 최소한의 비용으로서 보건복지부장관이 계측하는 금액을 말한다.
- 개별가구: 급여를 받거나 자격요건에 부합하는지에 관한 조사를 받는 기본단위로서 수급자 또는 수급권자로 구성된 가구를 말한다.
- 소득인정액: 보장기관이 급여의 결정 및 실시 등에 사용하기 위하여 산출한 개별가구의 소득평가액과 재산의 소득환산액을 합산한 금액을 말한다.
- 차상위계층: 수급권자(특례수급자로 보는 사람은 제외)에 해당하지 아니하는 계층으로서 소득인정액이 기준 중위소득의 100분의 50이하인 계층을 말한다.
- 기준중위소득: 보건복지부장관이 급여의 기준 등에 활용하기 위하여 중앙생활보장위원회의 심의·의결을 거쳐 고시하는 국민 가구소득의 중위값을 말한다.

(2) 최저보장수준의 결정 등(제6조)

- 보건복지부장관 또는 소관 중앙행정기관의 장은 급여의 종류별 수급자 선정기준 및 최저보장수준을 결정하여야 한다.
- 보건복지부장관 또는 소관 중앙행정기관의 장은 매년 8월 1일까지 중앙생활보장위원회의 심의·의결을 거쳐 다음 연도의 급여의 종류별 수급자 선정기준 및 최저보장수준을 공표

하여야 한다.

(3) 기준중위소득의 산정(제6조의2)

- 기준중위소득은 통계청이 공표하는 통계자료의 가구 경상소득(근로소득, 사업소득, 재산소득, 이전소득을 합산한 소득을 말한다)의 중간값에 최근 가구소득 평균 증가율, 가구규모에 따른 소득수준의 차이 등을 반영하여 가구규모별로 산정한다.
- 그 밖에 가구규모별 소득수준 반영 방법 등 기준 중위소득의 산정에 필요한 사항은 중앙생활보장위원회에서 정한다.

(4) 소득인정액의 산정(제6조의3)

- 개별가구의 소득평가액: 개별가구의 실제소득에도 불구하고 보장기관이 급여의 결정 및 실시 등에 사용하기 위하여 산출한 금액으로 근로소득, 사업소득, 재산소득, 이전소득을 합한 개별가구의 실제소득에서 장애·질병·양육 등 가구 특성에 따른 지출요인, 근로를 유인하기 위한 요인, 그 밖에 추가적인 지출요인에 해당하는 금액을 감하여 산정한다.
- 재산의 소득환산액: 개별가구의 재산가액에서 기본재산액 및 부채를 공제한 금액에 소득환산율을 곱하여 산정한다. 이 경우 소득으로 환산하는 재산의 범위는 일반재산, 금융재산, 자동차 등이다.

2. 국민기초생활보장급여의 종류

(1) 보장급여의 기본원칙(제3조)

- 보충성의 원칙: 이 법에 따른 급여는 수급자가 자신의 생활유지·향상을 위하여 그의 소득, 재산, 근로능력 등을 활용하여 최대한 노력하는 것을 전제로 이를 보충·발전시키는 것을 기본원칙으로 한다.
- 타 법률보호 우선의 원칙: 부양의무자의 부양과 다른 법령에 따른 보호는 이 법에 따른 급여에 우선하여 행하여지는 것으로 한다.

(2) 보장급여의 종류와 방법
○ 급여의 종류(제7조)

- 생계급여, 주거급여, 의료급여, 교육급여, 해산급여, 장제급여, 자활급여
- 수급권자에 대한 급여는 수급자의 필요에 따라 급여의 전부 또는 일부를 실시하는 것으로 한다.
- 차상위자에 대한 급여는 보장기관이 차상위자의 가구별 생활여건을 고려하여 예산의 범위 내에서 주거급여, 의료급여, 교육급여, 장제급여, 자활급여의 전부 또는 일부를 실시할 수 있다.

○ 생계급여(제8조)

- 수급자에게 의복, 음식물 및 연료비와 그 밖에 일상생활에 기본적으로 필요한 금품을 지급하여 그 생계를 유지하게 하는 것으로 한다.
- 수급권자는 부양의무자가 없거나, 부양의무자가 있어도 부양능력이 없거나 부양을 받을 수 없는 사람으로서 그 소득인정액이 중앙생활보장위원회의 심의·의결을 거쳐 결정하는 금액(생계급여 선정기준) 이하인 사람으로 한다. 이 경우 생계급여 선정기준은 기준중위소득의 100분의 30 이상으로 한다.
- 최저보장수준은 생계급여와 소득인정액을 포함하여 생계급여 선정기준 이상이 되도록 하여야 한다.
- 보장시설에 위탁하여 생계급여를 실시하는 경우에는 보건복지부장관이 정하는 고시에 따라 그 선정기준 등을 달리 정할 수 있다.

○ 주거급여(제11조)

- 수급자에게 주거 안정에 필요한 임차료, 수선유지비, 그 밖의 수급품을 지급하는 것으로 한다.
- 국토교통부장관의 소관으로 하며, 주거급여에 관하여 필요한 사항은 따로 법률(주거급여법)에서 정한다.

○ 교육급여(제12조)

- 수급자에게 입학금, 수업료, 학용품비, 그 밖의 수급품을 지급하는 것으로 하되, 학교의 종류·범위 등에 관하여 필요한 사항은 대통령령으로 정한다.
- 교육부장관의 소관으로 하며, 교육급여 수급권자는 부양의무자가 없거나, 부양의무자가 있어도 부양능력이 없거나 부양을 받을 수 없는 사람으로서 그 소득인정액이 중앙생활보

장위원회의 심의·의결을 거쳐 결정하는 금액(교육급여 선정기준)이하인 사람으로 한다. 이 경우 교육급여 선정기준은 기준 중위소득의 100분의 50 이상으로 한다.
- 교육급여 수급권자를 선정하는 경우에는 교육급여외 교육비 지원과의 연계·통합을 위하여 부양의무자 기준을 적용하지 않는다.

○ 의료급여(제12조의3)
- 수급자에게 건강한 생활을 유지하는 데 필요한 각종 검사 및 치료 등을 지급하는 것으로 한다.
- 수급권자는 부양의무자가 없거나, 부양의무자가 있어도 부양능력이 없거나 부양을 받을 수 없는 사람으로서 그 소득인정액이 중앙생활보장위원회의 심의·의결을 거쳐 결정하는 금액(의료급여 선정기준)이하인 사람으로 한다. 이 경우 의료급여 선정기준은 기준 중위소득의 100분의 40 이상으로 한다.
- 의료급여에 필요한 사항은 따로 법률(의료급여법)에서 정한다.

○ 해산급여(제13조)
- 생계급여, 주거급여, 의료급여 중 하나 이상의 급여를 받는 수급자에게 조산(助産)이나 분만 전과 분만 후에 필요한 조치와 보호를 실시하는 것으로 한다.
- 보건복지부령으로 정하는 바에 따라 보장기관이 지정하는 의료기관에 위탁하여 실시할 수 있다.
- 필요한 수급품은 보건복지부령으로 정하는 바에 따라 수급자나 그 세대주 또는 세대주에 준하는 사람에게 지급한다. 다만, 의료기관에 위탁하는 경우에는 수급품을 그 의료기관에 지급할 수 있다.

○ 장제급여(제14조)
- 생계급여, 주거급여, 의료급여 중 하나 이상의 급여를 받는 수급자가 사망한 경우 사체의 검안(檢案)·운반·화장 또는 매장, 그 밖의 장제조치를 하는 것으로 한다.
- 보건복지부령으로 정하는 바에 따라 실제로 장제를 실시하는 사람에게 장제에 필요한 비용을 지급하는 것으로 한다.

○ 자활급여(제15조)

- 수급자의 자활을 돕기 위하여 실시하는 급여를 말한다.
- 관련 공공기관 · 비영리법인 · 시설과 그 밖에 대통령령으로 정하는 기관에 위탁하여 실시할 수 있다. 이 경우 그에 드는 비용은 보장기관이 부담한다.

(3) 생계급여의 방법 및 실시장소
- 생계급여의 방법(제9조): 현금급여의 원칙, 정기급여의 원칙, 직접지급의 원칙, 조건부수급의 원칙, 차등지급의 원칙 등이 있다.
- 생계급여를 실시할 장소(제10조): 수급자의 주거에서 실시한다. 다만, 수급자가 주거가 없거나 주거가 있어도 그곳에서는 급여의 목적을 달성할 수 없는 경우 또는 수급자가 희망하는 경우에는 수급자를 보장시설이나 타인의 가정에 위탁하여 급여를 실시할 수 있다.

(4) 보장급여의 실시
○ 급여의 신청(제21조)
- 수급권자와 그 친족, 그 밖의 관계인은 관할 시장 · 군수 · 구청장에게 수급권자에 대한 급여를 신청할 수 있다. 차상위자가 급여를 신청하려는 경우에도 같다.
- 사회복지 전담공무원은 이 법에 따른 급여를 필요로 하는 사람이 누락되지 아니하도록 하기 위하여 관할지역에 거주하는 수급권자에 대한 급여를 직권으로 신청할 수 있다. 이 경우 수급권자의 동의를 구하여야 하며 수급권자의 동의는 수급권자의 신청으로 볼 수 있다.

○ 급여의 결정 등(제26조)
- 시장 · 군수 · 구청장은 조사를 하였을 때에는 지체 없이 급여 실시 여부와 급여의 내용을 결정하여야 한다.
- 차상위계층을 조사한 시장 · 군수 · 구청장은 규정된 급여개시일이 속하는 달에 급여 실시 여부와 급여 내용을 결정하여야 한다.
- 시장 · 군수 · 구청장은 급여 실시 여부와 급여 내용을 결정하였을 때에는 그 결정의 요지, 급여의 종류 · 방법 및 급여의 개시 시기 등을 서면으로 수급권자 또는 신청인에게 통지하여야 한다.
- 신청인에 대한 통지는 급여의 신청일부터 30일 이내에 하여야 한다. 다만, 특별한 경우에는 신청일부터 60일 이내에 통지할 수 있다.

○ 급여의 실시 등(제27조)

• 급여실시 및 급여 내용이 결정된 수급자에 대한 급여는 신청일부터 시작한다. 다만, 보건
복지부장관 또는 소관중앙행정기관의 장이 매년 결정·공표하는 급여의 종류별 수급자 선
정기준의 변경으로 인하여 매년 1월에 새로 수급자로 결정되는 사람에 대한 급여는 해당
연도의 1월 1일을 그 급여개시일로 한다.

• 시장·군수·구청장은 급여실시 여부의 결정을 하기 전이라도 수급권자에게 급여를 실시
하여야 할 긴급한 필요가 있다고 인정할 때에는 규정된 급여의 일부를 실시할 수 있다.

3. 자활사업

(1) 한국자활복지개발원(제15조의2)

• 수급자 및 차상위자의 자활촉진에 필요한 사업을 수행하기 위하여 한국자활복지개발원을
설립한다.

• 자활복지개발원은 법인으로 하며, 그 주된 사무소의 소재지에서 설립등기를 함으로써 성
립한다.

• 자활복지개발원은 자활지원사업의 개발 및 평가, 자활 지원을 위한 조사·연구 및 홍보, 광
역자활센터, 지역자활센터 및 자활기업의 기술·경영지도 및 평가 등의 업무를 수행한다.

(2) 광역자활센터(제15조의10)

• 보장기관은 수급자 및 차상위자의 자활촉진에 필요한 다음의 사업을 수행하게 하기 위하
여 사회복지법인, 사회적 협동조합 등 비영리법인과 단체의 신청을 받아 특별시·광역
시·도·특별자치도 단위의 광역자활센터로 지정할 수 있다.

• 자활복지개발원의 업무: 시·도 단위의 수급자 및 차상위자에 대한 취업·창업 지원 및 알
선, 지역자활센터 종사자 및 참여자에 대한 교육훈련 및 지원 등의 업무를 수행한다.

(3) 지역자활센터(제16조)

• 보장기관은 수급자 및 차상위자의 자활촉진에 필요한 다음의 사업을 수행하게 하기 위하
여 사회복지법인, 사회적협동조합 등 비영리법인과 단체의 신청을 받아 지역자활센터로
지정할 수 있다.

- 자활촉진에 필요한 사업: 자활의욕 고취를 위한 교육, 자활을 위한 정보제공, 상담, 직업교육 및 취업알선, 생업을 위한 자금융자 알선, 자영창업 지원 및 기술·경영지도, 자활기업의 설립·운영 지원, 그밖에 자활을 위한 각종 사업 등의 업무를 수행한다.

(4) 청문(제31조)
- 보장기관은 지역자활센터의 지정을 취소하려는 경우와 급여결정을 취소하려는 경우에는 청문을 하여야 한다.

4. 수급자의 권리보호 등

(1) 수급자의 권리와 의무
- 급여변경의 금지(제34조): 수급자에 대한 급여는 정당한 사유 없이 수급자에게 불리하게 변경할 수 없다.
- 압류금지(제35조): 수급자에게 지급된 수급품과 이를 받을 권리는 압류할 수 없으며, 급여수급계좌의 예금에 관한 채권은 압류할 수 없다.
- 양도금지(제36조): 수급자는 급여를 받을 권리를 타인에게 양도할 수 없다.

(2) 이의신청
○ 시·도지사에 대한 이의신청(제38조): 1차
- 수급자나 급여 또는 급여 변경을 신청한 사람은 시장·군수·구청장(교육급여인 경우 시·도교육감)의 처분에 대하여 이의가 있는 경우에는 그 결정의 통지를 받은 날부터 90일 이내에 해당 보장기관을 거쳐 시·도지사에게 서면 또는 구두로 이의를 신청할 수 있다.
- 이의신청을 받은 시장·군수·구청장은 10일 이내에 의견서와 관계 서류를 첨부하여 시·도지사에게 보내야 한다.

○ 시·도지사의 처분 등(제39조)
- 시·도지사가 시장·군수·구청장으로부터 이의신청서를 받았을 때에는 30일 이내에 필요한 심사를 하고 이의신청을 각하 또는 기각하거나 해당 처분을 변경 또는 취소하거나 그밖에 필요한 급여를 명하여야 한다.

- 시·도지사는 처분 등을 하였을 때에는 지체 없이 신청인과 해당 시장·군수·구청장에게 각각 서면으로 통지하여야 한다.

○ **보건복지부장관 등에 대한 이의신청(제40조): 2차**
- 시·도지사의 처분 등에 대하여 이의가 있는 사람은 그 처분 등의 통지를 받은 날부터 90일 이내에 시·도지사를 거쳐 보건복지부장관(주거급여 또는 교육급여인 경우 소관중앙행정기관의 장)에게 서면 또는 구두로 이의를 신청할 수 있다.
- 이 경우 구두로 이의신청을 접수한 보장기관의 공무원은 이의신청서를 작성할 수 있도록 협조하여야 한다.
- 시·도지사는 이의신청을 받으면 10일 이내에 의견서와 관계 서류를 첨부하여 보건복지부장관 또는 소관 중앙행정기관의 장에게 보내야 한다.

○ **이의신청의 결정 및 통지(제41조)**
- 보건복지부장관 또는 소관 중앙행정기관의 장은 이의신청서를 받았을 때에는 30일 이내에 필요한 심사를 하고 이의신청을 각하 또는 기각하거나 해당 처분의 변경 또는 취소의 결정을 하여야 한다.
- 보건복지부장관 또는 소관 중앙행정기관의 장은 결정을 하였을 때에는 지체 없이 시·도지사 및 신청인에게 각각 서면으로 결정 내용을 통지하여야 한다.

上·中·下

01) 국민기초생활 보장법상 용어의 정의로 옳은 것은? (18회 기출)

① 수급권자란 이 법에 따른 급여를 받고 있는 사람을 말한다.
② 기준 중위소득이란 국민 가구소득의 평균값을 말한다.
③ 보장기관이란 이 법에 따른 급여를 실시하는 사회복지시설을 말한다.
④ 소득인정액이란 보장기관이 급여의 결정 및 실시 등에 사용하기 위하여 산출한 개별가구의 소득평가액과 재산의 소득환산액을 합산한 금액을 말한다.
⑤ 최저생계비란 국민이 쾌적한 문화생활을 유지하기 위하여 필요한 적정선의 비용을 말한다.

해설

① 수급권자란 이 법에 따른 급여를 받을 자격을 가진 사람을 말한다.
② 기준중위소득이란 보건복지부장관이 급여의 기준 등에 활용하기 위하여 중앙생활보장위원회의 심의·의결을 거쳐 고시하는 국민 가구소득의 중위값을 말한다.
③ 보장기관이란 급여를 실시하는 국가 또는 지방자치단체를 말한다.
⑤ 최저생계비란 국민이 건강하고 문화적인 생활을 유지하기 위하여 필요한 최소한의 비용으로서 보건복지부장관이 계측하는 금액을 말한다.

〈 정답 ④ 〉

上·中·下

02) 국민기초생활 보장법상 자활 지원에 관한 내용으로 옳지 않은 것은? (18회 기출)

① 보장기관은 자활지원사업의 원활한 추진을 위하여 자활기금을 적립한다.
② 보장기관은 지역자활센터에 국유·공유 재산의 무상임대 지원을 할 수 있다.
③ 보장기관은 수급자 및 차상위자가 자활에 필요한 자산을 형성할 수 있도록 재정적인 지원을 할 수 있다.
④ 보장기관은 수급자 및 차상위자의 자활 촉진에 필요한 사업을 수행하게 하기 위하여 법인 등의 신청을 받아 지역자활센터를 지정할 수 있다.
⑤ 수급자 및 소득인정액이 기준 중위소득의 100분의 70 이상인 자는 상호 협력하여 자활기업을 설립·운영할 수 있다.

- 국민기초생활보장법 제18조(자활기업) 제1항: 수급자 및 차상위자는 상호 협력하여 자활기업을 설립·운영할 수 있다.
- 차상위계층이란 수급권자에 해당하지 아니하는 계층으로서 소득인정액이 기준중위소득 50% 기준 이하인 계층을 말한다.

〈 정답 ⑤ 〉

제2절 의료급여법과 긴급복지지원법

1. 의료급여법

(1) 의료급여법의 개요
○ 용어의 정의
- 수급권자: 이 법에 따라 의료급여를 받을 수 있는 자격을 가진 사람을 말한다.
- 의료급여기관: 수급권자에 대한 진료 · 조제 · 투약 등을 담당하는 의료기관 및 약국 등을 말한다.
- 부양의무자: 수급권자를 부양할 책임이 있는 사람으로서 수급권자의 1촌 직계혈족 및 그 배우자를 말한다.

○ 의료급여 수급권자(제3조)
- 국민기초생활보장법에 따른 의료급여 수급자
- 재해구호법에 따른 이재민으로서 보건복지부장관이 의료급여가 필요하다고 인정한 사람
- 의 · 사상자 등 예우 및 지원에 관한 법률에 따라 의료급여를 받는 사람
- 입양특례법에 따라 국내에 입양된 18세 미만의 아동
- 독립유공자예우에 관한 법률, 국가유공자 등 예우 및 지원에 관한 법률 및 보훈보상대상자 지원에 관한 법률의 적용을 받고 있는 사람과 그 가족으로서 국가보훈처장이 의료급여가 필요하다고 추천한 사람 중에서 보건복지부장관이 의료급여가 필요하다고 인정한 사람
- 무형문화재 보전 및 진흥에 관한 법률에 따라 지정된 국가무형문화재의 보유자와 그 가족으로서 문화재청장이 의료급여가 필요하다고 추천한 사람 중에서 보건복지부장관이 의료급여가 필요하다고 인정한 사람
- 북한이탈주민의 보호 및 정착지원에 관한 법률의 적용을 받고 있는 사람과 그 가족으로서 보건복지부장관이 의료급여가 필요하다고 인정한 사람
- 5 · 18민주화운동 관련자 보상 등에 관한 법률에 따라 보상금 등을 받은 사람과 그 가족으로서 보건복지부장관이 의료급여가 필요하다고 인정한 사람
- 노숙인 등의 복지 및 자립지원에 관한 법률에 따른 노숙인 등으로서 보건복지부장관이 의료급여가 필요하다고 인정한 사람

○ 난민에 대한 특례(제3조의2)

• 난민법에 따른 난민인정자로서 국민기초생활보장법 에 따른 의료급여 수급권자의 범위에 해당하는 사람은 수급권자로 본다.

(2) 의료급여의 주요 내용(제7조)

• 수급권자의 질병·부상·출산 등에 대한 의료급여로는 진찰·검사, 약제(藥劑)·치료재료의 지급, 처치·수술과 그 밖의 치료, 예방·재활, 입원, 간호, 이송과 그 밖의 의료목적 달성을 위한 조치 등이다.

• 의료급여의 방법·절차·범위·한도 등 의료급여의 기준에 관하여는 보건복지부령으로 정하고, 의료수가기준과 그 계산방법 등에 관하여는 보건복지부장관이 정한다.

(3) 의료급여기관(제9조)

• 제1차 의료급여기관: 의료법에 따라 시장·군수·구청장에게 개설신고를 한 의료기관, 지역보건법에 따라 설치된 보건소·보건의료원 및 보건지소, 농어촌 등 보건의료를 위한 특별조치법에 따라 설치된 보건진료소, 약사법에 따라 개설 등록된 약국 및 한국희귀필수의약품센터

• 제2차 의료급여기관: 의료법에 따라 시·도지사가 개설 허가를 한 의료기관

• 제3차 의료급여기관: 제2차 의료급여기관 중에서 보건복지부장관이 지정하는 의료기관

• 의료급여기관은 정당한 이유 없이 이 법에 따른 의료급여를 거부하지 못한다.

(4) 의료급여비용

○ 급여비용의 부담(제10조)

• 급여비용은 대통령령으로 정하는 바에 따라 그 전부 또는 일부를 의료급여기금에서 부담하되, 의료급여기금에서 일부를 부담하는 경우 그 나머지 비용은 본인이 부담한다.

○ 급여비용의 청구와 지급(제11조)

• 의료급여기관은 의료급여기금에서 부담하는 급여비용의 지급을 시장·군수·구청장에게 청구할 수 있다.

• 급여비용을 청구하려는 의료급여기관은 급여비용 심사기관에 급여비용의 심사청구를 하여야 하며, 심사청구를 받은 급여비용 심사기관은 이를 심사한 후 지체 없이 그 내용을 시

장 · 군수 · 구청장 및 의료급여기관에 알려야 한다.

(5) 의료보장기관 등

○ **보장기관(제5조)**

- 의료급여에 관한 업무는 수급권자의 거주지를 관할하는 특별시장 · 광역시장 · 도지사와 시장 · 군수 · 구청장이 한다.
- 주거가 일정하지 아니한 수급권자에 대한 의료급여 업무는 그가 실제 거주하는 지역을 관할하는 시장 · 군수 · 구청장이 한다.

○ **의료급여심의위원회(제6조)**

- 의료급여사업의 실시에 관한 사항을 심의하기 위하여 보건복지부, 시 · 도 및 시 · 군 · 구에 각각 의료급여심의위원회를 둔다.
- 보건복지부에 두는 중앙의료급여심의위원회는 의료급여사업의 기본방향 및 대책 수립에 관한 사항, 의료급여의 기준 및 수가에 관한 사항을 심의한다.

○ **의료급여기금의 설치 및 조성(제25조)**

- 급여비용의 재원에 충당하기 위하여 시 · 도에 의료급여기금을 설치한다.
- 의료기금은 국고보조금, 지방자치단체의 출연금, 상환받은 대지급금, 징수한 부당이득금, 징수한 과징금 등을 재원으로 조성한다.

(6) 수급자의 권리보호 등

○ **수급권의 보호(제18조) 및 구상권(제19조)**

- 수급권의 보호: 의료급여를 받을 권리는 양도하거나 압류할 수 없다.
- 구상권: 시장 · 군수 · 구청장은 제3자의 행위로 인하여 수급권자에게 의료급여를 한 경우에는 그 급여비용의 범위에서 제3자에게 손해배상을 청구할 권리를 얻는다.

○ **이의신청(제30조)**

- 수급권자의 자격, 의료급여 및 급여비용에 대한 시장 · 군수 · 구청장의 처분에 이의가 있는 자는 시장 · 군수 · 구청장에게 이의신청을 할 수 있다.
- 급여비용의 심사 · 조정, 의료급여의 적정성 평가 및 급여 대상 여부의 확인에 관한 급여비

용심사기관의 처분에 이의가 있는 보장기관, 의료급여기관 또는 수급권자는 급여비용심사
기관에 이의신청을 할 수 있다.

- 이의신청은 처분이 있음을 안 날부터 90일 이내에 문서(전자문서를 포함)로 하여야 하며,
처분이 있은 날부터 180일이 지나면 제기하지 못한다. 다만, 정단한 사유를 도명한 경우에
는 그러지 아니하다.

○ **심판청구(제30조의2)**
- 급여비용 심사기관의 이의신청에 대한 결정에 불복이 있는 자는 국민건강보험법에 따른
건강보험분쟁조정위원회에 심판청구를 할 수 있다.
- 심판청구를 하려는 자는 대통령령으로 정하는 심판청구서를 처분을 행한 급여비용 심사기
관에 제출하거나 건강보험분쟁조정위원회에 제출하여야 한다.

○ **소멸시효 등**
- 의료급여를 받을 권리, 급여비용을 받을 권리, 대지급금을 상환받을 권리는 3년간 행사하
지 아니하면 소멸시효가 완성된다.
- 시효는 급여비용의 청구, 대지급금에 대한 납입의 고지 및 독촉에 해당하는 사유로 중단
된다.

2. 긴급복지지원법

(1) 긴급복지지원제도의 개요
- 위기상황(제2조): 본인 또는 본인과 생계 및 주거를 같이 하고 있는 가구구성원이 다음의
어느 하나에 해당하는 사유로 인하여 생계유지 등이 어렵게 된 것을 말한다.
- 위기상황의 사례
  - 주 소득자가 사망, 가출, 행방불명, 구금시설 수용되는 등의 사유로 소득을 상실한 경우
  - 중한 질병 또는 부상을 당한 경우
  - 가구구성원으로부터 방임(放任) 또는 유기(遺棄)되거나 학대 등을 당한 경우
  - 가정폭력을 당하여 가구구성원과 함께 원만한 가정생활을 하기 곤란하거나 가구구성원
  으로부터 성폭력을 당한 경우

- 화재, 자연재해 등으로 인하여 거주하는 주택 또는 건물에서 생활하기 곤란하게 된 경우
- 주소득자 또는 부소득자의 휴업 · 폐업 또는 사업장이 화재 등으로 인하여 실질적인 영업이 곤란하게 된 경우
- 주소득자 또는 부소득자의 실직으로 소득을 상실한 경우
- 보건복지부령으로 정한 기준에 따라 지방자치단체의 조례로 정한 사유가 발생한 경우

(2) 긴급지원 대상자 및 기관

- 긴급지원대상자(제5조): 지원대상자는 위기상황에 처한 사람으로서 이 법에 따른 지원이 긴급하게 필요한 사람으로 한다.
- 외국인에 대한 특례(제5조의2): 국내에 체류하고 있는 외국인 중 대통령령으로 정하는 사람이 긴급지원이 필요한 경우에는 긴급지원대상자가 된다.

(3) 긴급지원의 종류와 내용(제9조)

- 금전 또는 현물(現物) 등의 직접지원: 생계지원, 의료지원, 주거지원, 사회복지시설 이용지원, 교육지원, 그 밖의 지원
- 민간기관 · 단체와의 연계 등의 지원: 대한적십자사, 사회복지공동모금회, 사회복지기관 등 기관 · 단체와의 연계 지원, 상담 · 정보제공, 그 밖의 지원 등

(4) 긴급지원의 기간(제10조)

- 생계지원, 주거지원, 사회복지시설 이용지원, 그 밖의 지원에 따른 긴급지원은 1개월간의 생계유지 등에 필요한 지원으로 한다.
- 다만, 시장 · 군수 · 구청장이 긴급지원대상자의 위기상황이 계속된다고 판단하는 경우에는 1개월씩 두 번의 범위에서 기간을 연장할 수 있다.
- 의료지원은 위기상황의 원인이 되는 질병 또는 부상을 검사 · 치료하기 위한 범위에서 한 번 실시하며, 교육지원도 한 번 실시한다.

(5) 수급자의 권리보호 등

○ 이의신청(제16조)

- 결정이나 반환명령에 이의가 있는 사람은 그 처분을 고지 받은 날부터 30일 이내에 해당 시장 · 군수 · 구청장을 거쳐 시 · 도지사에게 서면으로 이의신청할 수 있다. 이 경우 시

장·군수·구청장은 이의신청을 받은 날부터 10일 이내에 의견서와 관련 서류를 첨부하여 시·도지사에게 송부하여야 한다.

• 시·도지사는 송부를 받은 날부터 15일 이내에 이를 검토하고 처분이 위법·부당하다고 인정되는 때는 시정, 그 밖에 필요한 조치를 하여야 한다.

○ **압류 등의 금지(제18조)**

• 긴급지원대상자에게 지급되는 금전 또는 현물은 압류할 수 없다.

• 긴급지원수급계좌의 긴급지원금과 이에 관한 채권은 압류할 수 없다.

• 긴급지원대상자는 지급되는 금전 또는 현물을 생계유지 등의 목적 외의 다른 용도로 사용하기 위하여 양도하거나 담보로 제공할 수 없다.

제3절 기초연금법

1. 기초연금법의 개요

(1) 기초연금법의 의의

○ **수급권자의 범위 등(제3조)**

• 기초연금은 65세 이상인 사람으로서 소득인정액이 보건복지부장관이 정하여 고시하는 금액(선정기준액) 이하인 사람에게 지급한다.

• 보건복지부장관은 선정기준액을 정하는 경우 65세 이상인 사람 중 기초연금 수급자가 100분의 70 수준이 되도록 한다.

• 공무원연금, 군인연금, 사학연금, 별정우체국연금의 수급권자와 그 배우자에게는 기초연금을 지급하지 아니 한다.

○ **기초연금액의 산정(제5조)**

• 기초연금 수급권자에 대한 기초연금의 금액(기초연금액)은 기준연금액과 국민연금 급여액 등을 고려하여 산정한다.

• 기준연금액은 보건복지부장관이 그 전년도의 기준연금액에 대통령령으로 정하는 바에 따라 전국소비자물가변동률을 반영하여 매년 고시한다. 이 경우 그 고시한 기준연금액의 적

용기간은 해당 조정연도 1월부터 12월까지로 한다.

○ **저소득 기초연금 수급권자에 대한 기초연금액 산정의 특례(제5조의2)**
• 2020년 기준 65세 이상인 사람 중 소득인정액이 100분의 40 이하인 사람에게 적용하는 기준연금액은 30만원으로 한다.
• 보건복지부장관은 상기 기준연금액을 적용받는 사람을 선정하기 위한 소득인정액(저소득자 선정기준액)을 정하여 고시하여야 한다.

(2) 기초연금액의 한도 및 감액
○ **기초연금액의 한도(제7조)**
기초연금액이 기준연금액을 초과하는 경우 기준연금액을 기초연금액으로 본다.

○ **기초연금액의 감액(제8조)**
• 본인과 그 배우자가 모두 기초연금 수급권자인 경우에는 각각의 기초연금액에서 기초연금액의 100분의 20에 해당하는 금액을 감액한다.
• 소득인정액과 기초연금액을 합산한 금액이 선정기준액 이상인 경우에는 선정기준액을 초과하는 금액의 범위에서 기초연금액의 일부를 감액할 수 있다.

(3) 기초연금액의 적정성 평가 등(제9조)
• 보건복지부장관은 5년마다 기초연금 수급권자의 생활수준, 국민연금법에 따른 금액의 변동률, 전국소비자물가변동률 등을 종합적으로 고려하여 기초연금액의 적정성을 평가하고 그 결과를 반영하여 기준연금액을 조정하여야 한다.
• 적정성평가를 할 때에는 노인 빈곤에 대한 실태 조사와 기초연금의 장기적인 재정 소요에 대한 전망을 함께 실시하여야 한다.

2. 기초연금의 신청 및 지급결정 등

(1) 기초연금 지급의 신청(제10조)
• 기초연금을 지급받으려는 사람 또는 보건복지부령으로 정하는 대리인은 특별자치도지

사 · 시장 · 군수 · 구청장에게 기초연금의 지급을 신청할 수 있다.

- 기초연금 수급희망자와 그 배우자는 신청을 할 때 금융정보, 신용정보, 보험정보를 보건복지부장관 및 특별자치도지사 · 시장 · 군수 · 구청장에게 제공하는 것에 대하여 동의한다는 서면을 제출하여야 한다.

(2) 기초연금의 지급결정 등

○ 기초연금의 지급결정 (제13조)

- 특별자치도지사 · 시장 · 군수 · 구청장은 조사를 한 후 기초연금 수급권의 발생 · 변경 · 상실 등을 결정한다.
- 특별자치도지사 · 시장 · 군수 · 구청장은 결정을 한 경우에는 그 결정 내용을 서면으로 그 이유를 구체적으로 밝혀 기초연금 수급권자에게 지체 없이 통지하여야 한다.
- 기초연금의 지급 및 지급시기
- 기초연금수급자로 결정된 사람에 대하여 지급을 신청한 날이 속하는 달부터 수급권을 상실한 날이 속하는 달까지 매월 정기적으로 지급한다.

○ 기초연금 지급의 정지(제16조)

- 기초연금 수급자가 금고 이상의 형을 선고받고 교정시설 또는 치료감호시설에 수용되어 있는 경우
- 기초연금 수급자가 행방불명되거나 실종되는 등 대통령령으로 정하는 바에 따라 사망한 것으로 추정되는 경우
- 기초연금 수급자의 국외 체류기간이 60일 이상 지속되는 경우

○ 기초연금 수급권의 상실(제17조)

- 기초연금 수급권자가 사망한 때, 국적을 상실하거나 국외로 이주한 때, 기초연금 수급권자에 해당하지 아니하게 된 때

(3) 시효 및 비용분담

○ 시효(제23조)

- 환수금을 환수할 권리와 기초연금 수급권자의 권리는 5년간 행사하지 아니하면 시효의 완성으로 소멸한다.

○ 비용의 분담(제25조)

• 국가는 지방자치단체의 노인인구 비율 및 재정 여건 등을 고려하여 기초연금의 지급에 드는 비용 중 100분의 40 이상 100분의 90 이하의 범위에서 대통령령으로 정하는 비율에 해당하는 비용을 부담한다.

• 국가가 부담하는 비용을 뺀 비용은 특별시·광역시·도·특별자치도와 시·군·구가 상호 분담한다. 이 경우, 그 부담비율은 노인인구 비율 및 재정여건 등을 고려하여 보건복지부장관과 협의하여 시·도의 조례 및 시·군·구의 조례로 정한다.

(4) 수급자의 권리보호 등

○ 수급권의 보호(제21조)

• 기초연금 수급권은 양도하거나 담보로 제공할 수 없으며, 압류 대상으로 할 수 없다.

• 기초연금으로 지급받은 금품은 압류할 수 없다.

○ 이의신청(제22조)

• 결정이나 그 밖에 이 법에 따른 처분에 이의가 있는 사람은 시장·군수·구청장에게 이의신청을 할 수 있다.

• 이의신청은 그 처분이 있음을 안 날부터 90일 이내에 서면으로 하여야 한다. 다만, 정당한 사유로 인하여 그 기간 이내에 이의신청을 할 수 없었음을 증명한 때에는 그 사유가 소멸한 때부터 60일 이내에 이의신청을 할 수 있다.

上·中·下

01) 긴급복지지원법의 내용으로 옳지 않은 것은? (18회 기출)

① 주거지가 불분명한 자도 긴급지원대상자가 될 수 있다.

② 국내에 체류하는 모든 외국인은 긴급지원대상자가 될 수 없다.

③ 위기상황에 처한 사람에게 일시적으로 신속하게 지원하는 것을 기본원칙으로 한다.

④ 누구든지 긴급지원대상자를 발견한 경우 관할 시장·군수·구청장에게 신고하여야 한다.

⑤ 국가 및 지방자치단체는 위기상황에 처한 사람에 대한 발굴조사를 연 1회 이상 정기적으
로 실시하여야 한다.

해설

• 긴급복지지원법 제5조의 2(외국인에 대한 특례): 국내에 체류하고 있는 외국인 중 대통령령으로 정하
는 사람이 제5조에 해당하는 경우에는 긴급지원대상자가 된다. 〈 정답 ② 〉

上·中·下

02) 국민기초생활보장법에 따른 의료급여 수급자로서 의료급여법상 1종 수급자가 아닌 사람은?

(15회 기출)

① 18세인 자

② 65세인 자

③ 장애인고용촉진 및 직업재활법에 따른 중증장애인

④ 임신 중에 있는 자

⑤ 병역법에 따른 병역의무를 이행 중인 자

해설

의료급여법시행령 제3조(수급권자의 구분) 제2항(1종 수급권자): 법 제3조 제1항 제1호에 따른 국민기초
생활 보장법에 의한 수급자중 다음의 어느 하나에 해당하는 자

• 다음의 어느 하나에 해당하는 자 또는 근로능력이 없거나 근로가 곤란하다고 인정하여 보건복지부장관
이 정하는 자만으로 구성된 세대의 구성원

  − 18세 미만인 자, 65세 이상인 자, 장애인고용촉진 및 직업재활법에 해당하는 중장애인

  − 국민기초생활 보장법 시행령 제7조 제1항 제2호에 해당하는 자

  − 임신 중에 있거나 분만 후 6개월 미만의 여자, 병역법에 의한 병역의무를 이행중인 자 〈 정답 ① 〉

03) 기초연금법의 내용이다. ( )에 들어갈 숫자가 순서대로 옳은 것은?　　　　　**(18회 기출)**

- 보건복지부장관은 선정기준액을 정하는 경우 65세 이상인 사람 중 기초연금 수급자
  가 100분의 (　　　) 수준이 되도록 한다.
- 본인과 그 배우자가 모두 기초연금 수급권자인 경우에는 각각의 기초연금액에서 기
  초 연금액의 100분의 (　　　)에 해당하는 금액을 감액한다.

---

① 60, 40　　　　② 60, 50　　　　③ 70, 20　　　　④ 70, 30　　　　⑤ 80, 10

해설

- 기초연금법 제3조 제2항 및 제8조 제1항 참조

〈 정답 ③ 〉

공공부조 관련법률
다음 문장에서 틀린 것을 모두 고르시오.

◆ **국민기초생활보장법**

① 수급권자란 이 법에 따른 급여를 받는 사람을 말한다.

② 기준 중위소득이란 국민 가구소득의 평균값을 말한다.

③ 보장기관이란 이 법에 따른 급여를 실시하는 사회복지시설을 말한다.

④ 소득인정액이란 보장기관이 급여의 결정 및 실시 등에 사용하기 위하여 산출한 개별가구의 소득평가액과 재산의 소득환산액을 합산한 금액을 말한다.

⑤ 최저생계비란 국민이 쾌적한 문화생활을 유지하기 위하여 필요한 적정선의 비용을 말한다.

⑥ 보장기관은 자활지원사업의 원활한 추진을 위하여 자활기금을 적립한다.

⑦ 보장기관은 지역자활센터에 국유·공유 재산의 무상임대 지원을 할 수 있다.

⑧ 보장기관은 수급자 및 차상위자가 자활에 필요한 자산을 형성할 수 있도록 재정적인 지원을 할 수 있다.

⑨ 보장기관은 수급자 및 차상위자의 자활 촉진에 필요한 사업을 수행하게 하기 위하여 법인 등의 신청을 받아 지역자활센터를 지정할 수 있다.

⑩ 수급자 및 소득인정액이 기준 중위소득의 100분의 70 이상인 자는 상호 협력하여 자활기업을 설립·운영할 수 있다.

⑪ 소관 행정기관의 장은 수급자의 최저생활을 보장하기 위하여 3년마다 소관별로 기초생활보장 기본계획을 수립하여 보건복지부장관에게 제출하여야 한다.

⑫ 수급자에 대한 급여는 정당한 사유 없이 수급자에게 불리하게 변경할 수 없다.

⑬ 수급자 및 차상위자는 상호 협력하여 자활기업을 설립·운영할 수 있다.

⑭ 수급권자를 부양할 책임이 있는 부양의무자에는 수급권자의 손자는 포함되지 않는다.

⑮ 부양의무자의 부양은 국민기초생활보장법에 따른 급여에 우선하여 행하여진다.

◆ 의료급여법

① 국민기초생활 보장법에 따른 수급자는 의료급여 수급권자이다.

② 수급권자가 다른 법령에 따라 의료급여를 받고 있는 경우에는 의료급여법에 따른 의료급여를 하지 아니한다.

③ 관할 시장·군수·구청장은 수급권자가 되려는 자의 인정 신청이 없더라도 직권으로 수급권자를 정할 수 있다.

④ 의료급여기관은 급여를 하기 전에 수급권자에게 본인부담금을 청구하여서는 아니 된다.

⑤ 지역보건법에 따라 설치된 보건지소는 제1차 의료급여기관이다.

⑥ 1종 수급권자와 2종 수급권자에게는 색깔로 구별되는 의료급여증을 발급한다.

⑦ 수급권자의 건강관리 능력 향상 및 합리적 의료이용 유도를 위하여 사례관리를 실시할 수 있다.

⑧ 다른 법령에 따라 의료급여를 받고 있는 경우에는 이 법에 의한 의료급여를 행하지 아니한다.

⑨ 장애인복지법에 따라 등록한 장애인인 수급권자에게 보장구(補裝具)에 대하여 급여를 실시할 수 있다.

⑩ 의료급여기관 외의 장소에서 출산을 한 경우에는 요양비를 지급한다.

⑪ 급여비용의 일부를 의료급여기금에서 부담하는 경우 그 나머지의 비용은 본인이 부담한다.

⑫ 국민기초생활보장법에 따른 의료급여 수급자는 의료급여법상 수급자가 될 수 없다.

⑬ 수급권자를 구분하여 급여의 내용과 기준을 달리할 수 있다.

◆ 긴급복지지원법

① 주거지가 불분명한 자도 긴급지원대상자가 될 수 있다.

② 국내에 체류하는 모든 외국인은 긴급지원대상자가 될 수 없다.

③ 위기상황에 처한 사람에게 일시적으로 신속하게 지원하는 것을 기본원칙으로 한다.

④ 누구든지 긴급지원대상자를 발견한 경우에는 관할 시장·군수·구청장에게 신고하여야 한다.

⑤ 국가 및 지방자치단체는 위기상황에 처한 사람에 대한 발굴조사를 연 1회 이상 정기적으로 실시하여야 한다.

⑥ 시장·군수·구청장은 긴급지원담당공무원을 지정하여야 한다.

⑦ 사회복지사업법에 따라 긴급복지지원법에 따른 지원 내용과 동일한 내용의 지원을 받고 있는 경우라도 긴급복지지원법에 따른 지원을 하여야 한다.

⑧ 국가 및 지방자치단체는 긴급지원 업무를 수행하기 위하여 필요한 비용을 분담하여야 한다.

⑨ 보건복지부장관은 위기상황에 처한 사람에게 상담 · 정보제공 및 관련 기관 · 단체 등과의 연계서비스를 제공하기 위하여 담당기구를 설치 · 운영할 수 있다.

⑩ 가구구성원으로부터 방임 또는 유기되거나 학대 등을 당하여 생계유지가 어렵게 된 경우도 위기상황에 포함된다.

⑪ 긴급지원대상자의 거주지가 분명하지 아니한 경우에는 긴급지원요청 또는 신고를 받은 시장 · 군수 · 구청장이 지원한다.

⑫ 긴급생계지원은 1개월간의 생계유지 등에 필요한 지원을 원칙으로 한다.

⑬ 긴급지원대상자가 국민기초생활보장법에 따른 수급권자로 결정된 경우에도 긴급지원의 적정성 심사를 하여야 한다.

◆ 기초연금법

① 보건복지부장관은 선정기준액을 정하는 경우 65세 이상인 사람 중 기초연금 수급자가 100분의 70 수준이 되도록 한다.

② 본인과 그 배우자가 모두 기초연금 수급권자인 경우에는 각각의 기초연금액에서 기초연금액의 100분의 20에 해당하는 금액을 감액한다.

③ 연금지급에 드는 비용은 지방자치단체가 모두 부담한다.

④ 기초연금 수급권자의 권리는 3년간 행사하지 아니하면 시효의 완성으로 소멸한다.

〈 정답 〉
국민기초생활보장법 – ①②③⑤⑩
의료급여법 – ③⑥⑫
긴급복지지원법 – ②⑦⑬
기초연금법 – ③④

제8장 사회복지 및 사회서비스 관련법률

제1절 영유아, 아동 및 청소년 관련법

1. 영유아보육법

(1) 영유아보육법의 개요

- **영유아**: 6세 미만의 취학 전 아동을 말한다.
- **보육**: 영유아를 건강하고 안전하게 보호·양육하고 영유아의 발달 특성에 맞는 교육을 제공하는 어린이집 및 가정양육 지원에 관한 사회복지서비스를 말한다.
- **어린이집**: 보호자의 위탁을 받아 영유아를 보육하는 기관을 말한다.
- **보호자**: 친권자·후견인, 그 밖의 자로서 영유아를 사실상 보호하고 있는 자를 말한다.
- **보육교직원**: 어린이집 영유아의 보육, 건강관리 및 보호자와의 상담, 그 밖에 어린이집의 관리·운영 등의 업무를 담당하는 자로서 어린이집의 원장 및 보육교사와 그 밖의 직원을 말한다.
- **보육실태조사(제19조)**: 보건복지부장관은 이 법의 적절한 시행을 위하여 보육 실태 조사를 3년마다 하여야 한다.

(2) 어린이집의 종류 및 이용대상 등
○ **어린이집의 종류(제10조)**
국공립어린이집, 사회복지법인어린이집, 법인·단체 등 어린이집, 직장어린이집, 가정어린이집, 협동어린이집, 민간어린이집 등이 있다.

○ **어린이집의 이용대상(제27조)**
어린이집의 이용대상은 보육이 필요한 영유아를 원칙으로 한다. 다만, 필요한 경우 어린이집의 원장은 만 12세까지 연장하여 보육할 수 있다.

(3) 어린이집의 설치

○ 국공립어린이집의 설치 등(제12조)

국가나 지방자치단체는 국공립어린이집을 설치·운영하여야 한다.

○ 국공립어린이집 외의 어린이집의 설치(제13조)

국공립어린이집 외의 어린이집을 설치·운영하려는 자는 시장·군수·구청장의 인가를 받아야 한다.

(4) 보육정책조정위원회(제5조)

- 보육정책에 관한 관계 부처 간의 의견을 조정하기 위하여 국무총리 소속으로 보육정책조정위원회를 둔다.
- 보육정책조정위원회는 위원장을 포함한 12명 이내의 위원으로 구성하되, 위원장은 국무조정실장이 되고 위원은 기획재정부차관, 교육부차관, 보건복지부차관, 고용노동부차관 및 여성가족부차관, 위원장이 위촉하는 보육계·유아교육계·여성계·사회복지계·시민단체 및 보호자를 대표하는 자 각 1명으로 구성된다.

(5) 보육정책위원회(제6조)

보육에 관한 각종 정책·사업·보육지도 및 어린이집 평가인증사항 등을 심의하기 위하여 보건복지부에 중앙보육정책위원회를 특별시·광역시·도 및 시·군·구에 지방보육정책위원회를 둔다.

(6) 보육의 우선 제공(제28조)

- 차상위계층의 자녀, 한부모가족지원법에 따른 보호대상자의 자녀, 장애인복지법에 따른 장애인 중 보건복지부령으로 정하는 장애 정도에 해당하는 자의 자녀 등
- 장애인복지법에 따른 장애인 중 보건복지부령으로 정하는 장애정도에 해당하는 자가 형제자매인 영유아, 다문화가족지원법에 따른 다문화가족의 자녀, 국가유공자 등 예우 및 지원에 관한 법률에 따른 국가유공자 중 전몰군경, 순직자의 자녀 등

2. 입양특례법

(1) 입양특례법의 개요

- 아동: 18세 미만인 사람을 말한다.
- 요보호아동: 아동복지법에 따른 보호대상 아동을 말한다.
- 입양아동: 입양된 아동을 말한다.
- 부양의무자: 국민기초생활보장법에 따른 부양의무자를 말한다.

(2) 입양의 원칙 등

- 입양의 원칙(제4조): 입양은 아동의 이익이 최우선이 되도록 하여야 한다.
- 입양의 날(제5조): 건전한 입양문화의 정착과 국내입양의 활성화를 위하여 5월 11일을 입양의 날로 하고, 입양의 날부터 1주일을 입양주간으로 한다.
- 국가 및 지방자치단체는 입양의뢰 된 아동의 양친(養親)될 사람을 국내에서 찾기 위한 시책을 최우선적으로 시행하여야 한다.
- 입양기관의 장은 국내에서 양친이 되려는 사람을 찾지 못하였을 경우에 한하여 국외입양을 추진할 수 있다.

(3) 입양의 요건

○ 양자가 될 자격(제9조)
- 보호자로부터 이탈된 사람으로서 특별시장·광역시장·도지사 또는 시장·군수·구청장이 부양의무자를 확인할 수 없어 국민기초생활보장법에 따른 보장시설에 보호를 의뢰한 사람
- 부모 또는 후견인이 입양에 동의하여 보장시설 또는 입양기관에 보호를 의뢰한 사람
- 법원에 의하여 친권상실의 선고를 받은 사람의 자녀로서 시·도지사 또는 시장·군수·구청장이 보장시설에 보호를 의뢰한 사람
- 그 밖에 부양의무자를 알 수 없는 경우로서 시·도지사 또는 시장·군수·구청장이 보장시설에 보호를 의뢰한 사람

○ 양친이 될 자격 등(제10조)
- 양친이 될 사람은 다음의 요건을 모두 갖추어야 한다.

- 양자를 부양하기에 충분한 재산이 있을 것
- 양자에 대하여 종교의 자유를 인정하고 사회의 구성원으로서 그에 상응하는 양육과 교육을 할 수 있을 것
- 양친이 될 사람이 아동학대·가정폭력·성폭력·마약 등의 범죄나 알코올 등 약물중독의 경력이 없을 것
- 양친이 될 사람이 대한민국 국민이 아닌 경우 해당 국가의 법에 따라 양친이 될 수 있는 자격이 있을 것
- 양친이 될 사람은 양자가 될 아동의 복리에 반하는 직업이나 그 밖에 인권침해의 우려가 있는 직업에 종사하지 아니하도록 하여야 한다.
- 양친이 되려는 사람은 입양의 성립 전에 입양기관 등으로부터 보건복지부령으로 정하는 소정의 교육을 마쳐야 한다.

○ **가정법원의 허가(제11조)**
- 아동을 입양하려는 경우에는 구비서류를 갖추어 가정법원의 허가를 받아야 한다.
- 가정법원은 양자가 될 사람의 복리를 위하여 양친이 될 사람의 입양의 동기와 양육능력, 그 밖의 사정을 고려하여 허가를 하지 아니할 수 있다.

○ **입양의 동의(제12조)**
- 아동을 양자로 하려면 친생부모의 동의를 받아야 한다. 다만, 친생부모가 친권상실의 선고를 받은 경우나 친생부모의 소재불명 등의 사유로 동의를 받을 수 없는 경우는 그러하지 아니한다.
- 친생부모가 사유로 인하여 입양의 동의를 할 수 없는 경우에는 후견인의 동의를 받아야 하며, 아동을 양자로 하고자 할 경우에는 보호의뢰 시의 입양동의로써 입양의 동의를 갈음할 수 있다.
- 13세 이상인 아동을 입양하고자 할 때에는 동의권자의 동의 외에 입양될 아동의 동의를 받아야 하며, 동의는 허가가 있기 전에는 철회할 수 있다.

○ **입양동의 요건 등(제13조)**
입양의 동의는 아동의 출생일부터 1주일이 지난 후에 이루어져야 하며, 입양동의의 대가로 금전 또는 재산상의 이익, 그 밖의 반대급부를 주고받거나 주고받을 것을 약속하여서는 아니

된다.

(4) 입양의 효력

- 입양의 효과(제14조): 이 법에 따라 입양된 아동은 민법상 친양자와 동일한 지위를 가진다.
- 입양의 효력발생(제15조): 이 법에 따른 입양은 가정법원의 인용심판 확정으로 효력이 발생하고, 양친 또는 양자는 가정법원의 허가서를 첨부하여 가족관계의 등록 등에 관한 법률에서 정하는 바에 따라 신고하여야 한다.

(5) 입양기관(제20조)

○ 입양기관의 의의

- 입양기관을 운영하려는 자는 사회복지사업법에 따른 사회복지법인으로서 보건복지부장관의 허가를 받아야 한다. 다만, 국내입양만의 알선자는 시·도지사의 허가를 받아야 한다.

○ 입양기관의 의무(제21조)

- 입양기관의 장은 입양의뢰 된 사람의 권익을 보호하고, 부모를 알 수 없는 경우에는 부모 등 직계존속을 찾기 위하여 노력을 다하여야 하며, 입양을 알선할 때 그 양친이 될 사람에 대하여 양친이 될 자격 등 사실을 조사하여야 한다.
- 입양기관의 장은 양친이 될 사람에게 입양 전에 아동양육에 관한 교육을 하여야 하며, 입양이 성립된 후에는 보건복지부령으로 정하는 바에 따라 입양아동과 관련 기록 등을 양친 또는 양친이 될 사람에게 건네주고, 그 결과를 시장·군수·구청장에게 보고하여야 한다.
- 입양업무에 관한 기록은 입양아동에 대한 사후관리를 위하여 영구보존하여야 하다.

○ 사후서비스 제공(제25조)

- 입양기관의 장은 입양이 성립된 후 1년 동안 양친과 양자의 상호적응을 위하여 사후관리를 하여야 한다.

3. 아동복지법

(1) 아동복지법의 개요

- 아동: 18세 미만인 사람을 말한다.
- 아동복지: 아동이 행복한 삶을 누릴 수 있는 기본적인 여건을 조성하고 조화롭게 성장·발달할 수 있도록 하기 위한 경제적·사회적·정서적 지원을 말한다.
- 보호자: 친권자, 후견인, 아동을 보호·양육·교육하거나 그러한 의무가 있는 자 또는 업무·고용 등의 관계로 사실상 아동을 보호·감독하는 자를 말한다.
- 보호대상아동: 보호자가 없거나 보호자로부터 이탈된 아동, 보호자가 아동을 학대하는 경우 등 그 보호자가 아동을 양육하기에 적당하지 아니하거나 양육할 능력이 없는 경우의 아동을 말한다.
- 지원대상아동: 아동이 조화롭고 건강하게 성장하는 데에 필요한 기초적인 조건이 갖추어지지 아니하여 사회적·경제적·정서적 지원이 필요한 아동을 말한다.
- 가정위탁: 보호대상아동의 보호를 위하여 성범죄, 가정폭력, 아동학대, 정신질환 등 전력이 없는 보건복지부령으로 정하는 기준에 적합한 가정에 보호대상아동을 일정 기간 위탁하는 것을 말한다.
- 아동학대: 보호자를 포함한 성인이 아동의 건강 또는 복지를 해치거나 정상적 발달을 저해할 수 있는 신체적·정신적·성적 폭력이나 가혹행위를 하는 것과 아동의 보호자가 아동을 유기하거나 방임하는 것을 말한다.
- 아동학대관련범죄: 아동학대범죄의 처벌 등에 관한 특례법에 따른 아동학대범죄, 아동에 대한 형법상 살인의 죄 중 제250조부터 제255조까지의 죄를 말한다.

(2) 아동정책관련 기관

○ 아동정책조정위원회(제10조)

- 아동의 권리증진과 건강한 출생 및 성장을 위하여 종합적인 아동정책을 수립하고 관계 부처의 의견을 조정하며 그 정책의 이행을 감독하고 평가하기 위하여 국무총리 소속으로 아동정책조정위원회를 둔다.

○ 아동복지심의위원회(제12조)

- 시·도지사 및 시장·군수·구청장은 그 소속으로 아동복지심의위원회를 각각 둔다.

(3) 아동학대 예방

○ 아동에 대한 금지행위(제17조)

- 아동을 매매하는 행위, 장애를 가진 아동을 공중에 관람시키는 행위

- 아동에게 음란한 행위를 시키거나 이를 매개하는 행위 또는 아동에게 성적 수치심을 주는 성희롱 등의 성적 학대행위

- 아동의 신체에 손상을 주거나 신체의 건강 및 발달을 해치는 신체적 학대행위

- 아동의 정신건강 및 발달에 해를 끼치는 정서적 학대행위

- 자신의 보호·감독을 받는 아동을 유기하거나 의식주를 포함한 기본적 보호·양육·치료 및 교육을 소홀히 하는 방임행위

- 아동에게 구걸을 시키거나 아동을 이용하여 구걸하는 행위

- 공중의 오락 또는 흥행을 목적으로 아동의 건강 또는 안전에 유해한 곡예를 시키는 행위 또는 이를 위하여 아동을 제3자에게 인도하는 행위

- 정당한 권한을 가진 알선기관 외의 자가 아동의 양육을 알선하고 금품을 취득하거나 금품을 요구 또는 약속하는 행위

- 아동을 위하여 증여 또는 급여된 금품을 그 목적 외의 용도로 사용하는 행위

○ 아동학대 예방교육의 실시(제26조의2)

- 국가기관과 지방자치단체의 장, 공공기관의 운영에 관한 법률에 따른 공공기관과 대통령령으로 정하는 공공단체의 장은 아동학대의 예방과 방지를 위하여 필요한 교육을 연 1회 이상 실시하고, 그 결과를 보건복지부장관에게 제출하여야 한다.

○ 아동학대 등의 통보(27조의2)

- 사법경찰관리는 아동 사망 및 상해사건, 가정폭력 사건 등에 관한 직무를 행하는 경우 아동학대가 있었다고 의심할 만한 사유가 있는 때에는 아동보호전문기관에 그 사실을 통보하여야 한다.

○ 아동관련 기관의 취업제한 등(제29조의3)

- 법원은 아동학대관련범죄로 형 또는 치료감호를 선고하는 경우에는 판결(약식명령을 포함)로 그 형 또는 치료감호의 전부 또는 일부의 집행을 종료하거나 집행이 유예·면제된 날부터 일정기간(취업제한기간) 동안 아동관련 기관을 운영하거나 아동관련 기관에 취업

또는 사실상 노무를 제공할 수 없도록 하는 명령(취업제한명령)을 아동학대관련 범죄 사건의 판결과 동시에 선고(약식명령의 경우에는 고지)하여야 한다.

- 제1항에 따른 취업제한기간은 10년을 초과하지 못한다.

4. 아동학대범죄의 처벌 등에 관한 특례법

(1) 특례법의 개요
○ 정의(제2조)
- 아동: 아동복지법 제3조 제1호에 따른 아동을 말한다.
- 아동학대: 아동복지법 제3조 제7호에 따른 아동학대를 말한다.

○ 다른 법률과의 관계(제3조)
아동학대범죄에 대하여는 이 법을 우선 적용한다. 다만, 성폭력범죄의 처벌 등에 관한 특례법, 아동 · 청소년의 성보호에 관한 법률에서 가중 처벌되는 경우에는 그 법에서 정한 바에 따른다.

(2) 아동학대범죄 신고의무와 절차(제10조)
- 누구든지 아동학대범죄를 알게 된 경우나 그 의심이 있는 경우에는 아동보호전문기관 또는 수사기관에 신고할 수 있다.
- 다음의 어느 하나에 해당하는 사람이 직무를 수행하면서 아동학대범죄를 알게 된 경우나 그 의심이 있는 경우에는 아동보호전문기관 또는 수사기관에 즉시 신고하여야 한다.
  - 아동복지법에 따른 아동권리보장원 및 가정위탁지원센터의 장과 그 종사자
  - 아동복지시설의 장과 그 종사자(아동보호전문기관의 장과 그 종사자는 제외한다)
  - 아동복지법조에 따른 아동복지전담공무원
  - 가정폭력방지 및 피해자보호 등에 관한 법률에 따른 가정폭력 관련 상담소 및 가정폭력피해자 보호시설의 장과 그 종사자
  - 건강가정기본법 제35조에 따른 건강가정지원센터의 장과 그 종사자
  - 다문화가족지원법에 따른 다문화가족지원센터의 장과 그 종사자
  - 사회복지사업법에 따른 사회복지 전담공무원 및 사회복지시설의 장과 그 종사자 등

5. 청소년기본법

(1) 청소년기본법의 개요
- 청소년: 9세 이상 24세 이하인 사람을 말한다. 다만, 다른 법률에서 청소년에 대한 적용을 다르게 할 필요가 있는 경우에는 따로 정할 수 있다.
- 청소년보호: 청소년의 건전한 성장에 유해한 물질, 물건, 장소, 행위 등 각종 청소년 유해환경을 규제하거나 청소년의 접촉 또는 접근을 제한하는 것을 말한다.
- 청소년지도자: 청소년지도사, 청소년상담사, 청소년시설, 청소년단체 및 청소년 관련 기관에서 청소년육성에 필요한 업무에 종사하는 사람을 말한다.

(2) 다른 법률과의 관계(제4조)
- 이 법은 청소년육성에 관하여 다른 법률보다 우선하여 적용한다.
- 청소년육성에 관한 법률의 제정 또는 개정 때에는 이 법의 취지에 맞도록 하여야 한다.

6. 청소년복지지원법

(1) 청소년복지지원법의 개요
- 청소년: 청소년기본법 제3조 제1호 본문에 해당하는 사람을 말한다.
- 청소년복지: 청소년기본법 제3조 제4호에 따른 청소년복지를 말한다.
- 위기청소년: 가정 문제가 있거나 학업 수행 또는 사회 적응에 어려움을 겪는 등 조화롭고 건강한 성장과 생활에 필요한 여건을 갖추지 못한 청소년을 말한다.

(2) 청소년복지시설의 종류(제31조)
- 청소년쉼터: 가출청소년에 대하여 가정, 학교, 사회로 복귀하여 생활할 수 있도록 일정 기간 보호하면서 상담 · 주거 · 학업 · 자립 등을 지원하는 시설을 말한다.
- 청소년자립지원관: 일정 기간 청소년쉼터 또는 청소년회복지원시설의 지원을 받았는데도 가정 · 학교 · 사회로 복귀하여 생활할 수 없는 청소년에게 자립하여 생활할 수 있는 능력과 여건을 갖추도록 지원하는 시설을 말한다.
- 청소년치료재활센터: 학습, 정서, 행동상의 장애를 가진 청소년을 대상으로 정상적인 성장

과 생활을 할 수 있도록 해당 청소년에게 적합한 치료, 교육 및 재활을 종합적으로 지원하는 거주형 시설을 말한다.

- 청소년회복지원시설: 소년법 제32조제1항제1호에 따른 감호 위탁 처분을 받은 청소년에 대하여 보호자를 대신하여 그 청소년을 보호할 수 있는 자가 상담·주거·학업·자립 등 서비스를 제공하는 시설을 말한다.

上·中·**下**

01) 아동복지법의 내용이다. ( )에 들어갈 내용이 순서대로 옳은 것은?　　　**(18회 기출)**

> • 국무총리 소속으로 (　　　　　　)를 둔다.
> • 시·도지사, 시장·군수·구청장 소속으로 (　　　)를 각각 둔다.
> • 보건복지부장관은 아동정책기본계획을 (　)년마다 수립하여야 한다.
> • 보건복지부장관은 아동종합실태를 (　)년마다 조사하여 그 결과를 공표하여야 한다.

① 아동복지심의위원회, 아동정책조정위원회, 3, 5
② 아동정책조정위원회, 아동복지심의위원회, 3, 5
③ 아동복지심의위원회, 아동정책조정위원회, 5, 3
④ 아동정책조정위원회, 아동복지심의위원회, 5, 3
⑤ 아동정책조정위원회, 아동복지심의위원회, 5, 5

해설
• 아동복지법 제10조 제1항, 제12조 제1항, 제7조 제1항, 제11조 제1항 참조

〈 정답 ⑤ 〉

上·**中**·下

02) 아동복지법의 내용으로 옳지 않은 것은?　　　**(16회 기출)**

① 학교의 장은 친권자가 없는 아동을 발견한 경우 그 복지를 위하여 필요하다고 인정할 때에는 시장·군수·구청장에게 친권자의 선임을 청구하여야 한다.
② 아동위원은 명예직으로 하되, 아동위원에 대하여는 수당을 지급할 수 있다.
③ 누구든지 아동의 정신건강 및 발달에 해를 끼치는 정서적 학대행위를 하여서는 아니 된다.
④ 매년 5월 5일을 어린이날로 하며, 5월 1일부터 5월 7일 까지를 어린이주간으로 한다.
⑤ 법원의 심리과정에서 변호사가 아닌 아동보호전문기관의 상담원은 학대아동사건의 심리에 있어서 법원의 허가를 받아 보조인이 될 수 있다.

• 아동복지법 제19조(아동의 후견인의 선임 청구 등) 제1항: 시·도지사, 시장·군수·구청장, 아동복지
시설의 장 및 학교의 장은 친권자 또는 후견인이 없는 아동을 발견한 경우 그 복지를 위하여 필요하다
고 인정할 때에는 법원에 후견인의 선임을 청구하여야 한다.

〈 정답 ① 〉

제2절 노인 및 장애인 관련법

1. 노인복지법

(1) 노인복지법의 개요
○ 용어의 정의
- 부양의무자: 배우자와 직계비속 및 그 배우자를 말한다.
- 보호자: 부양의무자 또는 업무, 고용 등의 관계로 사실상 노인을 보호하는 자를 말한다.
- 치매: 치매관리법에 따른 치매를 말한다.
- 노인학대: 노인에 대하여 신체적, 정신적, 정서적, 성적 폭력 및 경제적 착취 또는 가혹행위를 하거나 유기 또는 방임을 하는 것을 말한다.
- 노인학대관련범죄: 보호자에 의한 65세 이상 노인에 대한 노인학대로서 관련 법률에 해당되는 죄를 말한다.

○ 노인복지시설
- 노인주거복지시설(제32조): 양로시설, 노인공동생활가정, 노인복지주택을 말한다.
- 노인의료복지시설(제34조): 노인요양시설, 노인요양공동생활가정을 말한다.
- 노인여가복지시설(제36조): 노인복지관, 경로당, 노인교실을 말한다.
- 재가노인복지시설(제38조): 방문요양서비스, 주·야간보호서비스, 단기보호서비스, 방문목욕서비스, 그 밖의 서비스를 말한다.
- 노인보호전문기관(제39조의5): 중앙노인보호전문기관, 지역노인보호전문기관을 말한다.
- 노인일자리지원기관(제23조의2): 노인인력개발기관, 노인일자리지원기관, 노인취업알선기관을 말한다.
- 학대피해노인전용쉼터(제39조의19): 노인학대로 인하여 피해를 입은 노인을 일정기간 보호하고 심신치유프로그램을 제공하는 시설을 말한다.

○ 요양보호사의 직무·자격증의 교부 등(제39조의2)
- 노인복지시설의 설치·운영자는 보건복지부령으로 정하는 바에 따라 노인 등의 신체활동 또는 가사활동 지원 등의 업무를 전문적으로 수행하는 요양보호사를 두어야 한다.
- 요양보호사가 되려는 사람은 요양보호사를 교육하는 기관에서 교육과정을 마치고 시·도

지사가 실시하는 요양보호사 자격시험에 합격하여야 한다.

○ **요양보호사교육기관의 지정 등(제39조의3)**

시 · 도지사는 요양보호사의 양성을 위하여 보건복지부령으로 정하는 지정기준에 적합한 시설을 요양보호사교육기관으로 지정 · 운영하여야 한다.

(2) 노인학대의 예방

○ **노인학대 신고의무와 절차 등(제39조의6)**

• 다음의 어느 하나에 해당하는 자는 그 직무상 65세 이상의 사람에 대한 노인학대를 알게 된 때에는 즉시 노인보호전문기관 또는 수사기관에 신고하여야 한다.
  – 의료기관에서 의료업을 행하는 의료인 및 의료기관의 장
  – 방문요양서비스나 안전 확인 등의 서비스 종사자, 노인복지시설의 장과 그 종사자 및 노인복지상담원
  – 장애인복지시설에서 장애노인에 대한 상담 · 치료 · 훈련 또는 요양업무를 수행하는 사람
  – 가정폭력 관련 상담소 및 가정폭력피해자 보호시설의 장과 그 종사자
  – 사회복지전담공무원, 사회복지관, 부랑인 및 노숙인보호를 위한 시설의 장과 그 종사자
  – 장기요양기관의 장과 그 종사자
  – 구급대의 구급대원, 건강가정지원센터의 장과 그 종사자, 다문화가족지원센터의 장과 그 종사자
  – 성폭력피해상담소 및 성폭력피해자보호시설의 장과 그 종사자, 응급구조사, 의료기사
• 긴급전화의 설치 등(제39조의4): 국가 및 지방자치단체는 노인학대를 예방하고 수시로 신고를 받을 수 있도록 긴급전화(1577-1389)를 설치하여야 한다.

○ **금지행위(제39조의9): 누구든지 65세 이상의 사람에 대하여 다음에 해당하는 행위를 하여서는 아니 된다.**

• 노인의 신체에 폭행을 가하거나 상해를 입히는 행위
• 노인에게 성적 수치심을 주는 성폭행 · 성희롱 등의 행위
• 자신의 보호 · 감독을 받는 노인을 유기하거나 의식주를 포함한 기본적 보호 및 치료를 소홀히 하는 방임행위

- 노인에게 구걸을 하게 하거나 노인을 이용하여 구걸하는 행위
- 노인을 위하여 증여 또는 급여된 금품을 그 목적 외의 용도에 사용하는 행위
- 폭언, 협박, 위협 등으로 노인의 정신건강에 해를 끼치는 정서적 학대행위

○ **노인관련기관의 취업제한 등(제39조의17)**
- 법원은 노인학대 관련범죄로 형 또는 치료감호를 선고하는 경우에는 판결로 그 형 또는 치료감호의 전부 또는 일부의 집행을 종료하거나 집행이 유예·면제된 날부터 일정기간 (취업제한기간) 동안 다음 시설 또는 노인관련기관을 운영하거나 노인관련기관에 취업 또는 사실상 노무를 제공할 수 없도록 하는 명령(취업제한명령)을 판결과 동시에 선고하여야 한다.
- 노인관련기관의 설치신고·인가·허가 등을 관할하는 행정기관의 장은 노인관련기관을 운영하려는 자에 대하여 본인의 동의를 받아 관계 기관의 장에게 노인학대 관련범죄 전력 조회를 요청하여야 한다. 단, 취업제한의 기간은 10년을 초과하지 못한다.

2. 장애인복지법

(1) 장애인복지법의 개요
○ **장애인의 정의(제2조)**
- 장애인: 신체적·정신적 장애로 오랫동안 일상생활이나 사회생활에서 상당한 제약을 받는 자를 말한다.
- 장애인 학대: 장애인에 대하여 신체적·정신적·정서적·언어적·성적 폭력이나 가혹행위, 경제적 착취, 유기 또는 방임을 하는 것을 말한다.

○ **장애의 분류**
- 신체적 장애
  - 외부 신체기능장애(6): 지체, 뇌 병변, 시각, 청각, 언어, 안면장애
  - 내부기관장애(6): 신장, 심장, 호흡기, 간, 장루·요루장애, 뇌전증장애
- 정신적 장애: 지적장애, 자폐성장애, 정신장애

○ 장애인복지 전문인력양성 등(제71조)

국가와 지방자치단체 그 밖의 공공단체는 의지 · 보조기 기사, 언어재활사, 장애인재활상담사, 한국수어 통역사, 점역(點譯) · 교정사 등 장애인복지 전문인력, 그 밖에 장애인복지에 관한 업무에 종사하는 자를 양성 · 훈련하는 데에 노력해야 한다.

○ 장애인복지시설의 종류(제58조)

장애인거주시설, 장애인지역사회재활시설, 장애인직업재활시설, 장애인의료재활시설

(2) 장애인대상 성범죄 및 학대 등

○ 장애인학대 및 장애인 대상 성범죄 신고의무와 절차(제59조의4)

다음의 어느 하나에 해당하는 사람은 그 직무상 장애인학대 및 장애인 대상 성범죄를 알게 된 경우에는 지체 없이 장애인권익옹호기관 또는 수사기관에 신고하여야 한다.

- 사회복지 전담공무원 및 사회복지시설의 장과 그 종사자
- 장애인활동지원인력 및 활동지원기관의 장과 그 종사자
- 의료인 및 의료기관의 장, 의료기사, 응급구조사, 구급대의 대원
- 정신건강복지센터의 장과 그 종사자
- 어린이집의 원장 등 보육교직원, 유아교육법에 따른 교직원 및 강사 등
- 초중등학교 교직원, 전문상담교사, 산학겸임교사, 학원의 운영자 · 강사 · 직원, 교습소의 교습자 · 직원 등

○ 금지행위(제59조의 9)

- 장애인에게 성적 수치심을 주는 성희롱 · 성폭력 등의 행위
- 장애인의 신체에 폭행을 가하거나 상해를 입히는 행위
- 장애인을 폭행, 협박, 감금, 그 밖에 정신상 또는 신체상의 자유를 부당하게 구속하는 수단으로써 장애인의 자유의사에 어긋나는 노동을 강요하는 행위
- 자신의 보호 · 감독을 받는 장애인을 유기하거나 의식주를 포함한 기본적 보호 및 치료를 소홀히 하는 방임행위
- 장애인에게 구걸을 하게 하거나 장애인을 이용하여 구걸하는 행위
- 장애인을 체포 또는 감금하는 행위
- 장애인의 정신건강 및 발달에 해를 끼치는 정서적 학대행위

- 장애인을 위하여 증여 또는 급여된 금품을 그 목적 외의 용도에 사용하는 행위
- 공중오락 또는 흥행을 목적으로 장애인의 건강 또는 안전에 유해한 곡예를 시키는 행위

○ **피해장애인쉼터(제59조의13)**
- 특별시장 · 광역시장 · 도지사는 피해장애인의 임시 보호 및 사회복귀 지원을 위하여 장애인 쉼터를 설치 · 운영할 수 있다.

3. 장애인차별금지 및 권리구제에 관한법률

(1) 장애인차별금지법의 개요
○ **차별행위(제4조)**
- 장애인을 장애를 사유로 정당한 사유 없이 제한 · 배제 · 분리 · 거부 등에 의하여 불리하게 대하는 경우
- 장애인에 대하여 형식상으로는 제한, 배제, 분리, 거부 등에 의하여 불리하게 대하지 아니하지만 정당한 사유 없이 장애를 고려하지 아니하는 기준을 적용함으로써 장애인에게 불리한 결과를 초래하는 경우
- 정당한 사유 없이 장애인에 대하여 정당한 편의 제공을 거부하는 경우
- 정당한 사유 없이 장애인에 대한 제한, 배제, 분리, 거부 등 불리한 대우를 표시, 조장하는 광고를 직접 행하거나 그러한 광고를 허용 · 조장하는 경우.
- 장애인을 돕기 위한 목적에서 장애인을 대리, 동행하는 자
- 보조견 또는 장애인보조기구 등의 정당한 사용을 방해하거나 보조견 및 장애인보조기구 등을 대상으로 제4호에 따라 금지된 행위를 하는 경우

○ **정당한 편의**
장애인이 장애가 없는 사람과 동등하게 같은 활동 에 참여할 수 있도록 장애인의 성별, 장애의 유형 및 정도, 특성 등을 고려한 편의시설, 설비, 도구, 서비스 등 인적 또는 물적 제반 수단과 조치를 말한다.

(2) 차별금지(제10조)

- 사용자는 모집·채용, 임금 및 복리후생, 교육·배치·승진·전보, 정년·퇴직·해고에 있어 장애인을 차별하여서는 아니 된다.
- 노동조합 및 노동관계조정법에 따른 노동조합은 장애인 근로자의 조합 가입을 거부하거나 조합원의 권리 및 활동에 차별을 두어서는 아니 된다.

上・中・下

01) 노인복지법상 노인학대에 관한 내용으로 옳지 않은 것은? (18회 기출)

① 「119구조・구급에 관한 법률」에 따른 119구급대의 구급대원은 65세 이상의 사람에 대한 노인학대 신고의무자에 속한다.

② 노인학대를 알게 된 때에는 신고의무자만 신고할 수 있다.

③ 법원이 노인학대관련범죄자에 대하여 취업제한명령을 하는 경우, 취업제한기간은 10년을 초과하지 못한다.

④ 노인학대신고를 접수한 노인보호전문기관의 직원은 지체없이 노인학대의 현장에 출동하여야 한다.

⑤ 국가와 지방자치단체는 노인학대를 예방하고 수시로 신고를 받을 수 있도록 긴급전화를 설치하여야 한다.

해설

② 노인복지법 제39조의6 제1항: 누구든지 노인학대를 알게 된 때에는 노인보호전문기관 또는 수사기관에 신고할 수 있다.

〈 정답 ② 〉

上・中・下

02) 장애인복지법에 근거하여 설치 또는 설립하는 것이 아닌 것은? (18회 기출)

① 장애인 거주시설　　　② 한국장애인개발원　　　③ 장애인권익옹호기관

④ 발달장애인지원센터　　⑤ 장애인자립생활지원센터

해설

④ 발달장애인지원센터는 발달장애인 권리보장 및 지원에 관한 법률에 법적 설치근거를 두고 있다.

〈 정답 ④ 〉

제3절 여성 및 가족 관련법

1. 한부모가족지원법

(1) 한부모가족지원법의 개요
○ **용어의 정의(제4조)**
- 모 또는 부: 다음의 어느 하나에 해당하는 자로서 아동인 자녀를 양육하는 자를 말한다.
  - 배우자와 사별 또는 이혼하거나 배우자로부터 유기(遺棄)된 자
  - 정신이나 신체의 장애로 장기간 노동능력을 상실한 배우자를 가진 자
  - 교정시설·치료감호시설에 입소한 배우자 또는 병역복무 중인 배우자를 가진 사람
  - 미혼자, 규정된 자에 준하는 자로서 여성가족부령으로 정하는 자
- 청소년 한부모: 24세 이하의 모 또는 부를 말한다.
- 한부모가족: 모자가족 또는 부자가족을 말한다.
- 아동: 18세 미만의 자(취학중인 경우에는 22세 미만)를 말한다.
- 지원기관: 이 법에 따른 지원을 행하는 국가나 지방자치단체를 말한다.

○ **지원대상자의 범위에 대한 특례(제5조의2)**
- 출산 후 해당 아동을 양육하지 아니하는 미혼모도 미혼모자가족복지시설을 이용할 때에는 이 법에 따른 지원대상자가 된다.
- 다음의 어느 하나에 해당하는 아동과 그 아동을 양육하는 조부 또는 조모로서 여성가족부령으로 정하는 자는 이 법에 따른 지원대상자가 된다.
  - 부모가 사망하거나 생사가 분명하지 아니한 아동
  - 부모가 정신 또는 신체의 장애·질병으로 장기간 노동능력을 상실한 아동
  - 부모의 장기복역 등으로 부양을 받을 수 없는 아동
  - 부모가 이혼하거나 유기하여 부양을 받을 수 없는 아동, 여성가족부령으로 정하는 아동

(2) 복지급여의 내용(제12조)
- 국가나 지방자치단체는 복지급여의 신청이 있으면 생계비, 아동교육지원비, 아동양육비, 그 밖에 대통령령으로 정하는 비용의 복지 급여를 실시하여야 한다.
- 아동양육비를 지급할 때에 미혼모나 미혼부가 5세 이하의 아동을 양육하거나 청소년 한부

모가 아동을 양육하면 예산의 범위에서 추가적인 복지 급여를 실시하여야 한다.

2. 다문화가족지원법

(1) 다문화가족지원법의 개요
○ 용어의 정의(제2조)
- 다문화가족: 재한외국인처우 기본법의 결혼이민자와 국적법의 규정에 따라 대한민국 국적을 취득한 자로 이루어진 가족 또는 국적법에 따라 대한민국 국적을 취득한 자와 국적을 취득한 자로 이루어진 가족을 말한다.
- 결혼이민자 등: 재한외국인처우 기본법의 결혼이민자 또는 국적법에 따라 귀화허가를 받은 자를 말한다.
- 아동ㆍ청소년: 24세 이하인 사람을 말한다.

(2) 국가와 지방자치단체의 지원정책
- 생활정보제공 및 교육지원(제6조), 가정폭력 피해자에 대한 보호ㆍ지원(제8조), 아동ㆍ청소년의 보육ㆍ교육(제10조), 다국어에 의한 서비스 제공(제11조) 등

3. 가정폭력방지 및 피해자보호 등에 관한 법률

(1) 가정폭력방지법의 개요
○ 정의(제2조)
- 가정폭력: 가정폭력범죄의 처벌 등에 관한 특례법 제2조 제1호의 행위를 말한다.
- 가정폭력행위자: 가정폭력범죄의 처벌 등에 관한 특례법 제2조 제4호의 자를 말한다.
- 피해자: 가정폭력으로 인하여 직접적으로 피해를 입은 자를 말한다.
- 아동: 18세 미만인 자를 말한다.

○ 가정폭력 실태조사(제4조의2)
여성가족부장관은 3년마다 가정폭력에 대한 실태조사를 실시하여 그 결과를 발표하고, 이를

가정폭력을 예방하기 위한 정책수립의 기초자료로 활용하여야 한다.

○ 긴급전화센터의 설치 · 운영(제4조의6)
여성가족부장관 또는 특별시장 · 광역시장 · 도지사는 다음의 업무 등을 수행하기 위하여 긴급전화센터를 설치 · 운영하여야 한다.

○ 상담소의 설치 · 운영(제5조)
국가나 지방자치단체는 가정폭력 관련 상담소를 설치 · 운영할 수 있으며, 국가나 지방자치단체 외의 자가 상담소를 설치 · 운영하려면 특별자치도지사 · 시장 · 군수 · 구청장에게 신고하여야 한다.

(2) 보호시설의 종류 및 설치 등
○ 보호시설의 설치(제7조)
• 사회복지사업법에 따른 사회복지법인, 그 밖의 비영리법인은 시장 · 군수 · 구청장의 인가(認可)를 받아 보호시설을 설치 · 운영할 수 있다.

○ 보호시설의 종류(제7조의2)
• 보호시설의 종류: 단기보호시설, 장기보호시설, 외국인보호시설, 장애인보호시설을 말한다.
• 단기보호시설의 장은 그 단기보호시설에 입소한 피해자등에 대한 보호기간을 여성가족부령으로 정하는 바에 따라 3개월의 범위에서 한 차례만 연장할 수 있다.

4. 성폭력방지 및 피해자보호 등에 관한 법률

(1) 성폭력방지법의 개요
○ 용어의 정의(제2조)
• 성폭력: 성폭력범죄의 처벌 등에 관한 특례법에 규정된 죄에 해당하는 행위를 말한다.
• 성폭력행위자: 성폭력범죄의처벌 등에 관한 특례법에 해당하는 죄를 범한사람을 말한다.
• 성폭력피해자: 성폭력으로 인하여 직접적으로 피해를 입은 사람을 말한다.

○ 성폭력 실태조사(제4조)

여성가족부장관은 성폭력의 실태를 파악하고 성폭력 방지에 관한 정책을 수립하기 위하여 3년마다 성폭력 실태조사를 하고 그 결과를 발표하여야 한다.

○ 성폭력예방교육 등

• 국가기관 및 지방자치단체의 장, 유치원장, 어린이집원장, 각급 학교의 장, 그 밖에 대통령령으로 정하는 공공단체의 장은 대통령령으로 정하는 바에 따라 성교육 및 성폭력 예방교육 실시, 기관 내 피해자 보호와 피해 예방을 위한 자체 예방지침 마련 등 필요한 조치를 하고, 그 결과를 여성가족부장관에게 제출하여야 한다.

• 신고의무(제9조): 19세 미만의 미성년자는 보호하거나 치료 또는 교육하는 시설의 장 및 관련 종사자는 자기의 보호 및 지원을 받는 자가 성폭력피해자인 사실을 알게 된 때에는 즉시 수사기관에 신고하여야 한다.

(2) 피해자보호 및 지원시설 등의 설치 · 운영

○ 상담소의 설치 · 운영(제10조)

국가 또는 지방자치단체 외의 자가 상담소를 설치 · 운영하려면 특별자치시장 · 특별자치도지사 또는 시장 · 군수 · 구청장에게 신고하여야 한다.

○ 보호시설의 설치 · 운영 및 종류(제12조)

• 사회복지사업법에 따른 사회복지법인이나 그 밖의 비영리법인은 특별자치시장 · 특별자치도지사 또는 시장 · 군수 · 구청장의 인가를 받아 보호시설을 설치 · 운영할 수 있다.

• 보호시설의 종류: 일반보호시설, 장애인보호시설, 특별지원 보호시설, 외국인보호시설, 자립지원 공동생활시설, 장애인 자립지원 공동생활시설을 말한다.

上·**中**·下

01) 다문화가족지원법의 내용으로 옳지 않은 것은? (18회 기출)

① 다문화가족은 대한민국 국적을 취득한 자로 이루어진 가족이어야 한다.

② 다문화가족이 이혼 등의 사유로 해체된 경우에도 그 구성원이었던 자녀에 대하여 이 법을 적용한다.

③ 다문화가족지원센터는 결혼이민자등에 대한 한국어 교육 업무를 수행한다.

④ 국가와 지방자치단체는 다문화가족에 대해 가족생활교육 등을 추진하는 경우, 문화의 차이를 고려한 전문적인 서비스가 제공될 수 있도록 노력하여야 한다.

⑤ 여성가족부장관은 5년마다 다문화가족정책에 관한 기본계획을 수립하여야 한다.

해설

① 다문화가족지원법 제2조에 의하면 다문화가족이란 외국인과 대한민국 국적을 가진 자로 이루어진 가족을 말한다.

〈 정답 ① 〉

上·**中**·下

02) 가정폭력방지 및 피해자보호 등에 관한 법률의 내용으로 옳지 않은 것은? (18회 기출)

① 이 법에서의 "아동"이란 18세 미만인 자를 말한다.

② 국가인권위원회 위원장은 3년마다 가정폭력에 대한 실태조사를 실시하여야 한다.

③ 시·도지사는 외국어 서비스를 제공하는 긴급전화센터를 따로 설치·운영할 수 있다.

④ 지방자치단체는 가정폭력 관련 상담소를 외국인, 장애인 등 대상별로 특화하여 운영할 수 있다.

⑤ 지방자치단체는 가정폭력 관련 상담원 교육훈련시설을 설치·운영할 수 있다.

해설

② 여성가족부장관은 3년마다 가정폭력에 대한 실태조사를 실시하여야 한다.

〈 정답 ② 〉

제4절 기타 사회복지 관련법

1. 정신건강증진 및 정신질환자 복지서비스지원에 관한 법률(약칭: 정신건강복지법)

(1) 정신건강복지법의 개요
○ 용어의 정의(제3조)

- 정신질환자: 망상, 환각, 사고(思考)나 기분의 장애 등으로 인하여 독립적으로 일상생활을 영위하는 데 중대한 제약이 있는 사람을 말한다.
- 정신건강증진사업: 정신건강 관련 교육 · 상담, 정신질환의 예방 · 치료, 정신질환자의 재활, 정신건강에 영향을 미치는 사회복지 · 교육 · 주거 · 근로 환경의 개선 등을 통하여 국민의 정신건강을 증진시키는 사업을 말한다.
- 정신건강복지센터: 정신건강증진시설, 사회복지사업법에 따른 사회복지시설, 학교 및 사업장과 연계체계를 구축하여 지역사회에서의 정신건강증진사업 및 제33조부터 제38조까지의 규정에 따른 정신질환자 복지서비스 지원사업을 하는 기관 또는 단체를 말한다.
- 정신건강증진시설: 정신의료기관, 정신요양시설 및 정신재활시설을 말한다.
- 정신의료기관: 주로 정신질환자를 치료할 목적으로 설치된 기관을 말한다.
- 정신요양시설: 제22조에 따라 설치된 시설로서 정신질환자를 입소시켜 요양 서비스를 제공하는 시설을 말한다.
- 정신재활시설: 제26조에 따라 설치된 시설로서 정신질환자 또는 정신건강상 문제가 있는 사람 중 대통령령으로 정하는 사람의 사회적응을 위한 각종 훈련과 생활지도를 하는 시설을 말한다.

○ 정신건강전문요원의 자격 등(제17조)
- 정신건강전문요원은 그 전문분야에 따라 정신건강임상심리사, 정신건강간호사 및 정신건강사회복지사로 구분한다.

(2) 정신의료기관의 설치 · 운영 등
○ 정신요양시설의 설치 · 운영 등(제22조)
사회복지사업법에 따른 사회복지법인과 그 밖의 비영리법인이 정신요양시설을 설치 · 운영하려는 경우에는 해당 정신요양시설 소재지 관할 특별자치시장 · 특별자치도지사 · 시장 · 군수·구청장의 허가를 받아야 한다.

○ 정신재활시설의 설치·운영 등(제26조)

- 국가나 지방자치단체 외의 자가 정신재활시설을 설치·운영하려면 해당 정신재활시설 소재지 관할 특별자치시장·특별자치도지사·시장·군수·구청장에게 신고하여야 한다.
- 정신재활시설의 종류(제27조): 생활시설, 재활훈련시설, 그 밖에 대통령령으로 정하는 시설

○ 정신질환자입원의 종류

- 자의입원 등(제41조), 동의입원 등(제42조), 보호의무자에 의한 입원 등(제43조), 시장·군수·구청장에 의한 입원(행정입원)(제44조) 등

2. 사회복지공동모금회법

(1) 사회복지공동모금회법의 개요
○ 용어의 정의(제2조)

- 사회복지사업: 사회복지사업법 제2조 제1호의 사회복지사업을 말한다.
- 사회복지공동모금: 사회복지사업이나 그 밖의 사회복지활동 지원에 필요한 재원을 조성하기 위하여 이 법에 따라 기부금품을 모집하는 것을 말한다.

○ 모금회의 설립(제4조)

- 사회복지공동모금사업을 관장하도록 하기 위하여 사회복지공동모금회를 둔다.
- 모금회는 사회복지사업법의 사회복지법인으로 한다.
- 모금회는 정관을 작성하여 보건복지부장관의 인가를 받아 등기함으로써 설립된다.

○ 모금회의 재원(제17조)

- 모금에 의한 기부금품, 법인·단체가 출연하는 현금·물품 또는 그 밖의 재산
- 복권 및 복권기금법에 따라 배분받은 복권수익금, 그 밖의 수입금 등

○ **복권의 발행(제18조의2)**

• 모금회는 사회복지사업이나 그 밖의 사회복지활동 등을 지원하기 위한 재원을 조성하기 위하여 복권을 발행할 수 있다.

• 복권의 당첨금을 받을 권리는 그 지급일부터 3개월간 행사하지 아니하면 소멸시효가 완성되며, 소멸시효가 완성된 당첨금은 공동모금재원에 귀속된다.

• 복권의 발행에 관하여는 사행행위 등 규제 및 처벌 특례법을 적용하지 아니한다.

○ **모금창구의 지정(제19조)**

모금회는 기부금품의 접수를 효율적이고 공정하게 하기 위하여 언론기관을 모금창구로 지정하고, 지정된 언론기관의 명의로 모금계좌를 개설할 수 있다.

○ **배분기준(제20조)**

모금회는 매년 8월 31일까지 다음의 사항이 포함된 다음 회계연도의 공동모금재원 배분기준을 정하여 공고하여야 한다.

• 공동모금재원의 배분대상, 배분한도액, 배분신청기간 및 배분신청서 제출 장소

• 배분심사기준, 배분재원의 과부족(過不足) 시 조정방법, 배분신청 시 제출할 서류

• 그 밖에 공동모금재원의 배분에 필요한 사항

○ **국제보건의료지원사업에 대한 배분(제20조의2)**

모금회는 지정되지 아니한 기부금품의 100분의 10의 범위에서 이사회 의결로 정하는 비율에 따라 한국국제보건의료재단법에 따라 시행하는 개발도상국가를 비롯한 외국 및 군사분계선 이북지역의 보건의료수준의 향상을 위한 사업, 주요 감염병 퇴치 등에 대한 사업에 배분할 수 있다.

○ **기부금품의 지정사용(제27조)**

• 기부금품의 기부자는 배분지역, 배분대상자 또는 사용 용도를 지정할 수 있다.

3. 자원봉사활동기본법

(1) 자원봉사활동기본법의 개요

○ **정의(제3조)**

• 자원봉사활동: 개인 또는 단체가 지역사회 · 국가 및 인류사회를 위하여 대가 없이 자발적으로 시간과 노력을 제공하는 행위를 말한다.

• 자원봉사센터: 자원봉사활동의 개발 · 장려 · 연계 · 협력 등의 사업을 수행하기 위하여 법령과 조례 등에 따라 설치된 기관 · 법인 · 단체 등을 말한다.

○ **기본방향(제2조)**

• 자원봉사활동은 국민의 협동적인 참여 능력을 높일 수 있는 방향으로 추진하여야 한다.

• 자원봉사활동은 무보수성, 자발성, 공익성, 비영리성, 비정파성(非政派性), 비종파성(非宗派性)의 원칙 아래 수행될 수 있도록 하여야 한다.

○ **정치활동 등의 금지 의무(제5조)**

지원을 받는 자원봉사단체 및 자원봉사센터는 그 명의 또는 그 대표의 명의로 특정 정당이나 특정인의 선거운동을 하여서는 아니 된다.

(2) 국가기본계획의 수립 등

• 행정안전부장관은 관계 중앙행정기관의 장과 협의하여 자원봉사활동의 진흥을 위한 국가기본계획을 5년마다 수립하여야 한다.

• 관계 중앙행정기관의 장과 지방자치단체의 장은 기본계획에 따라 연도별 시행계획을 수립 · 시행하여야 한다.

〈 TEST 〉

上·中·下

01) 사회복지공동모금회법상 공동모금재원 배분기준에 포함되어야 하는 사항으로 명시되지 않은 것은? (18회 기출)

① 배분한도액
② 배분심사기준
③ 배분신청자의 재산
④ 공동모금재원의 배분대상
⑤ 배분신청기간 및 배분신청서 제출 장소

해설

배분기준(제20조) 제1항

모금회는 매년 8월 31일까지 다음의 사항이 포함된 다음 회계연도의 공동모금재원 배분기준을 정하여 공고하여야 한다.

• 공동모금재원의 배분대상, 배분한도액, 배분신청기간 및 배분신청서 제출 장소
• 배분심사기준, 배분재원의 과부족(過不足) 시 조정방법, 배분신청 시 제출할 서류
• 그 밖에 공동모금재원의 배분에 필요한 사항
③ 사회복지공동모금회법 제20조 제1항 에서 배분신청자의 재산에 대해서는 명시되어 있지 않다.

〈 정답 ③ 〉

上·中·下

02) 정신건강증진 및 정신질환자 복지서비스지원에 관한 법률의 내용으로 옳지 않은 것은?

(17회 기출)

① 모든 정신질환자는 인간으로서의 존엄과 가치를 보장받고, 최적 치료를 받을 권리를 가진다.

② 모든 국민은 정신질환으로부터 보호받을 권리를 가진다.

③ 모든 정신질환자는 정신질환이 있다는 이유로 부당한 차별대우를 받지 아니한다.

④ 입원치료가 필요한 정신질환자에 대하여는 의료진 판단에 의해 입원이 권장되어야 한다.

⑤ 정신건강증진시설에 입원 등을 하고 있는 모든 사람은 가능한 한 자유로운 환경을 누릴 권리와 다른 사람들과 자유로이 의견교환을 할 수 있는 권리를 가진다.

정신건강증진 및 정신질환자 복지서비스지원에 관한 법률 제2조(기본이념) 참조

• 정신질환자에 대해서는 입원 또는 입소가 최소화되도록 지역사회 중심의 치료가 우선적으로 고려되어야 하며, 정신건강증진시설에 자신의 의지에 따른 입원 또는 입소가 권장되어야 한다.

〈 정답 ④ 〉

사회복지서비스 관련법률
다음 문장에서 틀린 것을 모두 고르시오.

◆ **영유아, 아동 및 청소년 관련법**

① 국무총리 소속으로 아동정책조정위원회를 두며, 시·도지사, 시장·군수·구청장 소속으로 아동복지심의위원회를 각각 둔다.

② 보건복지부장관은 아동정책기본계획을 5년마다 수립하여야 한다.

③ 보건복지부장관은 아동종합실태를 5년마다 조사하여 그 결과를 공표하여야 한다.

④ 학교의 장은 친권자가 없는 아동을 발견한 경우 그 복지를 위하여 필요하다고 인정할 때에는 시장·군수·구청장에게 친권자의 선임을 청구하여야 한다.

⑤ 누구든지 아동의 정신건강 및 발달에 해를 끼치는 정서적 학대행위를 해서는 아니 된다.

⑥ 매년 5월 5일을 어린이날로 하며, 5월 1일부터 5월 7일 까지를 어린이주간으로 한다.

⑦ 법원의 심리과정에서 변호사가 아닌 아동보호전문기관의 상담원은 학대아동사건의 심리에 있어서 법원의 허가를 받아 보조인이 될 수 있다.

⑧ 입양기관의 장은 양친이 될 사람에게 입양 전에 아동양육에 관한 교육을 하여야 한다.

⑨ 입양될 아동은 가족관계등록이 되어 있지 아니한 상태에서 인수할 때에는 그 아동에 대한 가족관계등록 창설 절차를 거친다.

⑩ 국내 입양자를 위하여 입양 성립 후 1년 동안 양친과 양자의 상호적응 상태에 대하여 사후관리를 하여야 한다.

⑪ 국외로 입양된 자를 위하여 입양된 자가 그 국가의 국적을 취득한 후 6개월 까지 사후관리를 하여야 한다.

⑫ 입양을 원하는 국가나 그 국가의 공인을 받은 입양기관과 입양업무에 관한 협약을 체결한 때에는 보건복지부장관에게 보고하여야 한다.

◆ **노인 및 장애인 관련법**

① 국가는 노인 보건복지관련 연구시설을 위하여 필요하다고 인정하는 경우 국유재산법 규

정에 불구하고 국유재산을 무상으로 대부할 수 있다.

② 지방자치단체는 노인보건복지관련 사업의 육성을 위하여 필요하다고 인정하는 경우 지방 재정법의 규정에 불구하고 공유재산을 무상으로 사용하게 할 수 있다.

③ 재가노인복지시설, 노인공동생활가정 및 노인요양공동생활가정은 공동주택에만 설치할 수 있다.

④ 노인복지법에 의한 노인복지주택의 건축물의 용도는 건축관계 법령에도 불구하고 노유자 시설로 본다.

⑤ 노인복지시설에서 노인을 위하여 사용하는 건물·토지 등에 대하여는 관계법령이 정하는 바에 의하여 조세 기타 공과금을 감면할 수 있다.

⑥ 119구조·구급에 관한 법률에 따른 119구급대의 구급대원은 65세 이상의 사람에 대한 노인학대 신고의무자에 속한다.

⑦ 노인학대를 알게 된 때에는 신고의무자만 신고할 수 있다.

⑧ 법원이 노인학대관련범죄자에 대하여 취업제한명령을 하는 경우, 취업제한기간은 10년 을 초과하지 못한다.

⑨ 노인학대신고를 접수한 노인보호전문기관의 직원은 지체없이 노인학대의 현장에 출동하 여야 한다.

⑩ 국가와 지방자치단체는 노인학대를 예방하고 수시로 신고를 받을 수 있도록 긴급전화를 설치하여야 한다.

⑪ 중앙행정기관의 장은 해당 기관의 장애인정책을 효율적으로 수립·시행하기 위하여 소속 공무원중에서 장애인정책책임관을 지정할 수 있다.

⑫ 재한외국인처우기본법에 따른 결혼이민자는 장애인복지법에 따른 장애인 등록을 할 수 없다.

⑬ 국가와 지방자치단체는 장애정도가 심하여 자립하기가 매우 곤란한 장애인이 필요한 보 호 등을 평생 받을 수 있도록 알맞은 정책을 강구하여야 한다.

⑭ 장애인은 장애인 관련 정책과정에 우선적으로 참여할 권리가 있다.

⑮ 국가는 초중등교육법에 따른 학교에서 사용하는 교과용 도서에 장애인에 대한 인식개선 을 위한 내용이 포함되도록 하여야 한다.

◆ **여성 및 가족 관련법**

① 다문화가족은 대한민국 국적을 취득한 자로 이루어진 가족이어야 한다.

② 다문화가족이 이혼 등의 사유로 해체된 경우에도 그 구성원이었던 자녀에 대하여 이 법을 적용한다.

③ 다문화가족지원센터는 결혼이민자등에 대한 한국어 교육 업무를 수행한다.

④ 여성가족부장관은 5년마다 다문화가족정책에 관한 기본계획을 수립하여야 한다.

⑤ 국가인권위원회 위원장은 3년마다 가정폭력에 대한 실태조사를 실시하여야 한다.

⑥ 시·도지사는 외국어 서비스를 제공하는 긴급전화센터를 따로 설치·운영할 수 있다.

⑦ 지방자치단체는 가정폭력 관련 상담소를 외국인, 장애인 등 대상별로 특화하여 운영할 수 있다.

⑧ 국가는 가정폭력 관련 상담소의 설치·운영에 드는 경비의 전부를 보조하여야 한다.

⑨ 가정폭력의 예방과 방지에 관한 교육·홍보는 가정폭력 관련 상담소의 업무에 해당한다.

⑩ 사회복지법인은 시장·군수·구청장의 인가를 받아 가정폭력피해자 보호시설을 설치·운영할 수 있다.

⑪ 성폭력피해자 보호시설 중 일반보호시설의 입소기간은 1년 이내이나 예외적으로 연장할 수 있다.

⑫ 누구든지 피해자를 고용하고 있는 자는 성폭력과 관련하여 피해자를 해고하여서는 아니 된다.

⑬ 지방자치단체는 성폭력 전담의료기관의 의료지원에 필요한 경비 전부를 지원할 수 없다.

⑭ 미성년자가 피해자인 경우 성폭력행위자가 아닌 보호자 입소에 동의하는 때에는 그 미성년자는 보호시설에 입소할 수 있다.

⑮ 한부모가족 복지상담소는 자립욕구가 강한 모자가족에게 일정기간 주거를 지원하는 시설이다.

⑯ 대한민국 국민과 사실혼 관계에서 출생한 자녀를 양육하고 있는 다문화가족구성원도 이 법의 지원대상이 된다.

⑰ 여성가족부장관은 관계 기관의 장에게 기본계획의 수립에 필요한 자료의 제출을 요구할 수 있다.

⑱ 다문화정책 기본계획에는 다문화가족 지원을 위한 재원 확보 및 배분에 관한 사항이 포함되어야 한다.

⑲ 여성가족부장관이 기본계획을 수립할 때에는 미리 지방자치단체의 장과 협의하여야 한다.

◆ 기타 사회복지 관련법

① 사회복지공동모금회에는 20명 이상 25명 이하의 이사를 둔다.

② 사회복지공동모금회는 보건복지부장관의 승인 없이 복권을 발행할 수 있다.

③ 사회복지공동모금회는 모금창구로 지정된 언론기관명의로 모금계좌를 개설할 수 없다.

④ 사회복지공동모금회의 회계연도는 1월 1일부터 12월 31일까지로 한다.

⑤ 기부금품의 기부자는 사용 용도를 지정할 수 없다.

⑥ 모든 정신질환자는 인간으로서의 존엄과 가치를 보장받고, 최적의 치료를 받을 권리를 가진다.

⑦ 입원치료가 필요한 정신질환자는 의료진의 판단에 의하여 입원이 권장되어야 한다.

⑧ 정신건강증진시설에 입원 등을 하고 있는 모든 사람은 가능한 한 자유로운 환경을 누릴 권리와 다른 사람들과 자유로이 의견교환을 할 수 있는 권리를 가진다.

⑨ 자원봉사활동은 국민의 협동적인 참여 능력을 높일 수 있는 방향으로 추진하여야 한다.

⑩ 자원봉사활동은 무보수성, 자발성, 공익성, 비영리성, 비정파성(非政派性), 비종파성(非宗派性)의 원칙 아래 수행될 수 있도록 하여야 한다.

⑪ 모든 국민은 나이, 성별, 장애, 지역, 학력 등 사회적 배경에 관계없이 누구든지 자원봉사활동에 참여할 수 있도록 하여야 한다.

⑫ 자원봉사활동의 진흥을 위한 정책은 민·관 협력의 기본 정신을 바탕으로 하여 추진하여야 한다.

〈 정답 〉
• 영유아, 아동 및 청소년 관련법 – ④⑪
• 노인 및 장애인 관련법 – ③⑦⑫
• 여성 및 가족 관련법 – ①⑤⑧⑬⑮⑲
• 기타 사회복지 관련법 – ①②③⑤⑦